L'éducation à l'esprit d'entreprendre

Exploration
Recherches en sciences de l'éducation

La pluralité des disciplines et des perspectives en sciences de l'éducation définit la vocation de la collection Exploration, celle de carrefour des multiples dimensions de la recherche et de l'action éducative. Sans exclure l'essai, Exploration privilégie les travaux investissant des terrains nouveaux ou développant des méthodologies et des problématiques prometteuses.

Collection de la Société Suisse pour la Recherche en Education, publiée sous la direction de Rita Hofstetter, Gaëlle Molinari, Zoé Moody et Bernard Schneuwly.

Secrétariat scientifique: Viviane Rouiller.

Patricia Champy-Remoussenard, Julien de Miribel et Xavier Sido (Eds.)

L'éducation à l'esprit d'entreprendre

Questions et défis pour les Sciences de l'éducation et de la formation

PETER LANG

Bruxelles · Berlin · Chennai · Lausanne · New York · Oxford

Information bibliographique publiée par « Die Deutsche Nationalbibliothek »
« Die Deutsche Nationalbibliothek » répertorie cette publication dans la « Deutsche Nationalbibliografie » ; les données bibliographiques détaillées sont disponibles sur Internet sous ‹http://dnb.d-nb.de›.

Soutien financier : Univ. Lille, ULR 4354 - CIREL - Centre Interuniversitaire de Recherche en Education de Lille, F-59000 Lille, France et Université de Lille.

ISSN 0721-3700
ISBN 978-2-8076-1999-9   ISBN 978-2-87574-389-3 eBook
ISBN 978-2-87574-390-9 ePUB   D/2025/5678/18
DOI 10.3726/b22871

© 2025 Peter Lang Group AG, Lausanne
Published by Peter Lang Éditions Scientifiques Internationales -
P.I.E., Bruxelles, Belgique

info@peterlang.com http://www.peterlang.com/

Table des matières

Préface

Dominique Broussal

Professeur des Universités, Université Toulouse Jean Jaurès, UMR EFTS

À vingt-cinq ans d'intervalle, deux monuments de la littérature française mettent en scène, chacun de leur côté, un personnage d'entrepreneur. Honoré de Balzac publie *César Birotteau* en 1837 (Balzac Honoré de, 1838). Victor Hugo dresse de son côté le portrait de l'énigmatique Monsieur Madeleine dans *Les Misérables*, ouvrage paru en 1862 (Hugo, 1862). Les deux héros ont ceci de commun de n'être pas des héritiers, tant s'en faut. César Birotteau arrive à Paris à l'âge de quatorze ans, avec un louis dans sa poche. Il ne possède pour tout bien qu'une paire de souliers ferrés, une culotte, une veste de paysan et trois chemises de toile. Embauché comme garçon de magasin par un couple de parfumeurs, il gagne six francs par mois et dort sur un grabat sous les toits. Balzac insiste sur le fait que ses patrons lui parlent « comme à un chien ». Le jeune homme s'endort en pleurant tous les soirs. Il songe à sa Touraine natale, il a les pieds meurtris et les épaules endolories. Mais Birotteau a « les reins solides » et le désir de faire fortune l'anime. Ses efforts finissent par être récompensés. Il devient à son tour parfumeur, quelques années plus tard. César mène une existence paisible. Il est heureux en ménage et pourrait se contenter de son sort de commerçant. Mais l'appât du gain l'anime toujours et encore. Celui-ci le rend inventif. Il décide alors de se lancer dans la fabrication des parfums et non plus seulement dans leur négoce. Le voilà qui loue une baraque et des terrains. Il monte son entreprise et recrute un ouvrier de Grasse. Après quelques expériences infructueuses, il découvre un livre mystérieux qui décrit une pâte capable de répondre aux propriétés de l'épiderme humain. Bel exemple de sérendipité ! Birotteau sent le vent tourner. Il a la conscience du *kaïros* : là ou d'autres laisseraient passer leur chance, par procrastination ou frilosité, il saisit le taureau par les cornes. Il prend cependant la précaution de faire appel à un chimiste. Celui-ci le seconde dans la réalisation d'un produit cosmétique que le parfumeur-entrepreneur nomme la *Double Pâte des Sultanes*, et cela à une époque où l'Orient fait rêver et où, nous dit Balzac, tout homme veut devenir sultan et toute femme sultane. Coup de génie marketing donc, qui parachève la fortune de Birotteau et le récompense des risques pris.

On le sait, l'histoire ne s'arrête pas là, puisque le roman débute au moment où un nouveau projet occupe l'ambitieux parfumeur à qui l'esprit d'entreprendre ne laisse aucun répit, au grand dam de son épouse. Celle-ci sait d'ailleurs fort à propos lui rappeler leur origine commune :

> Ni toi, ni moi, nous n'avons reçu d'éducation ; nous ne savons point parler, ni faire un serviteur à la manière des gens du monde, comment veut-on que nous réussissions dans les places du gouvernement ? [...] Pourquoi vouloir écraser les autres ? Notre fortune actuelle ne nous suffit-elle pas ? Quand tu seras millionnaire, dîneras-tu deux fois ? as-tu besoin d'une autre femme que moi ? Vois mon oncle Pillerault ? il s'est sagement contenté de son petit avoir, et sa vie s'emploie à de bonnes œuvres (Balzac, 1838, p. 36).

Si nous évoquons ici le récit balzacien, c'est qu'il nous paraît rassembler divers ingrédients que nous associons à l'idée que nous nous faisons d'une trajectoire d'entrepreneur : la détermination, le courage de prendre des risques, le sens des opportunités, le recours à des expertises externes, l'attention à l'air du temps. Ce dernier point est une façon euphémisée de dire qu'il n'existe pas de réussite entrepreneuriale sans une prise en compte des contextes sociaux, historiques et politiques et des besoins qui y émergent ou s'y expriment[1]. Mais par-dessus tout, agissant comme un moteur puissant, on trouve chez Birotteau l'appât du gain et la perspective de revanche que l'argent et la réussite sociale permettent. Les arguments que Constance Birotteau oppose à l'ambition dévorante de son mari pèsent peu face à celle-ci. Ceux-ci sont pourtant frappés au coin du bon sens, puisant à deux registres différents. Le premier argument, de nature sociologique (si l'on excuse l'anachronisme), renvoie à l'idée selon laquelle la condition des « gens du peuple » ne les préparerait pas à exercer le pouvoir, un certain nombre de dispositions nécessaires à cet exercice leur faisant défaut. Le deuxième argument est de nature philosophique : il pointe la façon dont la dépendance aux biens matériels se mue en aliénation, relevant d'une forme de vanité et contribuant à corrompre notre rapport aux

---

[1]   Que l'on songe par exemple au succès de Facebook en 2004. Comment imaginer qu'il n'ait pas d'une certaine façon répondu à un besoin « déjà là » au regard de la rapidité de son succès : 1 200 étudiants inscrits sur le site en 24 heures, 50 % des étudiants d'Harvard devenant membres en un mois : <https://www.blogdumoderateur.com/histoire-facebook-2003-2013/>.

autres. Si les deux arguments visent dans la bouche de Constance Birotteau à réfréner le désir d'entreprendre de son mari, ils soulèvent des questions intéressantes. Nous pourrions ainsi, en tant que chercheur en Sciences de l'éducation et de la formation, discuter de la pertinence du premier point. Est-il acceptable que certaines carrières soient réservées à celles et ceux que leur naissance aurait favorablement pourvus ?

Et pourtant, si l'on y regarde de plus près, un récent rapport de l'Observatoire des inégalités soulignait le fait que l'origine sociale des élus ne reflète nullement la société :

> Les cadres supérieurs représentent 61 % des conseillers régionaux, plus de la moitié (55 %) des conseillers départementaux, 42 % des conseillers communautaires et 28 % des conseillers municipaux, alors que leur part dans la population est d'à peine 20 %, selon les données 2021 du ministère de l'Intérieur (Observatoire des inégalités, 2022).

Une étude menée par BNP Paribas *Wealth Management* auprès de 2 500 entrepreneurs à succès de 17 pays révèle quant à elle que deux tiers d'entre eux ont une origine sociale élevée (L'équipe Dynamique Entrepreneuriale, 2022). S'intéressant à la création de *start-up*, Flécher interroge de son côté l'idée selon laquelle « la création de start-up » constituerait une « démocratisation de l'accès à la création d'entreprise » (Flécher, 2019, p. 41). On connaît la formule de Moscovici : « Ainsi une recherche, si modeste soit-elle, commence par un geste d'indignation. On a l'impression que quelque chose, dans l'existence humaine, n'est pas tel que cela devrait être… » (Moscovici, 1988, p. 442). Si savoir rester à sa place pouvait s'entendre sous la Monarchie de Juillet et dans cette société des notables que la politique de Guizot s'attachait à maintenir, cela fait aujourd'hui bondir. Le récit balzacien que nous venons de rappeler à grands traits nous offre ainsi l'opportunité de pointer un premier enjeu de l'éducation à l'esprit d'entreprendre, comme des travaux de recherche qui s'y intéressent.

Mais bien des questions demeurent, une fois passée la revendication de justice sociale. Certaines nécessitent d'ailleurs de s'affranchir du « politiquement correct », travers qui menace tout autant le monde de la recherche que celui de l'opinion publique. C'est tout le mérite du présent ouvrage d'oser les affronter, sans prosélytisme ni pruderie. Comment susciter le désir d'entreprendre lorsqu'il ne puise pas à l'histoire familiale ? De quelles compétences l'esprit d'entreprendre doit-il s'entourer pour s'accomplir ? Les expériences scolaires sont-elles de nature à nourrir la confiance en soi ? Comment les enseignants se positionnent-ils face à la question de l'enrichissement ? De mémoire d'élève, je n'ai pas le souvenir qu'un de nos maîtres nous ait jamais parlé de l'attrait économique d'un métier. Alors même que le groupe LVMH est un fleuron de l'industrie du luxe à la française, quel enseignant citerait en exemple le salaire de son PDG, Bernard Arnault ? Ajoutons les aspects écologiques qui se rajoutent aujourd'hui à la liste des griefs. Ceux-ci ont conduit, il y a quelques mois de cela, des élèves ingénieurs et d'anciens polytechniciens à s'élever contre l'implantation d'un laboratoire financé par le groupe LVMH sur le plateau de Saclay[2]. Certes, César Birotteau et Bernard Arnault ne sauraient détenir le monopole de l'esprit d'entreprendre ! Et même si les questions du rapport de l'EEE à l'économie ou aux questions environnementales ne manqueront de réapparaître dans les différentes contributions, laissons à Victor Hugo le soin de nous en présenter une facette peut-être moins polémique.

Quittons donc le Paris de Birotteau pour Montreuil-sur-Mer (ville de l'actuelle région Hauts-de-France). Hugo nous indique, au moment où son récit commence (c'est-à-dire en 1815), que la commune connaissait depuis des temps immémoriaux une industrie d'imitation de jais anglais et de verroterie noire dont l'auteur nous dit qu'elle végétait. Et cela jusqu'à ce qu'un homme, un « inconnu », ait l'idée d'une modification du processus de fabrication, remplaçant entre autres la résine par de la gomme-laque. Cette innovation ingénieuse fait la fortune de l'étranger, de la manufacture, mais également celle du pays et de ses habitants. Comme le personnage de Birotteau, celui que l'on appelle Monsieur Madeleine (et que les lecteurs des *Misérables* connaissent sous l'identité de Jean Valjean), n'a rien qui le prédestinait à un tel succès. Hugo précise qu'à son arrivée à Montreuil-sur-Mer, il avait « les vêtements, la tournure et le langage d'un ouvrier », un sac sur le dos et un bâton d'épine à la main (p. 399). Les bénéfices que réalise Madeleine grâce à son procédé lui permettent de mettre en œuvre une politique sociale efficace et innovante :

> Avant l'arrivée du père Madeleine, tout languissait dans le pays ; maintenant tout y vivait de la vie saine du travail […]. Le chômage et la misère étaient inconnus. Il n'y avait pas de poche si obscure où il n'y eût un peu d'argent, pas de logis si pauvre où il n'y eût un peu de joie (p. 401-402).

Madeleine-Valjean crée sur ses deniers une salle d'asile et une caisse de secours pour les ouvriers infirmes. Car contrairement à Birotteau, l'argent n'est pas le moteur de sa fièvre entrepreneuriale. Madeleine n'est pas un

---

[2]   <https://business-cool.com/actualites/actu-ecoles/partenariat-lvmh-polytechnique/>.

entrepreneur social, tel que le définit Boutillier (2008). Celle-ci réfute
en effet l'idée selon laquelle les entrepreneurs du 19ème siècle qui prati-
quaient des politiques paternalistes, à l'instar de Madeleine, seraient des
entrepreneurs sociaux. Un tel glissement conduirait en effet selon elle à
vider le concept d'entrepreneur social de son sens. L'autrice précise :

> Un indice important pour notre définition à venir est que l'entrepreneur
> social investit a priori des secteurs d'activité délaissés aussi bien par le sec-
> teur marchand en raison de leur faible rentabilité, que par le secteur public,
> qui dans un contexte d'austérité budgétaire cherche à réduire ses dépenses.
> Les secteurs d'activité dans lesquels l'entrepreneur social peut investir sont
> très variés : services à la personne, insertion professionnelle, commerce équi-
> table, culture, logement social, recyclage des déchets, etc. C'est pour cette
> raison qu'il est généralement défini comme un entrepreneur qui privilégie
> des objectifs sociaux sur des objectifs directement lucratifs (Boutillier, 2008,
> p. 43).

À ce titre, Madeleine constitue donc une figure d'entrepreneur somme
toute classique, mais il témoigne d'une préoccupation sociale forte qui lui
fait mettre sa réussite au service de la justice.

Le récit hugolien est précieux, car il met en scène le poids de l'entreprise
et des dimensions économiques dans le changement social. Nous vivons
dans un monde auquel les entreprises donnent forme. C'était déjà vrai au
19ème siècle, ça l'est encore plus de nos jours. Que l'on songe par exemple
à la façon dont l'entreprise de Jeff Bezos, Amazon, a « rebattu les cartes du
commerce mondial et imprimé de profonds changements sociétaux », et
ce « sans que personne ne l'ait vraiment remarqué »[3]. Prendre conscience
de tels phénomènes et s'approprier les modèles du changement social qui
intègrent cette dimension, souvent sous-estimée au profit d'un volontarisme politique, constituent de notre point de vue un enjeu de formation
majeur. Tout comme il importe de prendre conscience, à rebours, de la
fragilité de ces dynamiques entrepreneuriales et donc de la responsabilité
que chacun a de les maintenir actives. Évoquons sur ce point la fable hor-
rifique du *Fléau*, qui montre l'effet d'une pandémie de grippe suscitant
en quelques jours la mise à l'arrêt de toutes les entreprises (King, 1978).
« Aux entrepreneurs la patrie reconnaissante »[4] oserait-on à ce propos ! Si

---

[3]   <https://www.lemonde.fr/culture/article/2019/10/08/le-monde-selon-amazon-en-
       quete-sur-l-ogre-qui-a-change-la-face-du-commerce-mondial_6014695_3246.html>.
[4]   « Aux entrepreneurs, la patrie n'est pas reconnaissante », titrait de façon critique le
       magazine économique français *Challenges* en 2013.

la formule a de quoi choquer, elle invite pourtant à méditer à la fois sur la centralité du processus entrepreneurial et sur sa contingence. L'exemple de Madeleine-Valjean ouvre des perspectives. Elle nous amène à envisager à côté des figures de l'entrepreneur visionnaire, expert, relationnel ou institutionnel (Bréchet, Schieb-Bienfait & Desreumaux, 2009) de nouvelles formes possibles : ainsi l'entrepreneur « *lifestyle* », que l'on peut définir

> comme un individu motivé en premier lieu par une stratégie de vie (combinaison projet de vie et projet professionnel), préoccupé davantage par l'accomplissement de soi et les conséquences de son activité professionnelle à la fois sur le plan social, familial et environnemental [...] que par le gain économique (Gomez Breysse, 2016, p. 232).

À la lumière de ce qui précède, nous défendrons volontiers l'idée d'une EEE investie dans la lutte contre les déterminismes sociaux et contribuant à ouvrir les choix d'orientation possibles. Dans cette perspective émancipatrice, on conçoit l'intérêt qu'il pourrait y avoir à présenter aux apprenants (élèves, étudiants) différentes figures de l'entrepreneuriat. Birotteau et Madeleine constituent des archétypes qu'il convient d'actualiser et d'enrichir, sans préjuger du modèle qui prévaudra pour chacun. Cela suppose également de déconstruire ou d'interroger un certain nombre de représentations négatives qui sont associées à l'esprit d'entreprendre, y compris chez les enseignants (même si l'ouvrage qui suit permettra de nuancer ce point). Et puisque les références littéraires ont constitué le fil rouge de cette préface, poursuivons avec le regard porté par la littérature fictionnelle d'aujourd'hui. Ainsi que l'évoque Grenouillet (2013), celle-ci « n'adhère pas à la représentation d'un monde de l'entreprise pacifié, fondé sur les réseaux humains » (p. 351). Elle met en scène des hommes qui abusent du pouvoir, des patrons voyous. « Pour plusieurs récits, le monde de l'entreprise est un vaste système, implacable, dont on ne sort moralement indemne – si l'on a un quelconque pouvoir justement – que par la fuite, le suicide, le pas de côté » (Grenouillet, 2013, p. 351).

L'EEE n'est donc pas un sujet consensuel, ce n'est pas un sujet froid ni même tiède ! On ne peut que s'en réjouir au moment d'ouvrir le présent ouvrage. Nul doute que le lecteur ou la lectrice trouvera dans les chapitres qui suivent matière à nourrir son point de vue et à fonder son jugement. Mais il trouvera également à s'étonner, que ce soit en accédant aux dimensions cachées des activités entrepreneuriales, en assistant à la confrontation entre tenants de la « marchandisation de l'éducation » et promoteurs d'une « nouvelle manière de penser l'éducation », en découvrant des liens inattendus entre esprit d'entreprendre et engagement civique et politique, ou entre esprit d'entreprendre et coopération. Et puisque l'on va parler d'esprit tout au long de ces pages, terminons par un bon mot de celui qui en fut le maître : « On parle beaucoup trop aux enfants du passé et pas assez de l'avenir. C'est-à-dire trop des autres et pas assez d'eux-mêmes » (Guitry, 1991, p. 79). Nous vous l'assurons, dans les pages qui suivent, il sera bien question d'avenir.

Références bibliographiques

Balzac, H. de. (1838). *Histoire de la grandeur et de la décadence de César Birotteau*. Chez l'éditeur. Repéré à <https://gallica.bnf.fr/ark:/12148/bpt6k91237z.texteImage>

Boutillier, S. (2008). L'entrepreneur social, un entrepreneur socialisé dans une société entrepreneuriale ? *Humanisme et Entreprise, 290*, 41-60.

Bréchet, J.-P., Schieb-Bienfait, N. & Desreumaux, A. (2009). Les figures de l'entrepreneur dans une théorie de l'action fondée sur le projet. *Revue de l'Entrepreneuriat, 8*(1), 37-53.

Flécher, M. (2019). Des inégalités d'accès aux inégalités de succès : Enquête sur les fondateurs et fondatrices de start-up. *Travail et Emploi, 159*, 39-68.

Gomez Breysse, M. (2016). L'entrepreneur « lifestyle ». *Revue de l'Entrepreneuriat, 15(3)*, 231-256.

Grenouillet, C. (2013). Figures et discours du pouvoir : L'entreprise dans la littérature française contemporaine. In A. Saignes & A. Salha (Eds.), *Du grand inquisiteur à Big Brother : Arts sciences et politique* (pp. 337-351). Classique Garnier.

Guitry, S. (1991). *Si j'ai bonne mémoire et autres souvenirs*. Perrin.

Hugo, V. (1862). *Les misérables*. Pagnerre.

King, S. (1978). *The Stand*. Doubleday.

L'équipe Dynamique Entrepreneuriale. (2022, 11 décembre). Profil-type de l'entrepreneur à succès aujourd'hui. *Dynamique-Mag.com*. Repéré à <https://www.dynamique-mag.com/article/profil-type-entrepreneur-succes-aujourdhui.6338>

Moscovici, S. (1988). *La Machine à faire des Dieux*. Fayard.

Observatoire des inégalités. (2022, 19 mars). *L'origine sociale des élus ne reflète pas la société, même au niveau local*. Repéré à <https://www.inegalites.fr/L-origine-sociale-des-elus-ne-reflete-pas-la-societe-meme-au-niveau-local>

Introduction : émergence et définition d'un champ de recherche

Patricia Champy-Remoussenard, Professeure des universités
Julien de Miribel, Maître de conférences
Xavier Sido, Maître de conférences HDR
Université de Lille, CIREL ULR 4354

En France, les activités entrepreneuriales occupent dans les espaces sociaux et économiques une place qui s'est significativement renouvelée et qui tend progressivement à transformer la sphère du travail. Les formes entrepreneuriales de l'activité (Champy-Remoussenard, 2015 ; de Miribel, Champy-Remoussenard & Denny, 2024) se traduisent, certes, par le phénomène, en progression significative, de création d'entreprise[1] à laquelle elles sont le plus couramment associées. Mais elles concernent aussi actuellement les champs de l'éducation et de la formation appelés à prendre en charge le développement de l'esprit d'entreprendre et d'entreprise.

Le contexte de mutations techniques, économiques et sociales rapides de ces dernières années interroge les recompositions du travail (Dujarier, 2021 ; Labbé & Champy-Remoussenard, 2013) et a notamment conduit les pouvoirs publics européens à préconiser une éducation à l'entrepreneuriat avec pour missions conjointes de se préparer aux transformations sociétales actuelles et à venir et de donner les moyens aux individus de s'y adapter (Pepin, 2011). Dans cette mouvance, et dans une période marquée par une politique éducative en faveur d'une approche par compétences (Boutin, 2004), l'État français insiste pour sa part depuis le début des années 2010 sur le rôle que serait appelé à jouer l'école et l'enseignement supérieur dans le développement de l'entrepreneuriat, de l'esprit d'entreprendre et d'initiative.

---

[1] En France en 2022, 1 072 000 créations d'entreprise ont été enregistrées, témoignant d'un record et confirmant une tendance au regard des chiffres des années 2010, décennie au cours de laquelle on a pu compter en moyenne près de 560 000 créations annuelles d'entreprises (source : *Insee*).

On connaît aujourd'hui de nombreuses modalités par lesquelles travail, formation et éducation sont mis en relation. Les problématiques de professionnalisation, de compétence, d'apprentissage au travail ou encore les intentions d'articuler travail et formation ont été et sont encore largement étudiées par les sciences de l'éducation et de la formation (SEF). Mais en dépit de nombreux travaux consacrés à ces questions, l'éducation à l'entrepreneuriat, les potentiels d'apprentissage associables à l'expérience entrepreneuriale ou les formes éducatives s'en inspirant sont pour leur part aujourd'hui encore peu étudiés. Plus spécifiquement, les pratiques désignées par le syntagme « éducation à l'esprit d'entreprendre » (EEE) ne sont investies par les SEF que depuis peu de temps. Auparavant elles étaient l'apanage d'autres disciplines de recherche, principalement les sciences de gestion (Starck, 2018).

Afin d'appréhender ce domaine de recherche, l'ouvrage entend traiter deux enjeux d'importance. D'une part, il s'efforce de montrer comment les SEF françaises, aux côtés d'autres disciplines, abordent les questions associées à l'EEE et son développement, ce qu'apporte leur point de vue et dans quelle mesure il pose des questions à l'épistémologie de la recherche *en* et *sur* l'éducation (Plaisance & Vergnaud, 2012). Est-ce qu'il l'interpelle, le prolonge, l'ouvre à d'autres perspectives ? D'autre part, cet ouvrage vise à renforcer la connaissance du champ de recherche en émergence que constitue l'EEE. Il examine pour cela certaines de ses manifestations, expressions, soubassements ou lignes de force et met en évidence des entrées favorisant son étude, mais aussi les questions qu'il pose et les voies qu'il ouvre.

Émergence et développement de l'étude de l'éducation à l'esprit d'entreprendre du point de vue des sciences de l'éducation et de la formation

Afin de situer les questions centrales que les différents chapitres de cet ouvrage contribuent à dessiner et, par-là, les enjeux qui traversent ce champ de recherche, un regard rétrospectif semble important. Il s'agit de retracer le développement des travaux sur l'éducation à l'esprit d'entreprendre dans le domaine des SEF, présenter les recherches et les publications déjà réalisées et identifier les enjeux qui traversent ce champ encore émergent. Les questions centrales, que les différents chapitres de cet ouvrage contribuent à dessiner, pourront ainsi être situées dans cette archéologie du champ en construction. Il apparait qu'historiquement les recherches sur l'EEE situées en SEF se sont développées dans un double mouvement dialectique. D'une part entre sollicitations par les pouvoirs publics et exploration, définition ainsi qu'investigation scientifique de cet objet au moyen des cadres théoriques existants. Et d'autre part entre constitution d'un socle de travaux de référence en analyse de l'activité, ouverture et dialogue vers d'autres approches situées en sciences de l'éducation et de la formation puis vers les sciences de gestion.

Plus spécifiquement, entre 2008 et 2018, les recherches sont nées d'une réponse aux interpellations de différentes institutions qui sont venues chercher l'éclairage et les analyses de chercheurs à des fins d'identification, mais aussi d'évaluation des effets de l'EEE, parfois dans une perspective de valorisation des actions menées. Elles ont aussi eu pour caractéristiques d'être conduites à partir des dispositifs et pratiques pédagogiques destinées à développer l'esprit d'entreprendre, avec un intérêt des chercheurs pour les activités des professionnels engagés dans ces dispositifs.

Entre découverte et exploration scientifique de l'éducation à l'esprit d'entreprendre

La première enquête a été réalisée en 2008 à la demande du Rectorat de la Guadeloupe. Le besoin exprimé était celui d'une étude des effets pédagogiques de la mise en place du dispositif « Entreprendre en lycée[2] » dans l'académie. Patricia Champy-Remoussenard se saisit alors du projet sous l'angle de l'étude des relations entre école et entreprise. La recherche explore notamment les activités et les représentations des enseignants impliqués dans le dispositif. Elle a permis de mettre au jour un certain nombre de questions scientifiques susceptibles d'intéresser les SEF : la complexité des objectifs visés par l'EEE, les formes pédagogiques associées, et globalement pour les enjeux associés à ces politiques. À l'issue de ces premières investigations, l'étude conclut que l'objet est intéressant, original et quasi inexploré. Il est aussi « risqué » en raison d'une possible faible acceptabilité du milieu scientifique, en lien notamment avec les valeurs associables à l'entrepreneuriat, d'où la nécessité et le besoin de poursuivre et développer son étude.

Les premiers enjeux scientifiques ont été relatifs au positionnement de l'objet, à sa confrontation à l'existant, au questionnement de sa spécificité.

---

[2] Dispositif de type « mini-entreprises » (*student entreprises*) issu du mouvement mondial du *Youth achievement* qui a donné lieu en France à l'association « Entreprendre pour apprendre » (ou EPA).

C'est ainsi que l'EEE a été questionnée comme faisant partie ou non des « éducations à » dans un numéro de 2012 de la revue *Spirale* intitulée « Les éducations à, quelles recherches, quels questionnements » (Champy-Remoussenard, 2012). De nombreuses communications dans des colloques (Ait M'Bark, 2013 ; Champy-Remoussenard, 2013 ; Starck, 2013a, 2013b) ont permis de mettre à l'épreuve les premiers résultats tout en les faisant connaître et, par là, engager une dynamique d'intérêt auprès de la communauté scientifique. Enfin, un travail de définition de l'EEE, vue par les SEF, s'est concrétisé par un double article du *Dictionnaire critique des enjeux et concepts des éducations à* en 2017. Sa particularité est de mobiliser, dans une approche complémentaire et dialogique, une perspective de didactique curriculaire sur les dispositifs d'EEE (Champy-Remoussenard & Zaid, 2017) et une perspective centrée sur les relations entre école et entreprises.

Passés ces travaux fondateurs, la deuxième enquête (Starck, Champy-Remoussenard, Zaid, Deville & Ait M'Bark, 2014) s'inscrit dans le volet recherche du projet IDEE (Innovons et Développons l'esprit d'entreprendre) financé par le Fonds social européen, projet dans lequel le Rectorat de Lille était partie prenante. Le travail a ainsi porté à nouveau sur le dispositif des mini-entreprises dans le Nord de la France cette fois. Elle a mobilisé des chercheurs des équipes Proféor-CIREL et Théodile-CIREL, focalisées respectivement sur l'analyse du travail éducatif et les didactiques des disciplines et du curriculum, ainsi que les *éducations à*. Dans cette perspective collective, la recherche a permis de conduire des analyses sur différents registres (politique, pédagogique, didactique, genre, etc.) marquant ainsi l'extension des préoccupations de recherche rappelée précédemment et l'inscription dans des perspectives de déploiement des travaux avec notamment l'engagement d'un travail de thèse (Ait M'Bark, 2021).

D'autres travaux plus ciblés, comme celui mené, dans le contexte de l'enseignement supérieur, sur les *Hubhouses* de la Région Nord-Pas-de-Calais commanditée par la Région permettent d'explorer des angles précis. Ainsi, dans ce travail, comme lors de l'étude guadeloupéenne, ce sont aussi les acteurs du champ et leurs activités qui sont étudiés notamment à partir de leurs formes de coopération inédites (Baeza, *et al.*, 2016 ; Champy-Remoussenard, 2014).

La recherche « Entreprendre dans l'espace scolaire » a été menée en 2014 à la demande du service du Rectorat de Lille. Coordonnée par Sylvain Starck et Patricia Champy-Remoussenard, elle a eu pour objectifs de mieux identifier la capacité d'entreprendre qu'élèves, enseignants et équipe de direction construisent dans leurs expériences d'apprentissage et d'enseignement, les situations problématiques qu'ils ont rencontrées en « entreprenant » et qu'ils ont pu ou non solutionner, les écueils qui de leur point de vue persistent. Les représentations des élèves et des enseignants liées à l'action d'entreprendre dans l'espace scolaire, et hors de celui-ci, ont été recueillies auprès de l'ensemble des acteurs d'un collège identifié comme particulièrement dynamique. Il s'agissait de suivre, dans le cadre d'une recherche-action, l'élaboration de l'offre des enseignements et des pratiques interdisciplinaires sur une période donnée.

Le colloque de l'Association francophone pour le savoir (ACFAS) de Montréal en 2016 (« *L'éducation à l'esprit d'entreprendre : débats et perspectives dans les recherches sur un champ de pratiques en émergence* », dont les responsables scientifiques étaient Matthias Pepin et Patricia Champy-Remoussenard, a été une première occasion pour solliciter la discussion avec les milieux professionnels. Le rapprochement avec les chercheurs québécois s'est fait assez naturellement dans la mesure où, dans ce pays, les recherches en sciences de l'éducation avaient déjà commencé antérieurement aux recherches françaises avec les recherches de Morin, Pelletier, Samson, St-Jean, Pepin, Gingras, etc. Pepin et Champy-Remoussenard ont aussi été les rédacteurs en chefs invités du numéro 140 de la revue pluridisciplinaire *Formation Emploi* (2017) avec des articles écrits par des chercheurs en sciences de gestion, en sociologie, en sciences de l'éducation et de la formation. Le numéro est intitulé « L'éducation à l'esprit d'entreprendre en questions ».

Dans la dialectique évoquée au début, l'ouvrage scientifique *Apprendre à entreprendre,* paru en 2018 aux Editions de Boeck dans la collection *Perspectives en éducation& formation* (Champy-Remoussenard & Starck, 2018), fait suite à ces premiers travaux et a notamment mis en évidence un terrain quasi vierge en matière d'investigation et de réflexion et proposé des regards pluriels mais tous portés depuis les sciences de l'éducation et de la formation. L'ouvrage explore les formes que prennent les dispositifs et les activités destinés à développer l'esprit d'entreprendre de l'enseignement primaire à l'enseignement supérieur en croisant les regards d'auteurs français, québécois et suisses. Les auteurs y interrogent les politiques éducatives relevant de l'esprit d'entreprendre ou de l'entrepreneuriat, les formes pédagogiques adoptées, la professionnalisation des intervenants, les enjeux pédagogiques, la place de ce dispositif dans le curriculum ainsi que les dimensions genrées associées à ces pratiques.

Une extension à d'autres espaces et d'autres questionnements

Depuis lors, entre 2019 et 2023, de nouvelles recherches s'inscrivent dans ce premier mouvement d'exploration, visant notamment à étendre l'investigation à d'autres espaces et d'autres questionnements.

En 2019, une recherche commanditée par le Rectorat de Lille étend le périmètre des premiers travaux, initialement centrés sur les mini-entreprises, à d'autres dispositifs d'EEE. Le caractère commandité de l'étude signale l'intérêt et le besoin des acteurs politiques et du champ éducatif, de manière aussi bien significative que croissante, de connaître mais aussi de pousser – à la faveur notamment du discours scientifique – les actions déployées visant l'EEE ainsi que leurs effets. Cette étude a mis plusieurs points en évidence. Elle interroge en particulier les conceptions prédominantes tacitement admises qui portent les actions pédagogiques recherchant le développement de l'esprit d'entreprendre (de Miribel & Sido, 2019, 2021a).

Enfin, une recherche a été menée entre 2022 et 2024, commandi-tée par la Chambre des Métiers et de l'Artisanat des Hauts-de-France. Après avoir porté sur les dispositifs et les acteurs du secteur éducatif en lien avec l'EEE, ces travaux se sont intéressés aux parcours, aux activités et aux compétences des entrepreneurs (Champy-Remoussenard & de Miribel, 2023). L'hypothèse sous-jacente étant qu'elles étaient très évo-lutives et méconnues des chercheurs et des institutions. Trente-quatre micro-entrepreneurs ont été interviewés. Les formes d'activités émer-gentes de cette population extrêmement diversifiée ont été étudiées afin d'éclairer les institutions et les acteurs de l'accompagnement et de l'édu-cation à l'entrepreneuriat, mais aussi de saisir le travail réel et les com-pétences mobilisées, s'inscrivant en cela dans une tradition de recherche analysant l'activité pour concevoir les formations et comprendre les besoins de formation (Champy-Remoussenard, de Miribel, Denny, Deville & Vanderstichel, 2024 ; de Miribel, Champy-Remoussenard & Denny, 2024).

Au fur et à mesure que se construisaient et se diffusaient les travaux, l'étrange absence d'intérêt du champ des SEF françaises pour ces ques-tions a fait naître quelques premières hypothèses, qui ont été relayées ensuite par Julien de Miribel et Patricia Champy-Remoussenard lors du colloque de Grenade en Espagne (de Miribel, Champy-Remoussenard, Ait M'Bark & Deville, 2019). On peut y voir le passage à une seconde phase des recherches en sciences de l'éducation et de la formation sur l'EEE. La première étant l'exploration de l'objet, la seconde, dont le colloque à Grenade marque une transition, est une réflexion sur la façon dont les SEF s'emparent de cet objet, sur les lignes de force et de tensions constitutives de cet investissement. Cette seconde phase témoigne ainsi d'une maturation du travail de recherche et de perspectives épistémologiques émergentes. En particulier, les freins de nature idéologique sont apparus comme déterminants pour expliquer l'absence de recherche sur l'EEE jusqu'aux travaux évoqués précédemment. Ils font d'ailleurs l'objet d'un des chapitres de cet ouvrage (Champy-Remoussenard & de Miribel, *Infra*). Les recherches déjà existantes appelleraient sur ce registre une analyse plus globale du traitement peu important des questions associées à l'entreprise dans le champ des recherches françaises en sciences de l'éducation et de la formation alors que les liens entre cette discipline et les champs professionnels, et plus largement la finalisation des connaissances dans l'action, sont constitutifs de sa construction et de son développement épistémologique (Bedin, Franc & Guy, 2019 ; Dorison, 2015 ; Hofstetter & Schneuwly, 2001).

Définir l'éducation à l'esprit d'entreprendre, confronter et discuter

Bientôt, et assez logiquement, ce sont des enjeux relatifs à des tentatives de définitions, des éléments de référence, au sein des SEF et par rapport à d'autre disciplines qui se dessinent. À la suite du premier article paru dans le *Dictionnaire des Éducations à* (Barthes, Lange & Tutiaux-Guillon, 2017) dont nous avons parlé plus haut, un second (Champy-Remoussenard, 2022) a été intégré au *Dictionnaire des concepts de la professionnalisation* dirigé par Jorro (2022). Le vocable *Entrepreneuriat* a donc été ajouté (il ne figurait pas dans la première édition). La question entrepreneuriale entre donc désormais dans l'inventaire de celles qui étaient appelées à faire partie des préoccupations de chercheurs intéressés par les questions de professionnalisation.

Le besoin de confronter les approches, de discuter à plusieurs avec d'autres disciplines de recherche, de faire mutuellement évoluer les points de vue ainsi qu'avec les milieux professionnels s'est également fait sentir quasiment depuis le début des recherches. Ceci à la fois parce que l'objet même appelle au dialogue avec les milieux professionnels, appelle également à la mobilisation de multiples points de vue, notamment pour l'étude de l'activité entrepreneuriale, de l'opérationnalisation de l'EEE etc., et enfin parce que les premiers chercheurs en SEF sur ces questions ont été amenés à s'approprier et entrer en discussion avec les travaux pionniers issus des sciences de gestion.

Le colloque international de 2020 organisé par le CIREL, *Éduquer à l'esprit d'entreprendre, former à l'entrepreneuriat : enjeux, questions, transformations*, met encore plus l'accent sur le débat interdisciplinaire et international. En pleine pandémie, il a fait dialoguer en format distanciel des chercheurs de différentes disciplines et de différents pays tout en étant à l'initiative des chercheurs en SEF du CIREL. L'argumentaire pose explicitement cette

> ambition de susciter d'une part un dialogue interdisciplinaire entre des chercheurs qui s'intéressent à l'entrepreneuriat éducatif et, d'autre part, un dialogue avec les champs professionnels concernés par l'éducation à l'esprit d'entreprendre, l'accompagnement et la formation destinés aux porteurs de projets entrepreneuriaux. La perspective à partir de là est double : instaurer un dialogue entre acteurs de ce champ en émergence et en évolution forte ; croiser les regards, réponses et questions que les chercheurs peuvent y apporter en vue de construire les bases d'un projet scientifique à poursuivre[3].

Les publications, nombreuses, qui ont suivi le colloque s'inscrivent ainsi dans la volonté, rappelée liminairement, de faire dialoguer les recherches à la fois au sein des sciences de l'éducation de la formation, et entre SEF et d'autres champs de recherche. Ainsi, c'est dans une revue de sciences de gestion, *Projectique*, qu'à nouveau dans une perspective pluridisciplinaire, trois enseignants-chercheurs en sciences de l'éducation et de la formation coordonnent un numéro qui accueille des chercheurs en sciences de gestion (de Miribel, Sido & Champy-Remoussenard, 2022). Une journée d'étude d'octobre 2022 intitulée « Esprit d'entreprendre et formation : regards croisés entre sciences de l'éducation et de la formation et sciences de gestion » organisée au CIREL, à l'Université de Lille, a donné lieu à une discussion croisée entre sciences de gestion et SEF. Cet évènement s'est inscrit dans la continuité de la parution du numéro 57 de la revue *Savoirs* (de Miribel & Sido, 2021b) et a notamment eu pour ambition de vérifier le besoin et l'intérêt qu'ont les chercheurs des deux champs à se rapprocher.

---

[3]   <https://entrepreneurship-education2020.univ-lille.fr/>.

L'objet cherche aussi sa place dans le champ des SEF. Si un dialogue entre spécialistes de la relation formation/travail et de la professionnalisation est entrepris quasiment dès le début des travaux, des études relatives à la mise en place de situations d'enseignement-apprentissage ou de leur fonctionnement restent encore à développer. Il s'agit plus particulièrement de travaux inscrits en didactique, c'est-à-dire avec un regard attentif à la spécificité des contenus d'enseignement et d'apprentissage de l'EEE. La place particulière de l'EEE dans le plan de formation des élèves, transversale, non intégrée à un programme et toutefois au cœur de dispositifs spécifiques, explique sans doute cette désaffection relative. Toutefois, les travaux menés jusqu'à présent en didactique, Zaid (2018) et Sido et Zaid (*Infra*), mais aussi des recherches mobilisant une analyse croisée, avec le point de vue des enjeux de professionnalisation (de Mirbel & Sido, 2019, 2021a), engagent à poursuivre les investigations sur la nature particulière des contenus de l'EEE et les conditions spécifiques de leur enseignement et de leur apprentissage, à la fois à l'échelle micro de la situation didactique, mais aussi plus macro au niveau du curriculum.

Le numéro 57 de la revue *Savoirs* (de Miribel & Sido, 2021b) propose un regard analytique sur la question entrepreneuriale dans ses relations avec le domaine de l'accompagnement, de la formation des adultes et des pratiques professionnelles. La note de synthèse *Éduquer et former à l'esprit d'entreprendre pour quelles perspectives ?* (Champy-Remoussenard, 2021) est la première produite sur la question en sciences de l'éducation et de la formation en France. En 2015, paraissait dans la même revue une note signée d'Olivier Toutain et Caroline Verzat, chercheurs en sciences de gestion intitulée *Former et accompagner des entrepreneurs potentiels : diktat ou défi ?* La conclusion de la note de synthèse met en évidence que le « Pourquoi on développe l'esprit d'entreprendre ? » est très peu étudié par les scientifiques.

Posée comme une évidence politique relayée plus ou moins consciemment par les milieux professionnels, la nécessité de confier au système éducatif la formation de l'esprit d'entreprendre est finalement peu questionnée. Les enjeux politiques sont aussi peu interrogés, ainsi que la connaissance qu'en ont les acteurs. La question d'une discipline dédiée et d'un champ scientifique bien délimité paraît alors à l'auteur moins importante que celle du point de vue scientifique qui pourrait être travaillé et adopté par la suite. En effet ce qu'on peut qualifier de parasitage idéologique autour de l'objet, ainsi que les effets divers de la posture de chercheurs investis dans la pratique et en forte proximité, voire adhésion à ce qu'ils étudient, sont proposés comme autant de pistes de recherche à venir.

Un numéro de la revue *Recherche & formation* (Champy-Remoussenard & Starck, 2021) met lui l'accent, comme l'y incite la politique éditoriale de la revue, sur les questions de formation et de professionnalisation. Il est en particulier question d'examiner, à travers des dispositifs d'EEE, certaines des formes du mouvement global de professionnalisation des individus telles qu'elles s'actualisent dans les milieux scolaire et universitaire (de Miribel & Sido, 2021a). Avec sa rubrique « Autour des mots » (Champy-Remoussenard & de Miribel, 2021), il poursuit la discussion autour des termes du champ initiée dans les deux dictionnaires déjà cités et montre la manière dont le champ lexical de l'entrepreneur et l'acte d'entreprendre ont pris place dans le domaine éducatif, mais aussi leur mobilisation dans la littérature en sciences humaines et sociales. Et l'interview conduit par Sylvain Starck et Patricia Champy-Remoussenard avec Olivia Chambard et Caroline Verzat (Verzat, Chambard, Champy-Remoussenard & Starck, 2021) poursuit lui le débat interdisciplinaire autour de l'éducation à l'esprit d'entreprendre.

Enfin l'ouvrage *L'enseignement supérieur, fabricant d'entrepreneurs* (Champy-Remoussenard, Starck & Baeza, 2024) se conclut sur ces mots :

> Ce n'est qu'en saisissant les multiples paramètres du phénomène étudié qu'on aura quelque chance de le comprendre. Il est complexe du point de vue des conditions de son émergence historique, des enjeux politiques et sociaux qui le traversent. Cet ouvrage est un premier pas vers cette forme d'analyse dans la mesure où il offre des points de vue variés sur les questions qui se posent. Des angles morts subsistent, des points aveugles, des contradictions pour le moment indépassables. Il apparaît que l'éducation à l'esprit d'entreprendre est un analyseur possible des transformations de notre société, de notre système éducatif et de l'enseignement supérieur. La forme entrepreneuriale de l'activité, elle-même mouvante et polymorphe ré-interroge bien des cadres d'analyse, invite à déplacer le regard, ce qui n'est pas toujours aisé (p. 361).

Ces premiers travaux de recherche ont engagé les instances politiques à identifier certains de leurs auteurs comme experts sur cette question, ce que montrent notamment les sollicitations de Sylvain Starck et Patricia Champy-Remoussenard comme experts pour le rapport Eurydice *Entrepreneurship education in Europe* portant sur l'EEE (Commission européenne, 2016), mais aussi la contribution de Patricia Champy-Remoussenard au rapport Athéna consacré à la recherche sur l'éducation et adressé au secrétaire d'État par le Conseil national des universités en 2017 (Thibault, 2017). Parallèlement, les chercheurs se sont régulièrement adressés au grand public, et au milieu professionnel. À titre d'exemple, l'intervention de Patricia Champy-Remoussenard, en 2022 à la fondation

Kairos à Paris, lors d'une table ronde intitulée « Comment favoriser l'émergence précoce de l'état d'esprit entrepreneurial ? » animée par Nicolas Doze, journaliste et économiste à BFM, ou encore la participation en novembre de Patricia Champy-Remoussenard et Xavier Sido à un webinaire destiné aux enseignants par l'association EPA en Guadeloupe.

En parallèle de ces travaux, on remarquera qu'une production doctorale est naissante, ce qui signale une émergence du champ qui dépasse maintenant le contexte lillois.

Les quatre thèses soutenues à ce stade en SEF en France à propos de l'éducation à l'esprit d'entreprendre signalent la vitalité du champ et nourrissent les enjeux que nous venons d'évoquer. Par leurs directeurs de thèse et leurs laboratoires de rattachement, par leurs terrains d'investigations, elles montrent à leur manière comment elles s'inscrivent dans le champ des SEF.

La thèse de Varvara Ciobanu-Gout : « *Devenir entrepreneur : la place de l'histoire personnelle dans le processus d'apprentissage de l'entrepreneuriat* » soutenue en 2018 a été dirigée par Séraphin Alava à l'Université de Toulouse, spécialiste des pratiques médiatiques en éducation.

La thèse de Jean-Michel Mégret s'inscrit à la fois dans le champ des travaux sur l'analyse de l'activité et la formation et celui de la formation des adultes. Intitulée « *D'une formation à l'entrepreneuriat aux prémices d'une andragogie entrepreneuriale : le cas des très petites entreprises bretonnes* », elle a été soutenue à Rennes en 2021 avec la direction de Jérôme Eneau, spécialiste de la formation, de l'autoformation et de l'andragogie. Le jury de thèse associait chercheurs en sciences de gestion et en SEF.

La thèse de Sarah Macler « *Parcours, travail et compétences des chefs de très petites entreprises : une analyse didactique professionnelle* » soutenue en 2021 s'inscrit dans le champ de l'analyse de l'activité et formation, et de la didactique professionnelle. Le jury est nettement situé dans le champ de l'analyse de l'activité. Elle a été dirigée par Patrick Mayen, spécialiste en didactique professionnelle.

Enfin la thèse soutenue en 2021 par Mohamed Ait M'Bark, « *Construction du sentiment d'efficacité personnelle dans les pratiques d'éducation à l'entrepreneuriat* », qui porte sur les effets sur le SEP des élèves s'inscrit dans les recherches sur les effets des dispositifs éducatifs d'EEE et a été dirigée par Patricia Champy-Remoussenard, spécialiste des relations entre analyse de l'activité et formation, des relations éducation/travail et de l'éducation à l'esprit d'entreprendre.

Ces thèses de doctorat engagent, avec le reste des publications, à considérer que le champ gagne en maturité et peut commencer à faire un retour sur lui-même. La thèse d'Hélène Vanderstichel, en cours au CIREL, avec la direction de Patricia Champy-Remoussenard et le co encadrement de Raquel Becceril-Ortega, vise plus particulièrement à étudier l'activité de conception créatrice dans le champ de l'entrepreneuriat. Elle veut à la fois étendre la portée des travaux menés en didactique de la conception et apporter un nouvel éclairage sur l'activité des entrepreneurs pour l'éducation et la formation à l'esprit d'entreprendre (Vanderstichel, Becerril-Ortega & Didier, 2021). La thèse de Florine Brière en cours de réalisation avec la direction de Patricia Champy-Remoussenard porte sur la formation des managers de proximité et la manière dont l'intention de développer l'esprit d'entreprendre de ces publics de l'enseignement supérieur est susceptible de transformer la forme scolaire. La thèse de Oumaima Daiboun, également en cours, avec la direction d'Abdelkarim Zaid, propose une contribution à l'étude didactique de la culture entrepreneuriale des apprenants dans la transition lycée-université.

Perspectives pour l'étude de l'EEE en sciences de l'éducation et de la formation

Récemment, les chercheurs de l'équipe lilloise amorcent un virage vers la compréhension de l'activité entrepreneuriale et de ses compétences (marquée par une forme entrepreneuriale de l'activité (Champy-Remoussenard, 2015) engageant leurs travaux dans le champ de l'analyse de l'activité en lien avec la formation. En lien avec la recherche sur l'activité et les compétences des micro-entrepreneurs, un symposium intitulé « Analyse de l'activité entrepreneuriale et entrepreneuriat éducatif » (Champy-Remoussenard & de Miribel, 2023) s'est tenu au colloque RUMEF de Tours en 2023 afin d'interroger le statut d'une analyse de l'activité de l'entrepreneur dans le champ de l'analyse de l'activité professionnelle.

La conférence donnée par Patricia Champy-Remoussenard, à Rethymnon en Grèce en mai 2023 au colloque *Combating skills mismatch in education* (Exchanging Paradigms and enhancing skills transferability for combating students' skills mismatch in education) intitulée *Developing entrepreneurial spirit as a key competence in higher education*, s'inscrit dans les préoccupations européennes autour du déficit de certaines compétences clefs chez les étudiants, dont l'esprit d'entreprendre. Patricia Champy-Remoussenard (2023, à paraître) y a montré que de récentes recherches sur les activités des entrepreneurs mettent en évidence la nature des compétences, notamment des *softskills*, requises dans le travail actuel.

La préface de Dominique Broussal, en revisitant les écrits de grands auteurs comme Hugo et Balzac, met en perspective le développement de l'entrepreneuriat et de l'éducation à l'esprit d'entreprendre dans l'histoire. En cela, le texte relativise en quelque sorte le caractère de nouveauté des débats sociaux et scientifiques autour de l'entrepreneuriat. La préface montre que les enjeux complexes du développement de formes entrepreneuriales de l'activité sont loin d'être nouveaux. Elle met notamment en évidence comment l'initiative entrepreneuriale est sans cesse en tension, entre recherche du profit et recherche de sa fonction sociale. Elle souligne la nécessité de comprendre l'entrepreneuriat dans toute sa complexité, avec les multiples figures d'entrepreneurs et les dimensions cachées de ces activités qui en révèlent des aspects surprenants et inattendus.

Dans cet ensemble de travaux, l'ouvrage présenté ici occupe donc une place tout à fait particulière et essentielle car il s'efforce de formaliser un état des lieux de la recherche française en SEF lorsqu'elle prend comme objet d'étude les relations entre éduquer, former d'un côté et entreprendre de l'autre. Loin encore d'avoir épuisé les possibilités analytiques que comporte le champ de l'EEE, les recherches conduites jusqu'à présent rendent néanmoins possible et profitable pour notre discipline de dresser un premier bilan et plusieurs perspectives. Les chapitres de cet ouvrage permettent de les identifier tout en les prolongeant.

La construction d'un objet scientifique, les impulsions, les défis et les résistances suscitées notamment par les représentations sociales de la figure de l'entrepreneur

Si les recherches en sciences de l'éducation et de la formation permettent de dénaturaliser les approches et notamment la figure de l'entrepreneur, elles doivent faire face à des tensions suscitées par l'insertion dans les milieux qui reçoivent l'éducation comme étant à vocation utilitariste et marchande. Inversement, les acteurs promoteurs des dispositifs d'EEE interrogent peu les enjeux et pratiques éducatifs qu'ils conduisent à mettre en place, ce qui amène à questionner les conséquences d'une opérationnalisation toujours plus importante de telles actions.

Dans un premier chapitre, Patricia Champy-Remoussenard et Julien de Miribel se penchent sur les liens problématiques entre sciences et pensée idéologique tels qu'ils se posent dans l'étude de l'EEE. Ils examinent plus particulièrement pour cela les ambivalences dont est porteuse l'incitation au développement entrepreneurial, y compris dans les milieux éducatifs, et les réserves qu'elle est à même de susciter dans l'espace social. Ce faisant, les auteurs pointent la manière dont de telles réticences gagnent le domaine scientifique au point de constituer un frein, non au développement du champ mais à son analyse. Y voyant un véritable obstacle épistémologique (au sens que lui a donné Bachelard), ils repèrent différents points qui, dans la structuration des SEF, peuvent, plus généralement conduire les démarches de recherche à se heurter à cette pensée idéologique.

Dans le deuxième chapitre, Christophe Niewiadomski, chercheur au CIREL et ancien directeur du laboratoire, s'intéresse quant à lui aux déterminants ayant conduit des chercheurs en sciences de l'éducation et de la formation à investir l'éducation à l'esprit d'entreprendre en tant qu'objet d'analyse. Dans sa contribution, il explore les entretiens, qu'il a réalisés auprès des trois coordinateurs de cet ouvrage, pour mettre en lumière ce qui, dans leur parcours de chercheur, les a conduits à s'intéresser à ce domaine. La démarche adoptée – qui pourrait en préfigurer une plus ample, interviewant d'autres chercheurs – permet à Christophe Niewiadomski de repérer deux tendances. Il remarque d'abord que l'intérêt de ces chercheurs pour l'étude de l'EEE est significativement lié aux contextes sociaux et relationnels qu'ils sont amenés à fréquenter. Il fait ainsi ressortir l'émergence d'un intérêt pour l'objet sensiblement inscrit dans les aléas des rapports humains, davantage que dans des intentions épistémologiques initiales. Il met en outre en évidence le rôle tout à fait notable des représentations sur l'entrepreneuriat. Loin d'être neutres, celles-ci interpellent les chercheurs qui s'emparent de l'objet EEE, parce qu'il suscite en lui-même presque systématiquement l'adhésion ou le rejet. L'auteur remarque ainsi combien cette réaction à l'objet constitue, sinon un obstacle, du moins une véritable difficulté pour élaborer un positionnement scientifique sur la question.

Le champ de recherche étant saturé de représentations de l'entrepreneuriat et de la figure de l'entrepreneur, il en est d'autant plus utile d'examiner la manière dont cette manière de qualifier l'activité se traduit dans l'agir et en particulier dans l'agir des acteurs éducatifs. Sylvain Starck interroge, dans le troisième chapitre, la structuration conceptuelle de l'EEE du point de vue des sciences de l'éducation et de la formation, en investiguant les effets de saturation des discours politiques qui prescrivent son développement. Il souligne que les manières de définir l'esprit d'entreprendre questionnent, car elles visent tout à la fois une conception élargie de l'action d'entreprendre, émancipée du monde de l'entreprise et se déclinant dans des dispositifs éducatifs mobilisant des activités liées au monde de l'entreprise. Comment est-il finalement possible de comprendre l'action d'entreprendre dans « l'agir ordinaire » ? Pour éclairer cette question, il analyse dans un premier temps le mouvement de « démocratisation » de l'entrepreneuriat qui permet de comprendre la place qu'occupe aujourd'hui l'idée d'esprit d'entreprendre relativement à l'agir professionnel ordinaire. Dans un second temps, en prenant appui sur une recherche menée dans un collège au moment de la réforme de 2015, il pose la question de savoir si les représentations que les professionnels de l'établissement associent à l'action d'entreprendre sont congruentes avec les conceptions socialement construites de l'esprit d'entreprendre. Enfin, dans un troisième temps, à partir du suivi de l'action développée sur le temps long par une enseignante d'éducation musicale, il propose une élaboration scientifique du terme rendant compte des puissances à l'œuvre dans le fait d'entreprendre et des jeux de pouvoir qu'une telle forme d'action implique.

Des enjeux sociétaux, didactiques et professionnels

Le volontarisme politique pour impliquer les institutions éducatives dans le développement entrepreneurial est certain. L'engouement pour cultiver l'esprit d'entreprendre fait l'objet d'un remarquable consensus apparent partagé par les acteurs politiques à différents niveaux (aussi bien national, régional, qu'international) et par les acteurs en responsabilité dans le champ éducatif. Pour consensuel qu'il paraisse, cet élan n'en recèle pas moins des ambivalences quant au sens et au statut de vocables tels qu'« entreprendre » ou « entreprises », omniprésents dans le langage visant l'orientation de l'action éducative. Derrière l'apparent consensus se cachent en fait des divergences quant aux finalités visées par l'EEE, finalités encore peu étudiées par la recherche dans ce domaine. C'est cette perspective qu'explore Régis Malet au quatrième chapitre. Il propose d'envisager l'éducation à l'esprit d'entreprendre comme un idéal participatif en questionnant les finalités qui guident ses modes d'opérationnalisation. Il revient pour cela sur les orientations qui animent le champ de l'EEE, non sans rappeler la tension structurelle entre, d'un côté, des enjeux de formation des citoyens capables de répondre aux défis sociétaux et, de l'autre, la recherche d'un individu employable, responsable et adaptable aux priorités de l'économie marchande. Considérant ce contexte, Régis Malet jette les bases d'une « vigilance critique et civique » sur les conditions auxquelles les pratiques d'EEE seraient compatibles avec un idéal démocratique. Il propose en particulier de questionner le champ à l'aune du paradigme inclusif et notamment de considérer les effets du développement de l'entrepreneuriat et de son corollaire, l'EEE, sur une cohésion sociale mise à l'épreuve par les mutations du travail favorisant notamment le recul du salariat au bénéfice du modèle entrepreneurial. Signalant que ce dernier risque de se traduire pour les générations montantes par la seule perspective d'un parcours incertain, non linéaire, voire désordonné, l'auteur interroge à ce titre les conséquences pour l'éducation et la formation et plaide pour une éducation à l'entrepreneuriat éclairée, humaniste et responsable.

Le cinquième chapitre porte un regard sur le travail éducatif œuvrant pour le développement de l'esprit d'entreprendre ainsi que pour l'accompagnement du processus entrepreneurial. Encore peu étudiées, ces dimensions constituent un défi pour la connaissance des pratiques éducatives, en particulier chez des enseignants intégrant la sphère entrepreneuriale et/ou entreprenante dans leurs préoccupations pédagogiques. Sur un autre plan, cet axe intéresse également très directement l'identification des besoins en formation et en accompagnement des porteurs de projet de création d'activité. Patricia Champy-Remoussenard et Sylvain Starck interrogent dans leur chapitre les transformations du rapport au travail et celles de la forme éducative de la société que permettent de mieux comprendre les travaux sur l'éducation et la formation à l'esprit d'entreprendre et sur les activités et les compétences entrepreneuriales. Il est assez complexe de saisir à la fois dans quel projet politique et dans quelle temporalité de ce projet s'inscrivent ces transformations. L'analyse vise aussi à tenter de démêler ce qui relève d'une prescription politique et ce qui s'inscrit dans l'initiative des personnes. Elle questionne aussi l'antériorité peu affichée d'une société entrepreneuriale et les développements inattendus des nouvelles formes d'activités entrepreneuriales.

Enfin, l'émergence ces dernières années d'une EEE et son inscription à l'école posent la question de l'actualisation des relations travail-formation et l'évolution du curriculum. La nature de ces relations s'est montrée centrale et évolutive depuis les années 1950. La sphère des emplois et du travail constitue un « champ de force » présentant des effets régulateurs, organisateurs et transformateurs des systèmes d'éducation et de formation.

La promotion et le déploiement des dispositifs à des fins d'EEE contribuent, dans la continuité du mouvement généralisé de professionnalisation, à orienter les pratiques scolaires en fonction des évolutions de la sphère du travail. À cet égard, l'interpellation du point de vue du *curriculum* s'avère indispensable pour saisir certaines reconfigurations à la fois discrètes et progressives des attendus au-dedans et au-dehors de l'institution éducative. Le sixième chapitre rédigé par Xavier Sido et Abdelkarim Zaid offre une lecture des questions traitées d'un point de vue didactique. En partant du constat que n'étant pas intégrée dans les curricula et les programmes, l'EEE ne fait l'objet que de peu de travaux des didacticiens. Ils proposent d'éclairer ce point aveugle de la recherche en questionnant le curriculum d'EEE selon deux niveaux d'analyse complémentaires. Le premier qui renvoie au curriculum, entendu comme l'ensemble des moyens organisés pour réaliser spécifiquement les finalités d'une éducation à l'esprit d'entreprendre, est centré sur le système didactique et la dynamique didactique impliquée vise à mieux cerner les actions d'EEE et en caractériser les tensions. Le second, entendu dans le sens plus général comme principes, actions et moyens pour réaliser les finalités éducatives de l'école (recouvrant différents disciplines et dispositifs), a pour objectif de rendre compte de ce que produisent ces dynamiques en termes d'interactions entre les actions d'EEE et curriculum. Xavier Sido et Abdelkarim Zaid, ouvrent à la fin de leur chapitre des perspectives de questionnement à la fois sur la structure de l'EEE, de la solidarité entre les différentes logiques de formations (savoir, compétence, expérience) mais aussi de façon plus globale la possibilité qu'un dispositif, ici celui d'EEE, puisse constituer une entrée pour construire un curriculum alternatif.

Au septième chapitre, Catherine Souplet, Elisabeth Menouar et Dalila Moussi partent pour leur part du constat que le registre entrepreneurial et l'esprit d'entreprendre sont généralement – et implicitement – dissociés des métiers et des professionnels de l'Éducation nationale. En prenant appui sur une recherche à partir de laquelle elles étudient les pratiques d'un groupe de professeurs des écoles ayant nourri le projet d'élaborer un projet pédagogique fondé sur la coopération et qu'ils ont pu développer dans école ayant par la suite vu le jour dans la ville de Lille, les autrices proposent de questionner ce qui permettrait de considérer les enseignants comme « sujets entreprenants ». À travers le cas étudié, les autrices proposent d'examiner les actions conduites par ce groupe d'enseignants à partir de qualités souvent attribuées à ce que serait l'esprit d'entreprendre : la prise d'initiative, l'engagement personnel et collectif et le besoin d'innovation.

Outre ces dimensions, Catherine Souplet, Elisabeth Menouar et Dalila Moussi mettent en évidence et décortiquent le rapport au risque, caractéristique de la forme entrepreneuriale de l'activité, tel qu'elles l'observent et le perçoivent dans l'expérience du groupe d'enseignants.

Les entrées présentées dans ces différents chapitres ne peuvent prétendre ouvrir de manière exhaustive le champ de recherche de l'EEE, compte tenu de l'important potentiel de recherche contenu par la question entrepreneuriale dans ses liens avec des enjeux éducatifs et de formation. Elles entendent néanmoins mettre en évidence certaines lignes de tensions caractéristiques de ce champ et des pistes d'explorations possibles. Elles s'efforcent ainsi de contribuer à connaître des dynamiques de transformation peu visibles, voire peu audibles, dans les milieux éducatifs, de travail et de formation.

Références bibliographiques

Ait M'Bark, M. (2013). Principes éducatifs sous tendant le développement des dispositifs de mini-entreprises dans l'enseignement secondaire français. Communication présentée au Congrès international de l'AREF, Montpellier.

Ait M'Bark, M. (2021). *Construction du sentiment d'efficacité personnelle dans les pratiques d'éducation à l'entrepreneuriat : une étude des dispositifs de mini-entreprises dans l'enseignement secondaire français* (Thèse de doctorat). Université de Lille.

Baeza, C., Champy-Remoussenard, P., Dervaux, C., Didier, C., Gaujard, C., Lepers, P. & Starck, S. (2016). Grand angle sur les pré-incubateurs étudiants : les Hubhouses. Émergence dans le monde des incubateurs, analyse de leur activité et premiers regards de leurs usagers. In P. Philippart (Ed.), *Ecosystème entrepreneurial et logiques d'accompagnement* (pp. 107-133). EMS-Management et Société.

Barthes, A., Lange, J.-M. & Tutiaux-Guillon, N. (Eds) (2017). *Dictionnaire critique des enjeux et concepts des « éducations à »*. L'Harmattan.

Bedin, V., Franc, S. & Guy, D. (2019). *Les sciences de l'éducation : pour quoi faire ? Entre action et connaissance*. L'Harmattan.

Boutin, G. (2004). L'approche par compétences en éducation : un amalgame paradigmatique. *Connexions, 81*, 25-41.

Champy-Remoussenard, P. (2012). L'éducation à l'entrepreneuriat : enjeux, statut, perspectives. *Spirale, 50*, 39-51.

Champy-Remoussenard, P. (2013). Premières hypothèses pour des perspectives d'analyse de l'éducation à l'entreprenariat, du point de vue des Sciences de l'Education. Communication présentée au Congrès international de l'AREF, Montpellier.

Champy-Remoussenard, P. (2014). Des dimensions collectives comme dimensions génériques du travail humain et leurs déclinaisons dans des activités d'enseignement partenariales. *Questions Vives, 21.*

Champy-Remoussenard, P. (2015). Les transformations des relations entre travail, éducation et formation dans l'organisation sociale contemporaine. *Revue française de pédagogie, 190*(1), 15-28.

Champy-Remoussenard, P. (2021). Note de synthèse. Education et formation à l'esprit d'entreprendre, pour quelles perspectives ? *Savoirs, 57*(3), 19-60.

Champy-Remoussenard, P. (2022). Entrepreneuriat. In A. Jorro (Ed.), *Dictionnaire des concepts de la professionnalisation* (pp. 173-178). De Boeck Supérieur.

Champy-Remoussenard, P (2023, Mai). Developing entrepreneurial spirit as a key competence from the youngest age. European Conference: Combating skills mismatch in education. Exchanging Paradigms and enhancing skills transferability for combating students' skills mismatch in education, University of Crete, Rethymnon, Greece.

Champy-Remoussenard, P. (à paraître). Developping entrepreneurial spirit as a key competence in higher education. In A. Khasanzyanova, R. Folostina, C. I. Iacob, C. Karras (Eds.), *Mind the gap in higher education: soft skills for future jobs and teaching strategies.* Peter Lang.

Champy-Remoussenard, P. & de Miribel, J. (2021). Autour des mots de la formation : Entrepreneuriat et esprit d'entreprendre. *Recherche & formation, 97,* 63-74.

Champy-Remoussenard, P. & de Miribel, J. (2023). *Analyse de l'activité entrepreneuriale et entrepreneuriat éducatif.* Symposium organisé au Colloque du RUMEF : Les métiers de la formation à l'épreuve du travail. Perspectives internationales et interdisciplinaires, Tours.

Champy-Remoussenard, P., de Miribel, J., Denny, J.-L., Deville, J. & Vanderstichel, H. (2024). *Analyse des compétences et de l'activité des micro-entrepreneurs* [Rapport de recherche]. Université de Lille, Chambre des Métiers et de l'Artisanat des Hauts-de-France, DREETS Hauts-de-France. Juillet.

Champy-Remoussenard, P. & Starck, S. (2018). *Apprendre à entreprendre.* De Boeck Supérieur.

Champy-Remoussenard, P. & Starck, S. (2021). Comment et pourquoi l'éducation à l'esprit d'entreprendre questionne l'évolution du système éducatif français. *Recherche & formation, 97.*

Champy-Remoussenard, P., Starck, S. & Baeza, C. (2024). L'enseignement supérieur, une fabrique d'entrepreneurs. Presses universitaires de la Méditerranée.

Champy-Remoussenard, P. & Zaid, A. (2017). Education à l'esprit d'entreprendre. In A. Barthes, J.-M. Lange & N. Tutiaux-Guillon (Eds.), *Dictionnaire critique des enjeux et concepts des « éducations à »* (pp. 101-112). L'Harmattan.

Ciobanu-Gout, V. (2018). *Devenir entrepreneur : la place de l'histoire personnelle dans le processus d'apprentissage de l'entrepreneuriat* (Thèse de doctorat). Université Toulouse 2.

Commission européenne (2016). *Rapport Eurydice. Formation à l'entrepreneuriat à l'école en Europe*. Février.

de Miribel, J., Champy-Remoussenard, P., Ait M'Bark, M. & Deville, J. (2019). Estudio de un dispositivo universitario de educación para el espíritu de emprender: ¿Qué retos pedagógicos y sociales?. Communication présentée au 7th International congress of educational sciences and development, Grenade.

de Miribel, J., Champy-Remoussenard, P. & Denny, J.-L. (2024). La formation à l'épreuve des formes entrepreneuriales de l'activité. *TransFormations. Recherches en Education et Formation des Adultes, 27*(2), 22-34.

de Miribel, J. & Sido, X. (2019). *Définir et reconnaître les compétences entrepreneuriales ?* (Rapport de recherche). Université de Lille, Rectorat de l'Académie de Lille.

de Miribel, J. & Sido, X. (2021a). Consensus et allants de soi dans les formes d'opérationnalisation de l'éducation à l'esprit d'entreprendre. *Recherche & formation, 97*, 17-30.

de Miribel, J. & Sido, X. (2021b). Formation et esprit d'entreprendre. *Savoirs, 57*, L'Harmattan.

de Miribel, J., Sido, X. & Champy-Remoussenard, P. (2022). Repousser les frontières de la recherche sur l'éducation à l'esprit d'entreprendre. *Projectics / Proyéctica / Projectique, 32*(2), De Boeck.

Dorison, C. (2015). De l'organisation politique à l'action de terrain : problématiques de la recherche en éducation dans les colloques de l'AEERS. In F. Laot & R. Rogers (Eds.), *Les sciences de l'éducation. Emergence d'un champ de recherche dans l'après-guerre* (pp. 117-129). Presses universitaires de Rennes.

Dujarier, M.-A. (2021). *Troubles dans le travail. Sociologie d'une catégorie de pensée*. Presses universitaires de France.

Hofstetter, R. & Schneuwly, B. (2001). *Le pari des sciences de l'éducation*. De Boeck Université.

Jorro, A. (Ed.) (2022). *Dictionnaire des concepts de la professionnalisation* (2ᵉ éd.). De Boeck Supérieur.

Labbé, S. & Champy-Remoussenard, P. (2013). Le travail en évolution. Le regard des Sciences de l'Éducation. *Les Dossiers des Sciences de l'Education, 30*, 7-15.

Macler, S. (2021). *Parcours, travail et compétences des chefs de très petite entreprise : une analyse didactique professionnelle* (Thèse de doctorat). Université de Bourgogne-Franche-Comté.

Mégret, J.-M. (2021). *D'une formation à l'entrepreneuriat aux prémices d'une andragogie entrepreneuriale. Le cas des très petites entreprises bretonnes* (Thèse de doctorat) Université Rennes 2.

Pepin, M. (2011). L'entrepreneuriat en milieu scolaire, de quoi s'agit-il ?. *Revue des sciences de l'éducation de McGill, 46(2)*, 303-326.

Pepin, M. & Champy-Remoussenard, P. (2017). Introduction. Quelques repères pour comprendre et interroger le développement de l'éducation à l'esprit d'entreprendre. *Formation emploi. 140*, 7-25.

Plaisance, E. & Vergnaud, G. (2012). II. La recherche en éducation : une science ou des sciences ?. In E. Plaisance & G. Vergnaud (Eds.), *Les sciences de l'éducation* (pp. 19-35). La Découverte.

Starck S. (2013a). *Education à l'entrepreneuriat : ressource pour s'orienter dans une « nouvelle économie »* ?. Communication présentée au Congrès international de l'AREF, Montpellier.

Starck S. (2013b). *Les mini-entreprises : un projet indiscipliné ?*. Communication présentée au Congrès international de l'AREF, Montpellier.

Starck. S. (2018). L'éducation à l'esprit d'entreprendre : agir, apprendre, se développer à distance de la forme scolaire. In P. Champy-Remoussenard & S. Starck (Eds.), *Apprendre à entreprendre* (pp. 60-78). De Boeck Supérieur.

Starck, S., Champy-Remoussenard, P., Zaid, A., Deville, J. & Ait M'Bark, A. (2014). *Innovons et développons l'esprit d'entreprendre* (Rapport de recherche). Rectorat de Lille.

Thibault, F. (2017). *La recherche sur l'éducation. Eléments pour une stratégie globale. Tome 2* (Rapport). Athena. Alliance nationale des sciences humaines et sociales.

Vanderstichel, H., Becerril-Ortega, R. & Didier, J. (2021). Parcours de créateur. trice.s dans le champ de l'économie sociale et solidaire. *Savoirs, 57*, 79-94.

Verzat, C., Chambard, O., Champy-Remoussenard, P. & Starck, S. (2021). Regards croisés sur l'éducation entrepreneuriale, depuis les sciences de gestion, la sociologie et les sciences de l'éducation. *Recherches & formation, 97*, 75-87.

Verzat, C. & Toutain, O. (2015). Former et accompagner des entrepreneurs potentiels, diktat ou défi ?. *Savoirs, 39(3)*, 11-63.

Zaid, A. (2018). Approche curriculaire d'un dispositif de mini-entreprise au collège et au lycée. Proposition pour une éducation à l'entrepreneuriat. In P. Champy-Remoussenard & S. Starck (Eds.), Apprendre à entreprendre (pp. 95-115). De Boeck Supérieur.

PARTIE 1 :

CONSTRUCTION D'UN OBJET SCIENTIFIQUE EN SCIENCES DE L'ÉDUCATION ET DE LA FORMATION : IMPULSIONS, DÉFIS ET RÉSISTANCES

CHAPITRE 1 :

Construire un point de vue scientifique sur un objet saturé d'idéologie

Patricia Champy-Remoussenard, Professeure des universités
Julien de Miribel, Maître de conférences
Université de Lille, CIREL ULR 4354

Introduction

La réflexion proposée dans ce chapitre prend pour point de départ le constat que la mise en analyse des relations entre éducation, formation et entrepreneuriat est particulièrement en prise avec les valeurs, les idées, les opinions ou encore les croyances qui concernent ce domaine de pratiques. Nous entendons mettre en évidence la manière dont de tels phénomènes, qui nous semblent liés à ce que nous appellerons la pensée idéologique, interagissent avec le travail de recherche, en particulier celui mené en sciences de l'éducation et de la formation (SEF), et notamment les travaux consacrés à l'éducation à l'esprit d'entreprendre (EEE), au point de questionner les effets de ces relations sur la conduite de telles recherches et les possibles altérations du travail scientifique.

L'activité entrepreneuriale, et en particulier ses formes nouvelles et émergentes, signalent en effet des changements potentiels qui déstabilisent et font affleurer des points de vue idéologiques. Le domaine de l'EEE cristallise pour sa part des positions individuelles à l'égard des activités entrepreneuriales qui sont en lien avec les représentations sociales de « l'entreprise » et de « l'entrepreneur ». En France, c'est notamment la connotation axiologiquement et idéologiquement marquée du terme entrepreneuriat (Champy-Remoussenard & de Miribel, 2021) qui nous conduit à interroger le statut, la spécificité, les difficultés aussi et les enjeux des recherches conduites. Le champ de recherche qui s'intéresse à l'EEE nourrit des réactions, des réactivités aussi, faisant de cet objet de recherche un objet sensible. Par « objet sensible » nous désignons une question sociale traversée par des tenants historico-culturels et politiques sujets à des controverses souvent vives (pouvoir, survie, reconnaissance, transformations, etc.), et dont l'étude d'un point de vue scientifique est confrontée à des dissensions fortes entre les acteurs sociaux entraînant des risques liés au positionnement pour le chercheur.

Pour comprendre ces aspects complexes des recherches sur l'éducation à l'esprit d'entreprendre, nous reviendrons dans un premier temps sur le cas d'une communication réalisée dans le cadre d'un colloque au cours duquel nous avons été interpellés à propos des idées et des valeurs associées au développement de l'esprit d'entreprendre. Cette situation constituera le point de départ nous permettant de revenir sur le terme « idéologie » et engager une réflexion sur les rapports entre sciences et idéologie. Dans un troisième temps, nous contextualiserons notre questionnement en identifiant la manière dont le champ de l'EEE est traversé par les positionnements de nature idéologique. Enfin, nous terminerons sur des causes et effets d'une confrontation à la lecture idéologique.

Interpeller le discours scientifique du point de vue des idées et des valeurs

À l'occasion d'un colloque se tenant à Madrid, nous avons présenté une communication intitulée *Emprendimiento educativo y cambio social : retos, prácticas y preguntas*[1] (Champy-Remoussenard & de Miribel, 2019) qui rendait compte de l'étude de dispositifs pédagogiques développés au sein du système éducatif français avec pour objectif de sensibiliser des élèves du second degré et des étudiants à l'entrepreneuriat. Dans cette communication, nous constatons le développement croissant de telles actions, traduction de l'intention politique d'articuler plus étroitement la dimension éducative et celle de l'entrepreneuriat à différents niveaux des cursus scolaires et universitaires. L'analyse présentée faisait apparaître les enjeux de transformation des pratiques pédagogiques à l'œuvre dans ces milieux éducatifs qui, elles-mêmes, interrogeaient les formes de travail et d'organisation sociale qu'elles semblent préfigurer.

À la suite de notre exposé, une personne de l'assistance nous a posé la question suivante : « *[Un grand groupe bancaire] supporte et finance des actions d'éducation à l'entrepreneuriat. Selon vous, est-ce bien ou mal ?* ». Une telle interrogation et sa formulation suscitent encore aujourd'hui plusieurs

---

[1]   Entrepreneuriat éducatif et changement social : défis, pratiques et questions.

réflexions dont certaines seront partagées dans ce chapitre. Elles semblent implicitement exprimer que la validité du discours exposé, ou du moins le cadre de sa mise en discussion, serait conditionnée à la réponse qu'apporteraient les chercheurs à propos de leur position vis-à-vis de l'EEE. Cette question comporte en effet trois éléments dont la combinaison peut être interprétée de la manière suivante :

(1) Le « *[grand groupe bancaire]* » (dont il n'était pas question dans la communication) n'est pas pris en exemple, dans la question qui nous a été adressée, en tant qu'organisation mais en qualité d'institution financière représentative du secteur bancaire et, plus largement, des marchés financiers envisagés ici comme le symbole d'un ordre économique libéral[2] dont les agents sont animés par la quête de profit et la compétition. Signaler que cette banque appuie (2) « *des actions d'éducation à l'entrepreneuriat* » consiste à proposer une conception de l'éducation à l'esprit d'entreprendre qui s'inscrit, là aussi symboliquement, dans la sphère d'intérêt des marchés financiers et, ce faisant, poursuivrait des objectifs qui feraient le jeu des acteurs de ces marchés. L'association des éléments lexicaux 1 et 2 vise alors implicitement à indiquer que les dispositifs analysés seraient contraires aux principes sur lesquels repose ou devrait reposer l'action éducative (désintéressement, intérêt général, bien public, inclusion, lutte contre les inégalités sociales, etc.). Les actions d'EEE sont alors implicitement présentées comme un ensemble de pratiques en rupture avec de tels principes, relevant d'une éducation d'une certaine manière dévoyée voire pervertie parce qu'elle serait conduite par des acteurs intéressés par le gain, y compris si celui-ci s'acquiert au détriment de l'intérêt général. La question alors posée cherche à savoir si nous, chercheurs, étions pour ou contre un tel système, si (3) « *selon [nous]* » cette orientation serait « *bien ou mal* » et, par conséquent, si nous étions les promoteurs de cette idée sous-couvert d'une posture scientifique.

On le voit dans cet exemple, la mise en objet du rapport entre entrepreneuriat et éducation fait réagir et suscite la méfiance à tel point que le discours scientifique (ce qui est démontré par la preuve, la déduction ou l'inférence inductive ; ce qui peut être questionné) est mis en question depuis une grille de lecture axiologique (ce qui est bien ou mal, juste ou injuste) ou idéologique (ce qui est tenu pour existant, ce qui doit être, mais aussi ce qui ne doit ni être, ni même questionné). Soulignons d'emblée que la vigilance vis-à-vis de l'objet nous paraît légitime ne serait-ce qu'au nom de la distanciation travaillée incombant toujours au chercheur. On

---

[2]   Entendu ici au sens économique comme un système au sein duquel les agents sont libres d'investir des marchés de biens et de services, par opposition à une économie planifiée, système dans lequel l'État est le principal décisionnaire.

n'ignorera pas non plus que les Sciences de l'éducation et de la formation sont un champ disciplinaire constitué autour d'une tension entre recherche *sur* et recherche *pour*, entre d'une part ce qui est observé et questionnable ; et d'autre part ce qui devrait être en matière d'éducation (Marcel, 2015 ; Marchive, 2008). Mais la réaction relevée dans notre exemple ne semble pas signaler une vigilance vis-à-vis du risque de promotion de l'entrepreneuriat *à l'intérieur* de la communication présentée. La question posée exprimerait davantage une préoccupation à l'égard du fait que des chercheurs puissent ériger en objet de recherche des pratiques *a priori* « indésirables » (dans le contexte où elles sont mises en discussion), ce qui conduirait à les rendre analysables, et donc quelque part « admissibles », et ce sans avoir pris soin de condamner en préambule les pratiques en question.

On peut y voir de prime abord un problème de deux ordres. Premièrement, l'exemple évoqué manifeste un *entremêlement des registres*. Ainsi, la diffusion de résultats de recherche serait appelée à donner lieu à une justification complémentaire inscrite dans le registre des valeurs morales. Cela pose le double problème de conditionner la validité scientifique à ce que l'on tient pour bon ou juste, mais aussi de sélectionner et, pourquoi pas, censurer le discours scientifique ne convenant pas au registre que l'on prise. Deuxièmement, la question formalise une *construction dichotomique normative* sommant chacun des acteurs de la situation de se positionner pour ou contre les pratiques sociales concernées. De fait, la position choisie place chaque acteur du côté de ce qui est bien ou mal, juste ou injuste, pour ou contre. Or un *bon* côté de cette distinction a déjà été déterminé par le sens de la question posée. Ces deux niveaux problématiques indiquent d'une part un effet tendant à entraver le questionnement d'un objet et d'autre part à réduire les espaces de débat à propos de ce même objet.

Aussi la situation dans laquelle l'activité scientifique dont le rapport au champ est saturé de croyances, de représentations, de convictions et conduisant à gêner la construction d'un questionnement scientifique interpelle-t-elle la relation entre science et idéologie.

Entre lecture idéologique et esprit scientifique

Idéologie : de quoi parle-t-on ?

On doit à Destutt de Tracy le terme « idéologie » pour désigner une branche scientifique qu'il a tenté de constituer avec d'autres dans le sillage de la Révolution française et prenant pour objet l'étude des idées. Ses orientations, largement inscrites dans le mouvement positiviste du 19e siècle, ont aujourd'hui peu d'écho. Néanmoins cet épisode de l'histoire des sciences sociales témoigne du besoin des chercheurs de construire une approche instruite de l'idéologie (Freeden, 2003), de ses formes, de ses modes de diffusion et de circulation et notamment du rapport que le processus scientifique entretient avec elle.

Sur le plan lexical, l'« idéologie » désigne l'« ensemble plus ou moins cohérent des idées, des croyances et des doctrines philosophiques, religieuses, politiques, économiques, sociales, propre à une époque, une classe et qui oriente l'action »[3]. Il est question d'idéologie « chrétienne, conservatrice, révolutionnaire, réactionnaire, gaulliste, libérale, nationaliste ». C'est dire la pluralité et l'omniprésence des références idéologiques, lesquelles jouent un rôle déterminant dans l'organisation des activités humaines, mais aussi dans la représentation et l'interprétation par les individus et les groupes de « leurs conditions d'existence (culture, mode de vie, croyance) »[4]. Elles constituent en quelque sorte une « offre » de références culturelles, politiques et morales. Elles ont aussi une fonction socialisatrice puisqu'elles participent de notre compréhension du monde et contiennent des principes, des règles et des codes favorisant l'intégration dans des groupes sociaux. Freeden (2003) y voit une « carte » décodant pour nous les implications sociétales et politiques des évènements et situations auxquelles nous assistons et qui nous serait indispensable pour donner du sens au monde dans lequel nous vivons.

S'agissant toujours du mot « idéologie », les dictionnaires d'usages de la langue en indiquent des connotations plus « péjoratives ». Il est par exemple question d'une « philosophie vague et nébuleuse » associée à un « idéalisme naïf »[5]. Dans le *Vocabulaire technique et critique de la philosophie* de Lalande (2010), le terme évoque une « analyse ou discussion creuses d'idées abstraites qui ne correspondent pas aux faits réels » (p. 459). La connotation négative est ici associée à un décalage prêté à la pensée idéologique entre les idées avancées et le réel. Elle réside aussi dans l'usage insidieux de l'idéologie mobilisée comme une illusion permettant d'assoir et de maintenir un rapport de contrôle et de domination d'un groupe social sur un autre, ce qu'ont mis en avant Marx et Engels dans l'*Idéologie*

---

[3]   Centre national de ressources textuelles et lexicales (CNRTL).
[4]   *Larousse.*
[5]   CNRTL.

allemande (1932/2022). L'idéologie présente alors des propriétés associées aussi bien à la violence qu'à l'assujettissement des personnes et des groupes. Des penseurs et intellectuels de tous bords ont souligné ce caractère pernicieux. Par exemple Alberoni (2000) voit dans la pensée idéologique un phénomène toujours tourné contre autrui, ce qui en fait un vecteur de violence. On peut en outre paraphraser Revel (2001) pour qui l'idéologie est une pensée toute faite, autrement dit *qui pense à notre place*.

Ainsi, si la pensée idéologique constitue un repère pour comprendre et penser le monde, pour donner du sens aux choses et pour orienter nos actions, elle constituerait parallèlement une organisation doctrinaire puissante formant une entrave à la pensée.

Idéologie vs esprit scientifique

À cet égard, la pensée idéologique est par nature en tension avec l'« esprit scientifique » que Bachelard (1838/1983) a notamment défini en l'opposant à l'opinion :

> La science, dans son besoin d'achèvement comme dans son principe, s'oppose absolument à l'opinion. S'il lui arrive, sur un point particulier, de légitimer l'opinion, c'est pour d'autres raisons que celle qui fondent l'opinion : de sorte que l'opinion a, en droit, toujours tort. L'opinion *pense*[6] mal : elle ne pense pas : elle *traduit* des besoins en connaissances ; en désignant les objets par leur utilité, elle s'interdit de les connaître (p. 14).

Décrivant la posture du chercheur, il précise que « l'esprit scientifique nous interdit d'avoir une opinion sur des questions que nous ne comprenons pas, sur des questions que nous ne savons pas formuler clairement » (p. 14). La posture scientifique, inspirée du sens proposé par Bachelard (1838/1983), suppose alors le questionnement et le déplacement d'une pensée de l'opinion vers une pensée du questionnement : « pour un esprit scientifique, toute connaissance est une réponse à une question. S'il n'y a pas eu de question, il ne peut y avoir de connaissance scientifique. Rien ne va de soi. Rien n'est donné. Tout est construit » (p. 14). La posture scientifique exige alors de savoir poser des problèmes, problèmes qui « ne se posent pas d'eux-mêmes » (p. 14).

Si ce texte du philosophe est éclairant pour rappeler la nature de l'« esprit scientifique » dont le processus implique la construction du

---

[6]   Souligné dans le texte d'origine.

questionnement, il ne règle pas entièrement la question de la relation entre science et idéologie dont les relations sont complexes. D'une part en effet, la pensée idéologique n'est pas réductible à l'opinion, loin s'en faut. Elle mobilise tout autant des savoirs, des croyances que des valeurs morales pour orienter l'action dans le sens que désignent les idées qu'elle promeut. D'autre part, la science « classique » constitue elle-même une construction sociale reposant sur certains principes (vérité, neutralité) dont le contenu est mis en discussion, y compris au sein même de la communauté scientifique.

Par exemple, Olivier de Sardan (2008) signale sa vigilance devant les biais interprétatifs suscités par les « idéologies savantes » qui sont « largement arrimées aux idéologies profanes – dont les formes éminentes sont religieuses ou politiques –, même si elles subissent en cours de voyage diverses transmutations et sophistications » (p. 325). L'auteur signale aussi que le principe de neutralité s'imposant au chercheur reste avant tout un idéal :

> Je sais que *jamais*[7] un espace pur de la science ne peut être délimité et opposé à un espace impur de l'idéologie et je sais que *jamais* il ne m'est possible de me situer moi-même, une bonne fois pour toutes, dans le paradis de la science en rejetant l'autre dans l'enfer de l'idéologie. Mais que science et idéologie scientifique soient ainsi emmêlées, imbriquées, enchâssées l'une en l'autre ne signifie pas qu'il faille se résigner à leur confusion et que le projet scientifique de production de connaissances plausibles et véridiques doive être jeté aux oubliettes [...]. Plus nos travaux sont sérieux, empiriquement fondés, vigilants envers la séduction des idéologies et plus ils peuvent être utiles socialement, en tout cas indirectement et à terme (Olivier de Sardan, 2008, p. 327).

Il ne s'agit donc pas ici de condamner la sphère des idées et des valeurs dont nous ne sommes nous-mêmes pas dépourvus. Il ne s'agit pas non plus, au nom d'une « neutralité axiologique » (Weber, 1965) plus théorique qu'effective (Pinto, 2011 ; Ricoeur, 1974), d'écarter ou d'ignorer des tendances sociétales contemporaines contribuant à transformer le contexte du travail, de l'éducation, de la formation, mais aussi la place de la recherche scientifique et la réception sociale de sa production, ce que pointe Pinto (2011) : « Ce qui a changé, c'est le statut du discours scientifique dans un monde social qui a changé, désormais marqué par le chômage, l'essor du néolibéralisme et d'une droite 'décomplexée', la politique de la mondialisation » (p. 110), tendances auxquelles on peut ajouter une montée de l'autoritarisme politique.

---

[7]   Souligné dans le texte d'origine.

Dans un tel contexte, les espaces de questionnements et de discussion sont plus que jamais à défendre. Les défis présentés au chercheur sont de taille, ce qui n'empêche pas de suivre une perspective claire : à partir du moment où ce qui est étudié est problématisé et traduit en question, aucun objet de recherche n'est plus suspect ou moins digne d'efforts qu'un autre. Nous soutenons à cet égard l'intérêt d'investir des objets tels que la forme entrepreneuriale de l'activité (Champy-Remoussenard, 2015 ; Champy-Remoussenard & de Miribel, 2023 ; de Miribel, Champy-Remoussenard & Denny, 2024) et son corollaire, l'éducation à l'esprit d'entreprendre, car nous considérons l'hypothèse générale qu'ils constituent des analyseurs favorisant l'étude et la connaissance des transformations du travail et, conjointement, des champs de l'éducation, de la formation. On peut ainsi avancer que les intentions, démarches et pratiques entrepreneuriales/entreprenantes conduisent à l'ouverture d'un champ de possibles dont tend à se saisir une part des générations montantes particulièrement militantes (sur les registres de l'écologie, du climat, de l'égalité/équité par exemple), engageant avec elles des transformations du travail discrètes mais profondes.

Cela étant signalé, on ne peut exclure la potentielle confrontation de valeurs autour de l'entrepreneuriat, puisque des discours militants dans les mêmes registres peuvent aussi tenir à distance tout ce qui relève de l'entrepreneuriat (implicitement associé au profit financier, à un statut parfois précaire du salarié). Les transformations du travail en question peuvent alors constituer le ferment d'un changement social susceptible d'entrer en friction avec un autre type de conception s'inscrivant dans le registre promu. C'est le cas par exemple dans les grandes entreprises (à la recherche notamment d'une adéquation éducation/formation-travail, du développement de la compétitivité, de la productivité, de la consommation et de la richesse financière).

Contexte de développement de l'éducation à l'esprit d'entreprendre et termes du débat social la caractérisant

Un cadrage politique ambigu et des pratiques non questionnées

Pour comprendre les enjeux des positionnements de nature axiologique et idéologique dans le champ de l'EEE, il est nécessaire de bien saisir dans quel contexte social se sont développées et continuent de se développer ces pratiques éducatives. Elles s'inscrivent dans un mouvement déjà bien identifié de professionnalisation marqué par la volonté continuelle et soutenue des pouvoirs publics d'articuler de plus en plus étroitement les mondes de l'éducation et de la formation avec celui de l'emploi et du travail (Champy-Remoussenard, 2008 ; Giret, 2015 ; Maillard, 2012 ; de Miribel & Sido, 2021a ; Wittorski, 2007). Le développement de l'éducation à l'esprit d'entreprendre est donc étroitement lié à l'enjeu de préparer la population aux évolutions de la société et du travail.

La déclinaison d'objectifs politiques en matière d'EEE apparait à première vue très consensuelle (Champy-Remoussenard, 2018 ; Champy-Remoussenard & Starck, 2018 ; de Miribel & Sido, 2019), bien qu'elle cache en fait des objectifs nombreux, parfois en tension et complexes à décrypter. Nous avons relevé ailleurs l'ambivalence accompagnant le déploiement de l'éducation à l'esprit d'entreprendre, ambivalence marquée par une « duplicité idéologique » (Champy-Remoussenard & de Miribel, 2021) créant la confusion quant aux intentions politiques réellement visées. Un tel flou attise les braises des débats de nature idéologique autour de l'éducation et notamment celle visant le développement de l'esprit d'entreprendre.

Il en résulte une tension entre le cadrage politique et sa traduction dans les pratiques éducatives qui n'est pas propre au domaine de l'EEE. On trouve cette tension dans tous les secteurs de l'éducation et de la formation et elle est souvent travaillée par les chercheurs en éducation (Charlot, 2008 ; Saussez, Rioux & Pilon, 2020). Mais pour les questions qui nous occupent, sans doute est-elle encore plus sensible. C'est en tout cas l'une des hypothèses qui peut être faite. Par ailleurs cette lecture des politiques et des tensions entre politique et pratiques n'a pas véritablement fait l'objet de recherche et d'analyse. C'est l'un des nombreux points aveugles de la recherche en entrepreneuriat éducatif (Champy-Remoussenard, 2022).

Le déploiement des dispositifs d'EEE repose sur un certain nombre de représentations de l'activité entrepreneuriale. Ce sont le plus souvent des idées convenues implicitement et non questionnées, des allants de soi, des quasi-certitudes, des opinions relatives à ce dont on parle qui n'interrogent pas la position de pensée, par exemple le rapport au « risque », à la « compétition », au « challenge », présentées comme des valeurs liées à l'« esprit d'entreprendre ». Si ces valeurs accompagnent les actions examinées dans nos recherches, elles sont peu, voire pas questionnées par les promoteurs des dispositifs éducatifs concernés (de Miribel & Sido, 2021a) et même par nombre d'auteurs qui les étudient (Jacquemin,

Germain, Goxe, Janssen, Lebègue & Schmitt, 2017 ; Verduyn, Dey & Tedmanson, 2017).

Le domaine éducatif tout entier est, selon Charlot (2008), inondé par un discours du déjà là : « Quelle que soit la question il y a déjà une réponse, pratique ou politique » et, de la même manière, « le champ est saturé de réponses » (p. 167). « Il est donc difficile de soulever des questions de façon nouvelle, donc de faire de la recherche (p. 168) ». Peut-être pourrait-on en dire de même du domaine de l'entrepreneuriat. Les deux champs (entrepreneuriat et EEE) additionnent en quelque sorte ces questions auxquelles on a déjà ou l'on croit avoir toutes les réponses et qu'on ne sait plus poser autrement qu'on les pose déjà, sous forme d'allants de soi, de certitudes et de croyances. Souvent renvoyées à des défis économiques, les relations entre éducation et entrepreneuriat le sont beaucoup moins à des enjeux politiques. Cela se traduit par une relative « dépolitisation » des initiatives d'EEE (Chambard, 2014) et une « euphé-misation des textes officiels » qui exigerait du « monde de la recherche, la nécessité de (re)placer les réflexions sur l'EEE au cœur d'espaces politisés » (Starck, 2017, p. 143).

Les pratiques visant l'éducation à l'esprit d'entreprendre véhiculent, à certains égards, un parti pris dans la forme éducative adoptée (les concours et hackathons y sont ainsi légion) cristallisant, sans l'ouvrir vraiment, un débat de fond sur les finalités de l'éducation et de la formation (Champy-Remoussenard, 2018).

Les polarités du débat social sur l'entrepreneuriat et sur l'éducation à l'esprit d'entreprendre

En tentant de comprendre comment affleure le débat dans l'espace social, pédagogique et scientifique en matière d'entrepreneuriat et d'EEE en France, on constate que les positionnements de nature idéologique apparaissent foncièrement polarisés. D'un côté se situent les promoteurs du développement d'une filière entrepreneuriale – ou du moins d'un adossement à la culture de l'entrepreneuriat – dans les pratiques pédagogiques à l'école. De l'autre, on trouve les opposants à toute référence ou intégration de l'esprit d'entreprendre dans les pratiques pédagogiques, une telle référence étant suspectée de dévoyer le rôle de l'école et de la détourner de ses finalités éducatives pour servir des objectifs marchands et associés à l'économie libérale (Chambard, 2014 ; de Miribel & Sido, 2021b ; Pepin & Champy-Remoussenard, 2017).

Devant la polarisation des débats sociaux autour de la question de l'entrepreneuriat, les pouvoirs publics semblent attendre une transformation progressive « de l'intérieur », en orchestrant une acculturation des jeunes générations à cette manière de penser et d'agir supposée répondre (en partie) aux questionnements socioéconomiques (par exemple le chômage ou le besoin d'innovation) jusqu'alors sans réelle réponse (Chambard, 2014). Reste toutefois ouverte et très vive la question de savoir si l'EEE est un projet d'« éducation au libéralisme » dont le cadre sémantique s'est cristallisé de longue date (Chambard, 2017) ou un projet d'éducation à la créativité, l'esprit entreprenant et l'initiative proche des idéaux de l'éducation nouvelle, ferment d'une émancipation des hommes et d'un renouvellement de la forme sociale.

Cette ligne de tension n'épargne pas le travail du chercheur aux prises avec la difficulté à se saisir de l'EEE comme d'un véritable objet de recherche et d'échapper aux effets sclérosants des visées idéologiques. Selon Lenoir (2019), c'est entre praxis et pragmatisme utilitariste du libéralisme (faisant écho aux polarités que nous avons repérées) que se développe actuellement la recherche en SEF. L'approche par la praxis est présente dès les travaux fondateurs des sciences de l'éducation en tant que discipline qui a pensé la relation entre agir et savoir (Barbier, 2008 ; Mialaret, 2006). La visée d'émancipation est présente dans les représentations et les activités du champ de l'entrepreneuriat et de l'entrepreneuriat éducatif. Elle fait écho au discours sur l'autonomie et les compétences clés associées à l'exercice de la citoyenneté dans l'EEE. Mais selon Lenoir (2019), c'est le modèle éducatif néolibéral qui envahit le champ éducatif et qui « promeut en éducation une vision culturelle des plus restreintes, individualiste et utilitariste, un enseignement des savoirs essentiellement d'ordre technico-instrumental, intimement lié à la quotidienneté de la vie et au service de visées individualistes dans un monde de compétition » (p. 63). En réalité le champ de recherche s'avère plus complexe.

En étudiant finement les dispositifs mis en place, on perçoit en effet la complexité, l'ambivalence et le potentiel des pratiques éducatives dont on estime encore mal les effets (de Miribel, 2024). En fait l'entrepreneuriat constitue un mot d'ordre diffus, suffisamment plastique pour servir de vecteur à des visions du monde plurielles, pour faire l'objet d'investissements multiformes par des acteurs porteurs de représentations, de convictions et d'intérêts divers comme le montre Chambard (2017) dans la conclusion de sa thèse de doctorat, ce que soulignent aussi Starck (2017) ou encore Tanguy (2017). Il n'est donc pas étonnant que les actions visant le développement de l'EEE suscitent tantôt l'engouement, tantôt la réserve, voire la méfiance, aussi bien de la part des acteurs sociaux que de la part de chercheurs.

La mise à l'épreuve du travail scientifique

Dans ce contexte, la pensée idéologique se présente comme un *obstacle épistémologique* (Bachelard, 1838/1983) de taille auquel le chercheur s'intéressant aux liens entre éducation, formation et entrepreneuriat doit nécessairement se confronter. Cet obstacle identifié, le chercheur n'est ni en retrait ni au-dessus du débat social. Aussi, si la validité de ses travaux repose sur des critères de sa discipline, son rayonnement et ses appropriations dans l'espace social n'échappent pas aux controverses, aux jeux d'acteurs, aux dynamiques institutionnelles qui constituent à la fois les destinataires et les supports de la diffusion des travaux de recherche.

Dans sa perspective relativiste, Latour (1991, 2006) a bien décrit les réseaux interactionnels à travers lesquels les produits de la recherche sont socialement et institutionnellement validés, à partir de critères ne se limitant pas à l'appréciation scientifique, mais aussi d'autres dont la légitimité repose sur l'adhésion du plus grand nombre. Dans une réflexion consacrée aux turbulences auxquelles se confronte tout projet de stabiliser le concept de « vérité », y compris celui de « vérité scientifique », Klein (2020) note pour sa part qu'« il est [...] des vérités que nous ne discutons guère. Parce que nous les ignorons, parce qu'elles nous sont parfaitement indifférentes, ou parce qu'elles ne menacent aucun pouvoir installé, aucun intérêt politique ou religieux » (p. 8). Mais devant des discours, fussent-ils scientifiques, interpellant nos valeurs, l'auteur pointe l'un des biais caractéristiques de nos systèmes de croyances, celui d'être plus enclins à tenir pour vrai les idées qui nous conviennent. C'est notamment sous ce rapport que les liens entre sciences et idéologie sont particulièrement problématiques.

La configuration du débat social autour de l'EEE, telle que nous l'avons esquissée, constitue un défi pour le chercheur car elle est susceptible d'interférer dans son travail de mise en intelligibilité des liens entre éducation, formation et dimensions entreprenantes des activités et des acteurs sociaux. Non seulement, il doit faire face à des expressions reflétant ces points de vue contrastés sur les questions qu'il explore et étudie, mais il se trouve potentiellement interpellé quant à son propre positionnement, non dans le débat scientifique, mais sur le terrain des idées et des valeurs (comme on l'a vu dans l'exemple initialement proposé). On y voit alors un report des réserves ou suspicions nourries à l'égard de l'idée d'entreprendre sur la pratique scientifique.

Le fait de prendre l'EEE pour objet reviendrait, selon certaines représentations, à faire implicitement le jeu de l'acteur politique jouant sur les ambigüités pour concrétiser sans bruit un projet idéologique déterminé mais non dicible. L'objet EEE nécessite donc que le chercheur rappelle ce que sont sa posture, la nature de son point de vue, ses intentions, sa démarche. En quelque sorte, en se trouvant dans la nécessité d'expliquer, d'affirmer et de justifier son positionnement scientifique, il est sommé d'expliquer ce qu'est l'esprit scientifique, évoqué précédemment, en référence à la pensée bachelardienne. L'objet EEE conduit donc tout particulièrement le chercheur à justifier son rôle et la nature de ses activités eu égard à des faits sociaux qui ont suscité et font l'objet de ses travaux. En parallèle, il est essentiel qu'il se dote de clés de lecture des causes susceptibles d'orienter ou d'entraver son travail.

Les causes et les effets d'une confrontation à la lecture idéologique de l'éducation à l'esprit d'entreprendre

Dans le cas de l'EEE, on peut repérer différentes caractéristiques du champ qui conditionnent et expliquent un effet de saturation axiologique et idéologique de la pensée et des discours, ceci de manière à entrer en tension avec le travail de recherche au point parfois de l'entraver. Ces aspects ne se bornent pas à l'éducation à l'esprit d'entreprendre, et nécessitent une vigilance dès lors que le chercheur se situe à l'interface des rapports recherche-action, recherche-transformation des acteurs. Le cas de l'EEE permet toutefois d'en mettre l'acuité particulièrement en évidence.

La justification de l'action par la recherche

Les rapports entre recherche et champs de pratiques sont souvent fondés sur une recherche de justification de l'action par la recherche (Barbier, 2008 ; Demeuse, 2019 ; Ponnou & Niewiadomski, 2020). On peut dans un certain nombre de cas parler de demande ou de commande de légitimité scientifique (Champy-Remoussenard, 2019), notamment quand le commanditaire fait appel en sollicitant les scientifiques pour une expertise qu'il ne peut produire lui-même. À cet égard, les attentes des acteurs non académiques vis-à-vis de la recherche ne sont pas sans questionner la manière dont les chercheurs les prennent en considération dans la conduite de leurs investigations (de Miribel, 2022). La recherche est alors convoquée pour donner à des projets, des positions, des décisions, une caution considérée par certains comme quasi-absolue, parce qu'elle est celle de « la Science », source potentielle de preuve, de certitude et de précision supposées infaillibles. Le champ de l'EEE n'échappe pas à ce processus et de nombreuses recherches sont conduites en lien avec la demande ou la commande d'un champ de pratiques.

Des chercheurs impliqués dans la pratique et des chercheurs opposés aux principes de l'éducation à l'esprit d'entreprendre

L'irruption des positions idéologiques et des valeurs n'est pas sans lien avec la posture des chercheurs investis dans la pratique et en forte proximité voire adhésion avec ce qu'ils étudient (Champy-Remoussenard, 2021). Les formes de recherche-action (Barbier, 1996), de recherches qui favorisent la collaboration entre chercheurs et acteurs (Broussal, Ponté & Bedin, 2015 ; Desgagné, 1997 ; Lemoine-Bresson, de Miribel & Souplet, 2023 ; Marcel, 2015 ; Vinatier & Morrissette, 2015) sont associées à ces positionnements. Preuve en est par exemple l'ouvrage intitulé *L'enseignement supérieur fabricant d'entrepreneurs* (Champy-Remoussenard, Starck & Baeza, 2024). Le champ de l'EEE dans l'enseignement supérieur est emblématique de la production collective de chercheurs aux pratiques pédagogiques et/ou politiques étroitement associées à leurs productions scientifiques.

Enfin, parfois l'engagement dans la pratique confine au militantisme et à l'engagement dans une cause. Les mobiles peuvent en être divers : contribuer à l'insertion des jeunes en luttant contre le chômage, porter une démarche écologique en inscrivant son activité dans un modèle économique circulaire, répondre à des préoccupations sociales restées jusqu'alors sans réponse, etc. Comme elles portent sur des pratiques en développement et en lien avec des questions sociales vives (Legardez, 2017 ; Simonneaux, 2008), les recherches interrogent potentiellement le changement social ou même peuvent être engagées dans le changement social. Dans le registre des recherches sur l'éducation et la formation, on identifie par exemple les travaux présentant des visées heuristiques tout en leur associant des enjeux de développement professionnel, voire d'émancipation des acteurs concernés par la recherche (Broussal, 2019 ; Broussal, Ponté & Bedin, 2015). On peut se demander quel rôle elles jouent dans les évolutions du rapport au travail et à la formation associées à l'entrepreneuriat et à l'EEE, évolutions peut-être majeures. Elles sont en effet susceptibles de bouleverser l'organisation scolaire, la forme scolaire (Starck, 2018), l'organisation du travail et peut-être même le type même d'organisation de notre société.

Une relative méconnaissance des impacts de l'éducation à l'esprit d'entreprendre

Peu d'études ont été réalisées pour mesurer et comprendre l'impact des pratiques d'éducation à l'esprit d'entreprendre sur le versant éducatif, et sur le versant des activités entrepreneuriales. Peu d'études portent également sur la manière dont le tissu des très petites entreprises transforme éventuellement les formes d'organisation sociale et du travail. Ce déficit a deux conséquences au moins. D'une part il ne permet pas d'appréhender avec du recul les effets de transformations issus des dispositifs d'EEE et des activités des acteurs impliqués. Ce flou ne peut nourrir ni un regard critique ni une véritable connaissance de ce qui se passe. D'autre part il alimente les points de vue nourris de convictions préalables, d'*a priori*. Ce n'est donc peut-être pas sans raison que ce type d'étude n'est pas encore beaucoup enclenché. L'ambiguïté favorise le maintien de discours dominants, faute de pouvoir les discuter. C'est à se demander si l'on veut véritablement en savoir plus sur les effets. Échappe à cet angle mort la question du nombre d'entreprises créées qui, elle, est bien posée. Mais surtout ce sont les activités entrepreneuriales elles-mêmes qui sont finalement méconnues et dont les apports sont à relativiser.

Une relative méconnaissance des formes entrepreneuriales de l'activité

Les travaux et revues de littérature montrent que les recherches portant sur les activités au sein des très petites entreprises sont très peu nombreuses[8]. Or leur nombre est particulièrement conséquent et il représente une part importante de l'activité entrepreneuriale. Par exemple, en France

---

[8]   Voir sur ce point les travaux de Macler (2021) et Mégret (2021).

en 2019, on comptabilisait 4,1 millions d'entreprises[9] dont 99,8% étaient des PME (95,5% de microentreprises), pour un effectif salarié représentant 48,1% de l'ensemble des entreprises (dont 18,7% pour les seules micro-entreprises).[10] C'est donc tout un pan de l'activité entrepreneuriale qui est méconnu. On fera ici l'hypothèse que cette méconnaissance nourrit pour beaucoup des représentations de l'entrepreneuriat qui n'ont que peu à voir avec ce que font et ce que sont ces entrepreneurs « de l'ombre ». Elle joue un rôle dans la polarisation des débats sur l'entrepreneuriat et l'EEE et la réception sociale des recherches les concernant. On peut cependant imaginer que dans une société en crise et en évolution accélérée, la compréhension des activités émergentes, que sont celles par exemple des micro-entrepreneurs et des *startupeurs* (Flécher, 2023), deviendra un enjeu de compréhension du changement et de transformation du travail, s'inscrivant en cela dans un besoin de contrôles, de repères, d'évaluations déjà croissant.

En conclusion, perspectives pour un objet analyseur des transformations sociales et éducatives

L'incertitude quant aux impacts, qui s'ajoutent à celles de l'évolution de la société elle-même, nous paraît donc donner à l'EEE non seulement un statut d'analyseur des transformations sociales (Champy-Remoussenard, 2015) mais aussi de chambre d'échos des angoisses générées par les enjeux et les effets des changements croissants. L'EEE offre à cet égard une opportunité d'actualisation de certaines controverses éducatives, pour mieux les saisir, au-delà des antagonismes « classiques » entre une éducation marchande *vs* non marchande, utilitariste *vs* désintéressée ou encore néolibérale *vs* démocratique. Sans disconvenir des enjeux fondamentaux débattus derrière de telles oppositions, ces controverses n'en tendent pas moins le plus souvent à neutraliser un débat polarisé sur un rapport entre le pour et le contre, fondé sur des positions de principes, reposant de part et d'autre sur des arrière-pensées idéologiques et *in fine* aboutissant à un dialogue de sourds. Il n'empêche, lorsqu'elles ne sont pas prises par le petit bout de la lorgnette, les pratiques d'EEE constituent une entrée analytique capables de rendre visibles des orientations éducatives et sociales priorisées,

---

[9] Des secteurs marchands non agricoles et non financiers.
[10] *Insee*, Esane 2019.

aussi bien par les acteurs politiques que pédagogiques, et que l'on peut examiner au travers de nombreux indicateurs : l'activité des acteurs de ces dispositifs (élèves, enseignants, prestataires, cadres du système éducatifs, etc.), l'investissement par les enseignants des contenus de ces dispositifs et leur appropriation (ou non) au sein de leurs enseignements, les modes d'évaluation des actions conduites, les messages communiqués aux élèves et étudiants à l'occasion de tels actions, etc.

Ce chapitre veut montrer que les questions associées à la mise en œuvre des politiques destinées à développer l'esprit d'entreprendre via le système éducatif, pour être explorées de la manière la plus riche et la plus rigoureuse possible, nécessitent que le chercheur se dégage d'une gangue idéologique très présente aussi bien dans les champs de pratiques étudiés que dans le champ scientifique lui-même. Ces parasitages idéologiques pourraient sans cela aller jusqu'à freiner le développement de recherches sur ces questions. Il nous paraît donc nécessaire que le scientifique

élucide ses modes d'implication personnels par rapport à l'objet, analyse la nature des attentes et demandes sociales dont son activité fait l'objet […] justifie sa démarche, sans oublier d'en identifier les difficultés et les limites dans le but de produire des connaissances nouvelles (Champy-Remoussenard, 2019, p. 83).

Il n'y a finalement pas d'autre issue que de prendre le regard idéologique sur les pratiques éducatives à bras le corps.

Des travaux portant sur la posture, les activités, les méthodes et la diffusion de la recherche autour de ce type d'objet sensible pourraient en nourrir d'autres sur d'autres questions en lien avec d'autres champs et objets pour lesquels elles n'ont jamais été explorées, car peut-être jamais repérées. L'intrusion de la pensée idéologique dans les pratiques de recherche est à étudier dès lors qu'on s'intéresse aux faits sociaux. Nous faisons ici l'hypothèse que l'EEE est un révélateur de dimensions de la recherche souvent tues et souterraines. Cette dimension des recherches nécessite selon nous de mettre l'accent sur l'étude des discours et choix politiques tout en étudiant finement les activités supposées les relayer. La tension qu'il y a entre politiques et pratiques interpelle les polarités que nous avons remarquées quant aux regards sur l'entrepreneuriat et sur l'EEE.

C'est en définitive l'épistémologie de la recherche en Sciences de l'éducation et de la formation qui y gagnerait. Particulièrement concernée par la porosité entre les champs de pratiques et le champ scientifique, la discipline pourra poursuivre sa construction en s'emparant frontalement de ces questions qui ne lui sont pas exclusives, ce qu'elle fait depuis sa naissance (Bru, 2019). Mais ici l'exploration de faits sociaux nouveaux, signaux de transformations sociales importantes et rapides, donne encore plus de sens et d'acuité à ce qui était présent dès le projet de la discipline.

Références bibliographiques

Alberoni, F. (2000). *Vie publique et vie privée*. Pocket.

Bachelard, G. (1838/1983). *La formation de l'esprit scientifique*. Vrin.

Barbier, J.-M. (2008). Les rapports entre recherche, action et formation : distinctions et articulations. *Education permanente, 177*, 49-66.

Barbier, R. (1996). *La recherche action*. Anthropos.

Broussal, D. (2019). Émancipation et formation : une alliance en question. *Savoirs, 51*(3), 13-58.

Broussal, D., Ponté, P. & Bedin, V. (Eds.) (2015). *Recherche-intervention et accompagnement du changement en éducation*. L'Harmattan.

Bru, M. (2019). Action et connaissance au cœur des Sciences de l'éducation : rencontre fondatrice au risque d'une instrumentalisation. In V. Bedin, S. Franc & D. Guy (Eds.). *Les sciences de l'éducation : pour quoi faire ? Entre action et connaissance* (pp. 41-56). L'Harmattan.

Chambard, O. (2014). L'éducation des étudiants à l'*esprit d'entreprendre* : entre promotion d'une idéologie de l'entreprise et ouverture de perspectives émancipatrices. *Formation emploi, 127*(3), 7-26.

Chambard, O. (2017). *La fabrique de l'homo entreprenans. Sociologie d'une politique éducative aux frontières du monde académique et du monde économique* (Thèse de doctorat). EHESS, France.

Champy-Remoussenard, P. (2008). Incontournable professionnalisation. *Savoirs, 17*, 51-61.

Champy-Remoussenard, P. (2015). Les transformations des relations entre travail, éducation et formation dans l'organisation sociale contemporaine. *Revue Française de pédagogie, 190*(1), 15-28.

Champy-Remoussenard, P. (2018). Le développement de l'éducation à l'esprit d'entreprendre du point de vue des sciences de l'éducation (entre politiques, acteurs et activités). In P. Champy-Remoussenard & S. Starck (Eds.), *Apprendre à entreprendre* (pp. 21-44). De Boeck Supérieur.

Champy-Remoussenard, P. (2019). Sciences de l'éducation et pratiques éducatives : entre action et connaissance, une relation en tension. In V. Bedin, S. Franc &

D. Guy (Eds.), *Les sciences de l'éducation : pour quoi faire ? Entre action et connaissance* (pp. 77-90). L'Harmattan.

Champy-Remoussenard, P. (2021). Note de synthèse. Éducation et formation à l'esprit d'entreprendre, pour quelles perspectives ? *Savoirs, 57*(3), 19-60.

Champy-Remoussenard, P. (2022). Entrepreneuriat. In A. Jorro (Ed.), *Dictionnaire des concepts de la professionnalisation* (2ᵉ éd., pp. 173-178). De Boeck Supérieur.

Champy-Remoussenard, P. & de Miribel. J. (2019). *Emprendimiento educativo y cambio social: retos, prácticas y preguntas.* Communication présentée au XIX Congreso Internacional de Investigación educativa. Investigación comprometida para la transformación social, Madrid.

Champy-Remoussenard, P. & de Miribel, J. (2021). Autour des mots : entrepreneuriat et esprit d'entreprendre. *Recherche & formation, 97*, 63-74.

Champy-Remoussenard, P. & de Miribel, J. (2023). *Analyse de l'activité entrepreneuriale et entrepreneuriat éducatif.* Symposium au Colloque du RUMEF « Les métiers de la formation à l'épreuve du travail. Perspectives internationales et interdisciplinaires », Tours.

Champy-Remoussenard, P. & Starck, S. (2018). *Apprendre à entreprendre.* De Boeck Supérieur.

Champy-Remoussenard, P., Starck, S. & Baeza, C. (2024). *L'enseignement supérieur fabricant d'entrepreneurs.* Presses du midi.

Charlot, B. (2008). La recherche en éducation entre savoirs, politiques et pratiques. Spécificité d'un champ de recherche. *Recherches & Educations, 1*, 155-174.

de Miribel, J. (2022). Composer avec l'expectation actorielle dans la relation chercheur-acteurs. *Education et socialisation – Les cahiers du CERFEE, 65*.

de Miribel, J. (2024). L'expérience sémiotique dans le travail éducatif. Regard sur un dispositif visant l'éducation à l'esprit d'entreprendre. In M. Pagoni & C. Baeza (Eds.), *Penser le sujet dans le travail éducatif : entre activité et récit* (pp. 117-131). Presses universitaires du Septentrion.

de Miribel, J., Champy-Remoussenard, P. & Denny, J.-L. (2024). La formation à l'épreuve des formes entrepreneuriales de l'activité. *TransFormations. Recherches en Education et Formation des Adultes, 27*(2), 22-34.

de Miribel, J. & Sido, X. (2019). *Définir et reconnaître les compétences entrepreneuriales ?* (Rapport de recherche). Rectorat de l'Académie de Lille, IDEE.

de Miribel, J. & Sido, X. (2021a). Consensus et allants de soi dans les formes d'opérationnalisation de l'éducation à l'esprit d'entreprendre. *Recherches et formation, 97*, 17-30.

de Miribel, J. & Sido, X. (2021b). Éduquer, former à entreprendre : des pistes pour la recherche. *Savoirs, 57*, 7-15.

Demeuse, M. (2019). La recherche commanditée peut-elle prétendre à un statut scientifique ? Ou comment concilier demande sociale et approche scientifique. In

V. Bedin, S. Franc & D. Guy (Eds.). *Les sciences de l'éducation : pour quoi faire ? Entre action et connaissance* (pp. 151-173). L'Harmattan.

Desgagné, S. (1997). Le concept de recherche collaborative : l'idée d'un rapprochement entre chercheurs universitaires et praticiens enseignants. *Revue des sciences de l'éducation, 23*(2), 371-393.

Flécher, M. (2023). Des cadres en quête de prestige. L'engagement entrepreneurial des créateurs et créatrices de start-up. *Formation Emploi, 161*. 83-102.

Freeden, M. (2003). *Ideology. A Very Short Introduction*. Oxford.

Giret, J.-F. (2015). Les mesures de la relation formation-emploi. *Revue française de pédagogie, 192*, 23-36.

Jacquemin, A., Germain, O., Goxe, F., Janssen, F., Lebègue, T. & Schmitt, C. (2017). Les approches critiques en entrepreneuriat : facettes et enjeux pour la communauté des chercheurs francophones. *Revue de l'Entrepreneuriat, 16*, 19-36.

Klein, E. (2020). *Le goût du vrai*. Gallimard, coll. « Tracts ».

Lalande, A. (2010). *Vocabulaire technique et critique de la philosophie*. Presses universitaires de France.

Latour, B. (1991). *Nous n'avons jamais été modernes. Essai d'anthropologie symétrique*. La Découverte.

Latour, B. (2006). *Changer de société, refaire de la sociologie*. La Découverte.

Legardez, A. (2017). Questions socialement vives (QSV). In A. Barthes, J.-M. Lange & N. Tutiaux-Guillon (Eds.), *Dictionnaire critique des enjeux et concepts des « éducations à »* (pp. 536-543). L'Harmattan.

Lemoine-Bresson, V., de Miribel, J. & Souplet, C. (2023). Places, rôles et vécus des acteurs et des actrices dans les recherches en éducation et formation. *Recherches en éducation, 51*.

Lenoir, Y. (2019). Praxis et pragmatisme utilitariste dans les rapports entre action et connaissance en éducation : dualisme ou tensions féconde ? In V. Bedin, S. Franc & D. Guy (Eds.), *Les sciences de l'éducation : pour quoi faire ? Entre action et connaissance* (pp. 57-75). L'Harmattan.

Macler, S. (2021). *Parcours, travail et compétences des chefs de très petite entreprise : une analyse didactique professionnelle* (Thèse de doctorat. Université de Bourgogne-Franche-Comté.

Maillard, F. (2012). *Former, certifier, insérer. Effets et paradoxes de l'injonction à la professionnalisation des diplômes*. Presses universitaires de Rennes.

Marcel, J.-F. (2015). *La recherche-intervention par les sciences de l'éducation. Accompagner le changement*. Educagri.

Marchive, A. (2008). *La pédagogie à l'épreuve de la didactique. Approche historique, perspectives théoriques et recherches empiriques*. Presses universitaires de Rennes.

Marx, K. & Engels, F. (1932/2022). *L'idéologie allemande*. Culturea.

Mégret, J.-M. (2021). *D'une formation à l'entrepreneuriat aux prémices d'une andragogie entrepreneuriale. Le cas des très petites entreprises bretonnes* (Thèse de doctorat). Université de Rennes 2.

Mialaret, G. (2006). *Sciences de l'éducation.* Presses universitaires de France.

Olivier de Sardan, J.-P. (2008). *La rigueur du qualitatif. Les contraintes empiriques de l'interprétation socio-anthropologique.* Academia-Bruylant.

Pepin, M. & Champy-Remoussenard, P. (2017). Introduction. Quelques repères pour comprendre et interroger le développement de l'éducation à l'esprit d'entreprendre. *Formation emploi. 140,* 7-25.

Pinto, L. (2011). Neutralité axiologique, science et engagement : une lettre de Pierre Bourdieu. *Savoir/Agir, 16,* 109-113.

Ponnou, S. & Niewiadomski, C. (2020). *Pratiques d'orientation clinique en travail social.* L'Harmattan.

Ricoeur, P. (1974). Science et idéologie. *Revue philosophique de Louvain. 72*(14), 328-356.

Saussez, F., Rioux, F. & Pilon, C. (2020). Entre sémantique de l'action et sémantique d'intelligibilité des actions : questions pour esquisser une posture de recherche impliquée. In J. Thievenaz, J.-M. Barbier & F. Saussez (Eds.), *Comprendre/Transformer* (pp. 43-62). Peter Lang.

Simonneaux, L. (2008). L'enseignement des questions socialement vives et l'éducation au développement durable. *Pour, 198,* 179-185.

Revel, J.-F. (2001). *La grande parade. Essai sur la survie de l'utopie socialiste.* Pocket.

Starck, S. (2017). Formation à l'entrepreneuriat dans le secondaire français : quelles réalités politiques, du supranational au local ? *Formation Emploi, 140,* 127-145.

Starck, S. (2018). L'éducation à l'esprit d'entreprendre : agir, apprendre, se développer à distance de la forme scolaire. In P. Champy-Remoussenard & S. Starck (Eds.), *Apprendre à entreprendre* (pp. 59-78). De Boeck Supérieur.

Tanguy, L. (2017). Une socialisation à l'esprit d'entreprise dans l'école en France. *Formation Emploi, 140,* 147-164.

Verduyn, K., Dey, P. & Tedmanson, D. (2017). A critical understanding of entrepreneurship. *Revue de l'Entrepreneuriat, 16,* 37-45.

Vinatier, I. & Morrissette, J. (2015). Les recherches collaboratives : enjeux et perspectives. *Carrefours de l'éducation, 39*(1), 137-170.

Weber, M. (1965). *Essais sur la théorie de la science.* Plon.

Wittorski, R. (2007). *Professionnalisation et développement professionnel.* L'Harmattan.

CHAPITRE 2 :

Interroger l'éducation à l'esprit d'entreprendre ? Parcours et point de vue de trois chercheurs

Christophe Niewiadomski

Professeur émérite, Université de Lille

Depuis quelques années, les travaux de recherche autour du thème de l'entrepreneuriat bénéficient d'une forte attractivité politique en faveur d'un accroissement du développement socio-économique des sociétés contemporaines (Champy-Remoussenard, 2021). Dans un contexte d'incertitude et de crise multidimensionnelle, le modèle de l'entrepreneur, au-delà de la seule visée de création de richesses et d'emplois, pourrait par ailleurs condenser un ensemble de particularismes, participant du développement d'un esprit d'entreprendre, lequel répondrait aux attentes des pouvoirs publics en matière de dispositions à agir et de comportements entreprenants des acteurs sociaux.

Si l'on mesure immédiatement ici les liens qu'entretient cette orientation avec la figure idéale-typique de l'individu hypermoderne (Aubert, 2004), en particulier au travers du déploiement de formes « d'individualisme sociétal » (Rosanvallon, 1995) qui incitent l'individu contemporain à s'engager au point de devenir « l'entrepreneur de sa propre existence » (de Gaulejac, 2009), il reste que ces injonctions à l'entrepreneuriat interpellent la recherche. Les travaux en langue française consacrés à l'entrepreneuriat se développent et ne concernent plus seulement les domaines des sciences de la gestion ou de la sociologie du travail. Ces travaux de recherche s'ouvrent désormais aux sciences de l'éducation et de la formation, lesquelles portent un intérêt particulier aux politiques et aux pratiques éducatives relatives à l'éducation à l'esprit d'entreprendre (Champy-Remoussenard & Starck, 2018). Dans ce contexte, pourquoi et comment les chercheurs en sciences de l'éducation et de la formation s'emparent-ils de ces questions et de quelle manière envisagent-ils les apports des sciences de l'éducation et de la formation à l'étude de cet objet ? C'est l'objectif de ce chapitre que d'esquisser un éclairage de ces premiers apports et la naissance de ce champ scientifique au sein des sciences de l'éducation et de la formation.

Je ne suis moi-même pas spécialiste du champ, et afin d'amorcer cette première analyse de sa construction, j'ai sollicité Patricia Champy-Remoussenard, Julien de Miribel et Xavier Sido, qui sont, parmi les défricheurs du champ, les coordinateurs du présent ouvrage. À l'occasion de trois entretiens distincts, ils reviennent sur les motifs de leur intérêt pour le domaine de l'éducation à l'esprit d'entreprendre. Deux grandes questions leur ont été posées. La première s'intéresse aux motifs qui les ont conduits à s'intéresser au domaine de l'esprit d'entreprendre et de l'entrepreneuriat et aux liens éventuels que ce sujet entretient avec leurs travaux antérieurs. La seconde interroge les types de représentations de l'entrepreneuriat, les courants et disciplines qui s'y intéressent, ainsi que les résistances que fait naitre l'étude d'un tel thème dans la communauté scientifique. Examinons désormais leurs réponses et leurs positionnements, avec la perspective de prolonger un jour cette exploration avec l'interview d'autres chercheurs « pionniers ».

Quand les ressorts de l'intérêt scientifique s'articulent avec des motifs conjoncturels

Patricia Champy-Remoussenard, professeure en sciences de l'éducation et de la formation à l'université de Lille, situe les prémices de son intérêt pour l'éducation à l'esprit d'entreprendre à l'occasion d'une recherche de terrain commanditée par le rectorat de la Guadeloupe et sur l'importance des liens qui vont alors se tisser avec les partenaires de recherche sur les terrains de pratiques. Après avoir soutenu une thèse sur l'analyse des situations de travail et leur utilisation en formation, c'est-à-dire des recherches dans le domaine de l'analyse de l'activité en lien avec la formation, lesquelles vont la mobiliser pendant la première partie de sa carrière d'enseignante-chercheure, la préparation de son habilitation à diriger des recherches la conduit à se pencher plus particulièrement sur les rapports entre le monde du travail et l'univers scolaire. Initialement identifiée dans le domaine de la formation professionnelle des adultes, elle va alors diriger un certain nombre de recherches partenariales portant sur ces rapports. Elles vont participer de manière décisive à la réorientation d'une partie de ses travaux au cours des quinze dernières années.

À l'époque, l'un des responsables du rectorat de Guadeloupe l'interpelle sur un nouveau dispositif intitulé « Entreprendre au lycée ». Il s'agit, pour des lycéens, de travailler à l'élaboration d'un projet de mini-entreprise en lien avec leurs enseignants et avec des partenaires du monde de l'entreprise. Le commanditaire souhaite qu'elle réalise une analyse des effets pédagogiques du dispositif. Intéressée par un projet s'inscrivant par ailleurs dans la continuité d'une étude antérieure consacrée à une enquête sur les stages longs d'enseignants en entreprise, elle réalise alors une recherche sur le dispositif guadeloupéen, « Entreprendre en lycée », en s'intéressant au positionnement des enseignants dans ce type d'action. Par la suite, amenée à rencontrer les acteurs politiques à l'origine du déploiement de ces dispositifs, elle s'intéressera aux politiques éducatives qui les soutiennent et souligne le déficit relatif de cadrage national de l'époque et l'importance des initiatives locales et régionales, par ailleurs pleinement inscrites dans les politiques européennes qui prescrivaient alors l'éducation à l'idée d'entreprendre au travers du socle commun de compétences. Dans cette perspective, la mission de sensibilisation et d'accompagnement à ces questions se voit confiée au système éducatif en vue de préparer les jeunes à l'esprit d'entreprendre.

Ses recherches dans le domaine de l'éducation à l'esprit d'entreprendre, pionnières en sciences de l'éducation et de la formation, l'amènent rapidement à porter attention à l'activité collaborative qui se déploie entre les partenaires engagés dans ces dispositifs. Chefs d'établissements, conseillers principaux d'éducation et enseignants travaillent en effet de concert avec les acteurs de l'écosystème entrepreneurial des régions. Elle se penche alors non seulement sur l'analyse des dispositifs, mais commence également à s'intéresser à l'analyse de l'activité des différents partenaires impliqués, identifiant ainsi ce qu'elle nomme le « modèle entrepreneurial de l'activité » (Champy-Remoussenard, 2015, p. 22). Ce modèle apparait notamment essentiel pour identifier la nature du fonctionnement de très petites entreprises, lesquelles se développent aujourd'hui à l'initiative d'entrepreneurs qui ne sont généralement guère accompagnés dans ce type d'activité.

Au final, selon Patricia Champy-Remoussenard, le modèle entrepreneurial de l'activité questionne les rapports entre formation et emploi à propos des formes d'activité que notre société suscite désormais et réinterroge par ailleurs les nombreux travaux déjà existants en sciences de l'éducation à propos de la formation des adultes, de l'apprentissage et de l'alternance. Ainsi, compte tenu de l'hétérogénéité des formes entrepreneuriales de l'activité, tout un ensemble de questions « habituelles » à propos de la formation des adultes ne peuvent désormais plus tout à fait être posées de la même manière. Outre la diversité de ces formes entrepreneuriales dans lesquelles l'activité réelle des entrepreneurs est aujourd'hui très mal connue, la dynamique de l'entrepreneuriat se trouve par ailleurs intimement liée à la spécificité des territoires et à leurs particularismes. Dans une perspective comparative, Patricia Champy-Remoussenard précise :

> concernant la Guadeloupe, par exemple, il s'agit d'un territoire insulaire français, mais très éloigné de la métropole sur le plan géographique et où la question du rapport au travail se pose de manière spécifique du fait du poids de l'histoire de l'esclavagisme d'une part, mais également en raison de la forte attractivité traditionnelle du statut de fonctionnaire, ce qui contribue à réduire l'attractivité potentielle du statut d'entrepreneur.

D'une autre manière, le territoire des Hauts-de-France, première Région en France à avoir obtenu le label de « Région européenne entreprenante », est pour sa part très marqué par une histoire industrielle liée à la disparition des activités de la mine, des aciéries, du textile et aux reconversions délicates qui vont suivre. Tout ceci a évidemment un impact décisif sur la manière dont on perçoit l'activité entrepreneuriale et sur la nature des services qui peuvent être proposés. La variable territoriale est donc tout à fait décisive pour étudier la nature des formes entrepreneuriale de l'activité aujourd'hui. La recherche la plus récente dans laquelle Patricia Champy-Remoussenard s'est trouvée engagée la conduit ainsi à analyser le plus finement possible l'activité des toutes petites entreprises, notamment celles construites à partir du statut de micro-entrepreneur, et notamment à explorer les dimensions cachées de ces activités émergentes, rejoignant ainsi ses premiers travaux en matière d'analyse des dimensions cachées du travail.

Julien de Miribel, pour sa part, ne va s'intéresser à la question de l'entrepreneuriat que plus récemment. Après avoir réalisé une thèse de doctorat en sciences de l'éducation et de la formation, soutenue en 2017, sur le thème de la formation des professionnels de santé en psychiatrie (de Miribel, 2020), il précise que rien ne le destinait *a priori* à explorer cette thématique. Cependant, le fait d'avoir travaillé sur la formation et la professionnalisation des infirmiers en psychiatrie sans être lui-même soignant a, selon lui, constitué une expérience fondatrice de son intérêt pour les questions de positionnement du chercheur par rapport à son objet d'investigation scientifique, ce qui va être une entrée lui paraissant féconde pour traiter des relations entre éducation, formation et entrepreneuriat.

Une fois sa thèse soutenue et en amont de son recrutement en tant qu'enseignant-chercheur à l'université de Lille, Patricia Champy-Remoussenard l'invite alors à observer un dispositif destiné à développer l'esprit d'entreprendre à l'université de Lille. Celui-ci réunit des étudiants, des élèves du secondaire et des entrepreneurs pour réaliser un projet dans la perspective de l'éducation à l'esprit d'entreprendre. À l'époque, ne désirant pas se spécialiser dans le seul domaine de la psychiatrie, il souhaite s'ouvrir à d'autres champs de recherche. Il commence donc à observer ce dispositif et, à cette occasion, il se trouve en particulier interpelé par la rhétorique qui l'accompagne. Il s'agit d'un dispositif se déroulant sur une journée, sur le site universitaire de Pont de Bois à l'université de Lille, à l'occasion duquel des équipes, regroupant des collégiens, des lycéens et des étudiants, se constituent pour travailler sur des « situations problèmes » présentées par des entrepreneurs locaux. Il s'agit souvent d'entrepreneurs ayant fondé leur propre entreprise, souvent des micros entreprises ou des petites PME, qui viennent raconter leur histoire et soumettre aux participants les problèmes qu'ils rencontrent dans le développement de leur entreprise. Chaque équipe travaille alors à partir de la consigne suivante : « mettez-vous une journée dans la peau d'un entrepreneur, réfléchissez aux problèmes qu'il vous soumet et proposez-lui des solutions concrètes ».

Julien de Miribel précise :

> Je trouvais que le principe avait un côté sympathique, mais dès lors que l'on observe un peu finement on est interpellé par différentes choses. Ce qui m'avait particulièrement frappé à l'époque, c'est l'utilisation du langage qui sous-tendait l'organisation de ce dispositif. Par exemple, les équipes étaient désignées par un nom, lequel n'était pas choisi par les jeunes, mais par les organisateurs : « les talentueux », les « aventuriers », les « intrépides », etc. Pour le dire de manière un peu amusante, l'image de l'entrepreneur se trouvait d'une certaine manière comparable à celle d'Indiana Jones ! Or, il m'apparaissait que cette rhétorique avait avant tout pour fonction de véhiculer une image, entraînante, séduisante et positive de l'entrepreneuriat et que le dispositif mis en œuvre n'apprenait certainement pas à des élèves à entreprendre ou en quoi consiste l'entrepreneuriat. L'essentiel de ce qui se transmettait semblait relever avant tout d'une stratégie de communication visant à promouvoir une image favorable de l'entrepreneuriat. Par ailleurs, si les organisateurs de ce type de dispositif évoquent fréquemment le recours à la pédagogie du projet ou aux méthodes actives, ce qui me parait au passage assez approximatif, il me semble qu'ils construisent avant tout un *storytelling* qui s'adresse peut-être moins aux jeunes y participant qu'aux politiques et aux financeurs. Dès lors, l'adresse de ce dispositif, au-delà d'intentions probablement tout à fait sincères, me semble devoir être interrogé. Enfin,

concernant les méthodes pédagogiques utilisées, je pense que les sciences de l'éducation et de la formation doivent prendre la main à ce propos et proposer une analyse plus fine des dispositifs mis en œuvre.

Xavier Sido, maître de conférences en sciences de l'éducation et de la formation à l'université de Lille, appartient au même laboratoire que ses deux collègues, le CIREL, et se trouve rattaché à une autre équipe interne dont les travaux s'organisent autour de la didactique des disciplines. Lui-même didacticien des mathématiques, il rejoint l'équipe des enseignants chercheurs intéressés par les travaux relatifs à l'entrepreneuriat qui s'est constituée autour de Patricia Champy-Remoussenard approximativement à la même période que Julien de Miribel. Plusieurs raisons motivent sa décision explique-t-il. La première est liée à la nature des liens relationnels qui se sont tissés avec ses collègues. Il précise :

Patricia et Julien m'ont invité à participer à une commande du rectorat destinée à produire un rapport sur les effets des dispositifs consacrés à l'entrepreneuriat. Je ne connaissais pas du tout le champ, mais outre les dimensions amicales qui m'ont amené à accepter leur proposition, c'était également l'occasion pour moi de me former à des techniques de recueil de données de terrain telles que l'observation, les entretiens, les questionnaires, dans la mesure où mes travaux de recherche sont plutôt de nature historique. En effet, si je suis assez familier du travail sur les archives, je le suis beaucoup moins à propos de ce type de méthodologies et il y avait là pour moi l'occasion d'expérimenter ces techniques à l'occasion de recherches partenariales avec des collègues que j'apprécie. Une troisième raison est liée au travail d'écriture dans lequel je suis actuellement engagé pour la rédaction de mon habilitation à diriger des recherches. Dans ce type de travail, l'appui sur ma thèse, sur les articles scientifiques produits dans le champ qui m'est familier, imposaient alors une structure d'emboitement dans laquelle le souci de maitrise de l'ensemble rendait à cette époque le rapport à l'écriture assez complexe. Dès lors, travailler avec mes collègues sur l'éducation à l'esprit d'entreprendre, sujet *a priori* plus « neutre » par rapport à mes préoccupations scientifiques, me permettait d'expérimenter d'autres formes de pensée et de « débloquer » les difficultés d'écriture que je rencontrais alors. Enfin, une quatrième raison, plus biographique, est liée à mon histoire familiale. Il se trouve que mon père dirigeait avec ma mère une entreprise de vêtements pour enfants. J'ai malheureusement commencé à travailler sur ces questions entrepreneuriales après le décès de mon père, mais j'aurais beaucoup apprécié de pouvoir échanger avec lui à ce propos. Cette dimension plus personnelle et familiale colorait ainsi cet objet de recherche de manière un peu nostalgique, mais finalement attrayante et sympathique.

Avant d'être recruté en tant qu'enseignant chercheur à l'université de Lille, Xavier Sido a longtemps exercé les fonctions de professeur de mathématiques en lycée professionnel auprès de jeunes préparant des CAP, des BEP et des bac professionnels. Cette expérience l'a ainsi confronté à des élèves qui se destinent habituellement à entrer très vite dans la vie professionnelle et pour certains d'entre eux à créer leur propre entreprise. Il précise :

> Outre mon histoire familiale et cette expérience professionnelle qui participent de mon intérêt pour l'éducation à l'esprit d'entreprendre, j'ai pour projet, en particulier dans le cadre de mon habilitation, de pouvoir exploiter ces travaux dans la perspective d'une cartographie du champ de l'enseignement professionnel et d'une appréhension systémique des disciplines contributives. À propos de ce dernier point, on peut par exemple travailler l'éducation à l'esprit d'entreprendre dans une perspective interdisciplinaire, mais l'on peut également chercher à appréhender les choses de manière plus systémique, c'est-à-dire considérer que les disciplines contributives, un peu à la manière du fonctionnement des planètes du système solaire, sont dans un rapport d'interaction les unes avec les autres. Finalement, qu'est-ce qu'apporte chacune des disciplines impliquées et comment ces apports jouent sur le positionnement respectif de ces dernières ? On peut observer ces rapports dans les dispositifs bien entendu, mais également au niveau des curricula de formation. Ainsi, le curriculum de formation à l'esprit d'entreprendre associe classiquement des disciplines telles que l'économie, des stages d'implication sur le terrain, un travail sur les compétences citoyennes, etc. On peut tenter de lire ce qui se passe de manière dynamique entre ce qui s'organise en cours, par exemple, et ce qui se déroule dans les dispositifs mis en œuvre. L'apport des sciences de l'éducation et de la formation m'apparait ici tout à fait essentiel pour étudier ces questions, car, à la différence des sciences de gestion qui tentent de faire entrer l'entreprise dans l'école, les sciences de l'éducation envisagent l'éducation à l'esprit d'entreprise non pas seulement à partir de l'entreprise et des entrepreneurs, mais bien sous l'angle éducatif.

Comme souvent en matière de recherche en sciences humaines et sociales, l'on perçoit bien ici combien l'intérêt pour un objet de recherche ne relève pas uniquement d'une pulsion épistémologique détachée de dimensions contextuelles et relationnelles. La recherche est aussi affaire de rencontres, d'opportunités, de liens, d'amitiés… En bref, l'implication dans la recherche est également une affaire humaine qui ne saurait se réduire à une activité neuronale ou à l'application de théories et de méthodes.

Il me semble que la pertinence du partenariat que nouent nos trois interlocuteurs procède bien entendu d'un intérêt commun pour la thématique de l'éducation à l'esprit d'entreprendre, mais n'occulte cependant pas des motifs biographiques assez différents, lesquels participent au désir de travailler ensemble.

Rien que de très banal au demeurant, si ce n'est que ces configurations relationnelles me paraissent d'autant plus précieuses qu'elles se nouent dans un espace de travail où l'individualisme et le souci d'excellence jouent un rôle central (de Gaulejac, 2012). En effet, la gestion des carrières académiques dans l'espace universitaire contemporain contraint régulièrement les enseignants chercheurs à s'inscrire dans un espace de concurrence objectif, en particulier pour ce qui concerne l'évaluation de leurs travaux. Dans ce contexte, l'existence de collectifs de travail efficients suppose donc une organisation relationnelle et démocratique dans laquelle la confiance et le souci d'une *éthique de la discussion* (Habermas, 1986) jouent un rôle central. Fréquentant mes collègues depuis de nombreuses années, je sais leur attachement à une telle perspective. Néanmoins, ces derniers ne travaillent pas sur un objet tout à fait neutre quant aux représentations sociales qu'il suscite et leur expérience à ce propos, nous allons le voir, est assez éclairante…

Quelles représentations de l'entrepreneuriat ? Intérêts et résistances

Selon Patricia Champy-Remoussenard, ce qui se joue aujourd'hui autour de l'esprit d'entreprendre constitue un analyseur essentiel pour appréhender les transformations contemporaines du rapport au travail et à la formation. Sur le registre scientifique, lorsqu'elle commence à travailler sur ces questions, l'état de l'art préalable qu'elle réalise fait très vite apparaitre le déficit de travaux français en sciences de l'éducation et de la formation à ce propos. Elle précise :

> Dans d'autres disciplines, surtout en sciences de gestion, des travaux existaient, mais s'intéressaient plus à l'entreprise et aux entrepreneurs qu'aux questions relatives à l'éducation à l'esprit d'entreprendre. Ce n'est que dans un second temps, sous l'impulsion des politiques publiques relatives à l'entrepreneuriat éducatif, que cette thématique commencera à être traitée. Pour nos collègues issus des sciences de gestion, l'arrière-plan épistémologique et théorique ne se dessine pas tout à fait de la même manière et les questions qu'ils traitent à propos de cet objet d'étude commun diffèrent sensiblement. Pour exemple,

les sciences de gestion se sont beaucoup intéressées aux thèmes de l'initiative et de la motivation à s'engager dans une activité entrepreneuriale. Par ailleurs, une part importante de ces travaux ont porté sur l'enseignement supérieur. En effet, historiquement, le soutien aux activités entrepreneuriales s'est très fortement développé dans les grandes écoles et plus particulièrement dans les écoles d'ingénieurs et les écoles de commerce où les sciences de gestion étaient solidement implantées et où les enseignants chercheurs se sont saisis des dispositifs dans lesquels ils étaient amenés à intervenir. L'une des spécificités des recherches menées dans le domaine de l'entrepreneuriat réside dans le fait que la plupart des chercheurs sont également des acteurs des dispositifs qu'ils étudient, ce qui ouvre à une question centrale dans les sciences humaines et sociales : quelle posture de recherche adopter lorsque l'on se trouve tout à la fois chercheur et acteur ?

Pour sa part, si Patricia Champy-Remoussenard a effectivement expérimenté ce type de situation pendant la première période de ses recherches sur l'esprit d'entreprendre en exerçant des responsabilités politiques et institutionnelles dans son établissement, elle a désormais fait le choix de s'en tenir à la posture de chercheure non impliquée dans les dispositifs qu'elle observe.

Par ailleurs elle insiste sur le poids des enjeux idéologiques relatifs à l'entrepreneuriat. Évoquant la tenue d'un séminaire à Pointe-à-Pitre associant acteurs politiques, socioéconomiques et éducatifs autour de ces questions, elle précise :

Cette dimension idéologique autour des enjeux de l'entrepreneuriat m'a très vite sauté aux yeux et j'ai bien failli reculer devant la complexité que fait naitre de tels enjeux. Par ailleurs, j'ai également perçu cette dimension idéologique lorsque j'ai communiqué sur mes premières recherches dans ce domaine. Dans plusieurs colloques scientifiques, j'ai été confrontée à des échanges parfois complexes et délicats avec certains collègues, ce qui m'a très vite conduit à préciser ma position en indiquant que je n'étais pas là pour être « pour » ou « contre » le développement de l'esprit d'entreprendre et l'entrepreneuriat, mais bien pour tenter de comprendre ce qui se passe à ce propos dans la société contemporaine. Avec Julien de Miribel, nous avons récemment réalisé une communication dans un colloque en Espagne en interrogeant la dimension idéologique qui accompagne systématiquement cet objet de recherche. Si ce sujet suscite de telles réactions, on peut supposer qu'il s'agit là d'un enjeu majeur pour analyser ce qui se joue aujourd'hui autour de l'entrepreneuriat, des transformations sociétales et des enjeux éducatifs qui l'accompagnent. Par exemple, je suis frappée de voir combien les enjeux écologiques et planétaires sont aujourd'hui présents chez les jeunes entrepreneurs, lesquels n'ont finalement guère à voir avec l'image d'Épinal de l'entrepreneur conquérant qui souhaite avant tout gagner beaucoup d'argent. Par ailleurs, le secteur de l'économie sociale et solidaire montre bien combien l'image de l'entrepreneur est aujourd'hui polymorphe et qu'elle ne correspond plus à ce qui est actuellement véhiculé dans les représentations sociales dominantes. Il faut également insister sur la dimension collective de ce type d'activité où la création entrepreneuriale se fait rarement seul.

À l'occasion d'une communication dans un colloque où il se trouvait invité à présenter ses résultats Julien de Miribel, évoque l'expérience du malaise que suscite le seul fait de travailler sur un objet tel que l'entrepreneuriat. Il précise :

> À l'issue d'une communication, où Patricia Champy-Remoussenard et moi présentions nos remarques et interrogations sur le dispositif, la seule et unique question de l'auditoire a consisté à solliciter notre avis sur le bien-fondé de la présence d'une grande banque commerciale dans le financement d'un tel dispositif ! J'ai trouvé cette question à la fois surprenante et en même temps tout à fait intéressante. Manifestement, le public n'était pas du tout intéressé par ce que nous racontions sur le plan pédagogique, mais cherchait avant tout à savoir si nous venions faire la promotion de ce type de dispositif. Depuis, j'ai plusieurs fois fait l'expérience du trouble que fait naitre un tel sujet chez nos collègues chercheurs qui expriment parfois « ne pas se sentir à l'aise » avec de tels objets.

Pour autant, il ne s'agit pas d'un sujet qui touche à l'intime ou à des dimensions « mystérieuses », mais il génère manifestement un malaise qu'il est tout à fait intéressant d'étudier. Il semble que les représentations de l'entrepreneuriat ouvrent sur un « objet sensible », lequel suscite fréquemment des réserves quant au risque de « marchandisation de l'éducation ». Or, on pourrait avoir la même réserve lorsque l'on parle de professionnalisation par exemple… Une autre ligne s'organise autour de l'idée selon laquelle l'entrepreneuriat constituerait une autre manière de penser l'éducation, de se libérer d'un certain nombre de carcans et de répondre par ailleurs aux grands problèmes contemporains.

Comment se situer par rapport à cela ? Julien de Miribel précise :

> Le travail du chercheur est de parvenir à tenir compte de ces deux aspects pour en faire un objet de recherche. Pour cela, il me semble tout à fait

---

[1]   Voir le chapitre 1 qui revient plus en détails sur cette situation et sur les questions qu'elle soulève.

essentiel d'étudier les formes de discours qui s'élaborent à propos de cet objet. Par exemple, Olivia Chambard, collègue sociologue, montre les effets d'une stratégie de dépolitisation du discours concernant l'entrepreneuriat. Ainsi, plutôt que dire « nous allons faire de l'éducation à l'esprit d'entreprendre », formule qui est susceptible de faire bondir la moitié de la population, certains acteurs produisent un discours euphémisé, dépolitisé et suggèrent qu'il convient d'envisager l'éducation à l'esprit d'entreprendre dans un sens très large, c'est-à-dire non réductible à la création d'entreprise. Sans être naïf, ce qui est intéressant ici, c'est de se monter attentif à la sémantique en tant qu'elle permet d'éclairer les transformations contemporaines du monde du travail et en quoi ces transformations viennent interpeller le monde éducatif. En outre, c'est dans l'activité que des médiations ou des arbitrages se produisent. À partir de mes observations, j'ai désormais la conviction que l'analyse de l'activité permet de mieux saisir la nature des tensions qui s'opèrent entre les deux grands pôles évoqués.

Il illustre ce dernier point en revenant sur un cas particulier :

Un exemple peut être mobilisé à propos de la demande d'un rectorat qui souhaitait interroger les effets des dispositifs d'éducation à l'entrepreneuriat. Xavier Sido et moi avons ainsi observé un dispositif dédié à des élèves de seconde où une accompagnatrice sollicitait les lycéens à imaginer ce que pourrait être leur propre entreprise. L'idée était d'accompagner les élèves à conscientiser les différentes étapes de la construction d'une entreprise. L'une des élèves impliquées dans ce dispositif avait ainsi proposé une idée, tout à fait intéressante au demeurant, qui consistait à créer une entreprise de prêt d'animaux de compagnie pour les personnes âgées résidant en Ehpad (Etablissement d'hébergement pour personnes âgées dépendantes). Son projet, *a priori* très bien élaboré, par ailleurs parfaitement en phase avec la question de l'accompagnement des personnes âgées souffrant de solitude, répondait ici tout à fait à cette vision « élargie » de l'entrepreneuriat que j'évoquais préalablement. Or, le retour de l'accompagnatrice ne s'est pas du tout centré sur la pertinence sociale du projet mais bien sur le modèle économique sous-jacent dont elle estimait qu'il était trop imprécis. L'arbitrage était ici tout à fait clair : « si ton entreprise ne s'inscrit pas dans une recherche de profits, ton projet n'est pas recevable ». En d'autres termes, s'il convient de se montrer attentif aux discours qui sous-tendent les dispositifs mis en place, il importe également d'examiner soigneusement le type d'activité réellement mis en œuvre dans ces dispositifs.

Pour Xavier Sido, la thématique de l'éducation à l'esprit d'entreprendre suscite généralement des réactions assez défensives et les dimensions idéologiques, voire militantes, accompagnent fréquemment les positionnements tenus. Il précise :

Je me sens personnellement assez détaché de ce type de débat. Venant de l'enseignement professionnel, la question de l'entrepreneuriat ne constitue aucunement un « gros mot » et faire rentrer les aspects marchands à l'intérieur de l'école n'est par ailleurs pas une nouveauté. Par exemple dans les lycées agricoles, il existe des moments où les élèves vendent leur production, dans les lycées hôteliers, il existe des restaurants d'application qui accueillent du public, etc. On pourrait ici multiplier les exemples. Tout ceci pose néanmoins la question de ce que veut dire entreprendre dans les disciplines scolaires, ce qui constitue une question didactique qui me semble insuffisamment travaillée.

En toute honnêteté, je me dois de préciser que j'aurais moi-même apprécié pouvoir bénéficier de cours sur la thématique de l'entrepreneuriat dans mon cursus de formation. En tant qu'enseignant chercheur on se doit en effet d'entreprendre, de « vendre » son travail afin d'en assurer la diffusion. Si je peux parfaitement comprendre certains positionnements critiques, nombre d'entre eux me semblent néanmoins « de circonstance » et obéissent finalement à une pression de conformité qui fait parfois l'économie de la réflexion. Nous sommes tout de même dans un milieu professionnel très individualiste qui n'est sans doute pas si éloigné d'un milieu libéral qu'il est cependant de bon ton de critiquer. Ce faisant, les représentations de l'entrepreneuriat peuvent sensiblement différer de ce que l'on observe sur le terrain.

En tant que didacticien, il me semble nécessaire de neutraliser cette question du débat autour des valeurs pour se centrer sur ce qui se passe réellement dans les dispositifs afin de tenter de comprendre ce que cela produit. Ce qui m'intéresse finalement, c'est la question de la référence. Par exemple, est-ce que les contenus qui sont dispensés renvoient à des aspects économiques, ou est-ce qu'ils réfèrent à des pratiques sociales du type « il faut faire comme l'entrepreneur », ce qui suppose d'identifier ce que cette assertion recouvre précisément et de se pencher sur la didactisation des contenus susceptibles d'être transmis. Par ailleurs, il peut y avoir des éléments construits dans l'école, par l'école et pour l'école. En d'autres termes, à quoi réfèrent les contenus d'enseignement ? Un professeur peut tout à fait parler d'économie, mais au final enseigner les mathématiques, un professeur de français peut faire travailler les élèves sur le thème de la lettre de motivation, mais finalement enseigner le français. Lorsque l'on parle d'autonomie par exemple, à quoi fait on référence ? Parle-t-on d'autonomie de l'élève ou de l'individu ? Comment se construisent les savoirs de référence à ce propos ? Ces questions me semblent essentielles. Dans l'enseignement professionnel, les élèves peuvent faire des maths en cours, en atelier, en techno, mais il ne s'agit pas des mêmes maths. Dès lors, si l'éducation à l'esprit d'entreprendre a pour objectif de développer certaines compétences, il faut pouvoir s'accorder sur le type de compétences visées, mais également sur les savoirs de référence qui se trouvent impliqués, d'où l'importance d'observer précisément ce que recouvrent les pratiques mises en œuvre dans ce domaine. On peut faire ici un lien avec ce qui se passe aujourd'hui dans le domaine de l'éducation à l'environnement, laquelle est également une question très politique. De nombreuses recherches à ce propos évoquent le travail réalisé autour des curricula de formation et de leur construction. Il me semble que les sciences de l'éducation et de la formation ont un rôle central à jouer à ce niveau afin de ne pas abandonner ce champ à l'entreprise, à l'économie ou aux politiques. En d'autres termes, nous avons une responsabilité de contenu pour ce qui concerne l'éducation à l'esprit d'entreprise. Par ailleurs, nous avons également une responsabilité à l'égard des élèves et des étudiants qui participent à ces dispositifs. Les recherches dans ce domaine doivent en effet nous permettre non seulement de mieux comprendre ce qui se passe autour des questions que ces pratiques suscitent, mais également de reconfigurer les dispositifs en vue de leur meilleure adéquation aux attentes des élèves.

Les sciences de l'éducation et de la formation à l'épreuve d'un sujet polémique et sensible

À l'évidence, le thème de l'éducation à l'esprit d'entreprendre apparait particulièrement complexe et délicat à investiguer. Les réponses de mes collègues montrent bien qu'il n'est socialement et culturellement pas neutre en tant qu'il se trouve fréquemment traversé par des manifestations d'enthousiasme volontaristes, de méfiance, voire d'opposition franche. Ces réactions auxquelles ils se trouvent régulièrement confrontés suggèrent combien les représentations subjectives de cet objet de recherche sont agissantes pour son appréhension théorique.

Or, ces positionnements idéologiques, s'ils complexifient l'approche scientifique de ce sujet, constituent cependant un analyseur précieux pour tenter de penser ce qui se joue au-delà même de l'oscillation entre les tenants d'une « nouvelle manière de penser l'éducation » et les opposants qui allèguent d'une « marchandisation de l'éducation » au service de la logique des marchés financiers.

Sans nul doute, les sciences de l'éducation et de la formation peuvent permettre de proposer un éclairage spécifique de ce champ et dépasser ainsi la binarité de son appréhension. À cet effet, chacun des enseignants chercheurs interrogés à l'occasion de cette contribution suggère une ou plusieurs pistes d'investigation que l'on devine prometteuses. Ainsi, au-delà des incitations sociales et politiques qui visent à promouvoir l'éducation à l'esprit d'entreprendre, il semble que l'étude d'une telle question impose de prendre en compte trois niveaux : un niveau macro, qui étudie les transformations socioéconomiques contemporaines et leurs impacts sur les politiques publiques et éducatives, un niveau méso, centré sur la spécificité des dynamiques territoriales, et un niveau micro qui cherche à rendre compte de l'activité réelle des acteurs en matière d'entrepreneuriat et d'éducation à l'esprit d'entreprendre. Gageons que les coordinateurs de cet ouvrage sont d'ores et déjà engagés dans cette enthousiasmante perspective de recherche.

Références bibliographiques

Aubert, N. (2004). *L'individu hypermoderne*. Érès.

Champy-Remoussenard, P. (2015). Les transformations des relations entre travail, éducation et formation dans l'organisation sociale contemporaine : questions posées par trois dispositifs analyseurs. *Revue française de pédagogie, 190*, 15-28.

Champy-Remoussenard, P. (2021). Éducation et formation à l'esprit d'entreprendre, pour quelles perspectives ?. *Savoirs*, 57, 19-60.

Champy-Remoussenard, P. & Starck, S. (2018). *Apprendre à entreprendre : Politiques et pratiques éducatives*. De Boeck Supérieur.

de Gaulejac, V. (2009). *Qui est « Je » ? Sociologie clinique du Sujet*. Seuil.

de Gaulejac, V. (2012). *La recherche malade du management*. Quæ.

de Miribel, J. (2020). *Expérience et professionnalisation des infirmiers en psychiatrie. Des ficelles au métier*. L'Harmattan.

Habermas J. (1986). *Morale et communication*. Éditions du Cerf.

Rosanvallon, P. (1995). *La nouvelle question sociale. Repenser l'État providence*. Seuil.

CHAPITRE 3 :

Une pluralité de représentations qui interroge

Sylvain Starck

Maître de conférences, Université de Lorraine, LISEC UR 2310

Les réflexions qui suivent trouvent leur origine dans un double étonnement lié au retour d'une des expertises concernant un autre ouvrage collectif que j'ai co-dirigé avec P. Champy-Remoussenard et C. Baeza consacré au développement de l'entrepreneuriat dans l'enseignement supérieur. Bien que les différents chapitres de l'ouvrage prennent soin de rendre compte de ce développement sous différents angles (analyses d'ordre historique et sociologique, étude de multiples dispositifs, évaluations et impacts des formations à l'entrepreneuriat, analyse des effets formatifs et des modifications sur les pratiques et professionnalités à l'université) et ce de manière satisfaisante, aux dires des deux experts, l'un d'eux précise toutefois : « Mais jusqu'au terme de l'ouvrage, on se demande ce qu'est, réellement, cette 'éducation à l'entrepreneuriat', cette formation à 'l'esprit d'entreprise' »…

Cet étonnement en suscitait un autre chez moi : comment en effet, malgré une structuration cohérente de l'ouvrage collectif, des explorations empiriques aboutissant le plus souvent à des connaissances précises sur cet objet commun, un tel constat était-il possible ? Comment fallait-il comprendre l'hypothèse suggérée à la suite : « Peut-être que tout se joue dans cette impossibilité d'une véritable définition… » ?

À l'exception du contexte étasunien où prime la seule expression « entrepreneurship education » (Erkkilä, 2000), c'est en effet la polysémie des significations qui est la règle en la matière, fruit d'une création lexicale entre esprit d'entreprendre et esprit d'entreprise et de tentatives pour stabiliser ce que ces locutions veulent dire, traduisant un champ social en train de se constituer (Chambard, 2013 ; Champy-Remoussenard & Starck, 2018). On aurait toutefois pu supposer qu'en dépit de ce flottement, les ancrages empiriques et les réalités exposées seraient de nature à pallier ce trouble. Or, le propos de cet expert contredit explicitement un tel attendu. Qu'est-ce qui rendrait finalement impossible la construction d'une « véritable » définition ? Que faut-il entendre par cet adjectif ? La question ne devrait-elle pas porter aussi et peut-être avant tout sur l'idée qu'il puisse exister « une » définition propre à l'éducation à l'entrepreneuriat ? Mais plus fondamentalement encore, la problématique n'est-elle pas liée à la difficulté à clairement identifier à quelle(s) réalité(s) sociale(s) et professionnelle(s) l'éducation à l'entrepreneuriat fait référence ?

Il semblerait logique dès lors de prendre appui sur les référentiels destinés à piloter les actions éducatives et formatives en faveur de l'esprit d'entreprendre ou d'entreprise. On pourrait s'attendre à ce que ces référentiels de formation, selon une logique de professionnalisation aujourd'hui dominante, indiquent leurs articulations avec un ou des référentiels d'activité et de compétences professionnelles associées (Balas & Ulmann, 2022). C'est, comme le rappellent ces auteurs, cette association qui donne sens au référentiel de formation et le distingue d'une logique « programme de formation ». Or, la lecture de deux référentiels représentatifs dans le champ interroge. Le « référentiel de compétences entrepreneuriat & esprit d'entreprendre » pour l'enseignement supérieur en France indique :

> L'entrepreneuriat est une attitude qui recouvre des situations professionnelles diverses comme la création d'entreprise, mais aussi la reprise d'entreprise, le statut d'auto-entrepreneuriat et les professions libérales, l'entrepreneuriat social notamment dans des structures associatives, ainsi que l'intrapreneuriat dans des organisations existantes (Ministère de l'enseignement supérieur, de la recherche et de l'innovation, 2010, p. 6).

La cible professionnelle semble non seulement très étendue mais le fait que l'entrepreneuriat soit identifié à une attitude ne peut que surprendre. Accorder un tel privilège à ce qu'il est convenu d'identifier comme un « savoir-être » n'est-ce pas dès lors passer sous silence la nécessité de définir des activités, savoirs et savoir-faire propres à un certain mode de production ? Le référentiel d'activités semble de fait relativement opaque.

De même, au vu des participants à la rédaction de ce référentiel présents au titre de leur statut universitaire mais aussi des personnes invitées en raison de leur expérience en matière de formation à l'entrepreneuriat, on ne peut que s'interroger sur ce qui a servi de référent dans les travaux conduits. La réalisation d'un autre référentiel important dans le champ, à savoir EntreComp, produit par la Commission européenne en 2016, prend de même appui, outre un recensement de la littérature, sur des expériences pédagogiques en matière de formation à l'entrepreneuriat. Cette élaboration du référentiel semble ainsi procéder selon une démarche pour le moins hétérodoxe, la construction du référentiel de formation à visée professionnalisante prenant pour référence les formations déjà engagées et non les activités sociales et professionnelles visées qui semblent pourtant nombreuses, comme l'indique d'ailleurs ce référentiel européen :

> L'esprit d'initiative et d'entreprendre peut être globalement défini comme l'aptitude de transformer ses idées en actions, des idées qui peuvent générer de la valeur pour d'autres personnes. L'esprit d'initiative et d'entreprendre est une compétence-clé transversale, dont chaque citoyen a besoin pour son accomplissement et développement personnel, une citoyenneté active, une inclusion sociale et vie professionnelle dans une société fondée sur la connaissance (Commission européenne, 2016, p. 7).

Nous pouvons en déduire que l'activité pédagogique constitue de fait un référent central pour définir le référentiel de l'activité pédagogique. Ce n'est donc pas une absence de référent mais une forme d'auto-référencement qui semble ici à l'œuvre et poser question.

Ce travail collectif mobilisé pour la construction du référentiel part de fait du principe que l'expertise ainsi partagée des professionnels du champ de la formation à l'entrepreneuriat est en mesure de produire une conception ajustée des contours d'une compétence à entreprendre tout en restant ouverte à sa redéfinition au fil des expérimentations pédagogiques menées (Commission Européenne, 2016, p. 9). Mais, dès lors, rien n'indique en quoi cette manière de procéder, restant largement opaque sur la question des activités sociales de référence, n'engage pas plutôt la mobilisation et le renforcement de représentations sociales sur l'entrepreneuriat (Jodelet, 2003) partagées par les acteurs du champ. Tension d'autant plus problématique à démêler que les acteurs participant à l'élaboration de ces référentiels font valoir une double expertise de praticien et promoteur du champ et de chercheur. Cette dernière remarque indique toutes les difficultés qu'il y a à développer des études critiques dans un champ scientifique où historiquement

> [...] les chercheurs en entrepreneuriat se sentaient eux-mêmes obligés à véhiculer, tels des commis voyageurs, l'optimisme et le volontarisme que porte l'entrepreneuriat et s'interdisaient toute forme de scepticisme au sujet de pratiques, de méthodes et de discours qu'ils contribuent pourtant à diffuser autant que les acteurs publics et médiatiques ou les accompagnateurs (Germain & Jacquemin, 2017, p. 7).

Sans appareil critique suffisant, le travail scientifique constituerait le prolongement d'un mouvement sociétal en cours qu'il tend à performer plus encore et dont il tend à reconduire les logiques implicites. C'est l'hypothèse qui servira de fil rouge pour les réflexions qui suivent : il s'agit de prendre la mesure des conceptions institutionnelles qui s'imposent au champ social et au chercheur socialement situé que nous sommes afin de finalement pouvoir s'en distancier et autoriser le travail scientifique. Cette réflexion poursuit donc une déconstruction de ce que Germain et Jacquemin (2017) dénomme « entrepreneurialisme », à savoir « la production de discours entrepreneuriaux […] qui tend à coloniser des sphères toujours plus nombreuses de nos vies professionnelles et privées et ainsi à exercer différents effets sur les pratiques et les identités entrepreneuriales » (p. 11).

En absence de référents d'activité, et mieux comprendre quelles sont les réalités auxquelles les formations à l'entrepreneuriat et esprit d'entreprendre[1] (par la suite EEE) sont associées dans les représentations sociales, nous proposons d'identifier, sans prétendre à l'exhaustivité, les problématiques sociales auxquelles ces formations sont censées apporter des éléments de réponse.

Afin de les identifier, nous prenons appui sur les analyses de Jodelet (2003) prolongeant les recherches de Moscovici (1988) lorsqu'ils considèrent non pas les processus associés à des représentations déjà constituées mais en train de s'élaborer et se diffuser socialement. Cette approche nous semble particulièrement pertinente pour aborder un champ de pratiques en construction. En tant que réalité psycho-sociale, les représentations relèvent tout à la fois de processus cognitifs individuels et sociaux. Si les premiers travaux sur les représentations sociales mettaient l'accent sur l'approche cognitiviste, celles-ci étant définies comme « l'expression de la manière dont le monde, l'environnement, le signal est reconstruit par le système cognitif d'un individu » (Albertini, 1984, p. 310, cité par Gendron & Dumas, 1991) partant de représentations sociales déjà constituées et prégnantes dans un champ socio-culturel donné, Moscovici a pour sa part mis en lumière les processus interactifs entre individus et société dans leur construction et mobilisation de représentations sociales non encore constituées ou stabilisées. Or, tel est le cas du champ de la formation à l'EEE (Champy-Remoussenard, 2012). De tels mécanismes

---

[1] Nous reprenons ici les termes du référentiel du Ministère de l'enseignement supérieur et de la recherche de 2010.

de construction peuvent être appréhendés par le couple conceptuel objectivation/ancrage, traduisant une interdépendance dynamique du social et de l'individuel. L'objectivation réalisée par un groupe d'individus socialement, historiquement et professionnellement situés participe d'un triple processus de « construction sélective – schématisation structurante – naturalisation » d'une représentation sociale indiquant l'élaboration progressive d'un schème et son intériorisation dans le groupe. C'est par le biais de communications multiples au sein de groupes en lien avec son environnement que les contours de ces représentations trouvent *in fine* leur consistance et stabilité. Cette objectivation ne peut toutefois se comprendre sans la rapporter à l'ancrage qui intervient tout à la fois en amont et en aval de la formation des représentations :

> En amont, l'ancrage enracine la représentation et son objet dans un réseau de significations qui permet de les situer en regard des valeurs sociales et de leur donner cohérence. Mais, à ce niveau, l'ancrage joue un rôle décisif essentiellement en ce qu'il réalise leur inscription dans un système d'accueil notionnel, un déjà-là pensé. Par un travail de la mémoire, la pensée constituante s'appuie sur la pensée constituée pour ranger la nouveauté dans des cadres anciens, dans le déjà connu. En aval de la formation représentative, l'ancrage sert à l'instrumentalisation du savoir en lui conférant une valeur fonctionnelle pour l'interprétation et la gestion de l'environnement (Jodelet, 2003, p. 73).

De tels processus précisent de fait que les représentations sociales associées aux formations à l'EEE sont multiples, étant fonction des schèmes déjà constitués propres à chaque milieu socio-culturel et de leur capacité à s'intégrer et assurer le développement de leurs pratiques.

D'un point de vue méthodologique, en accord avec une telle conception des représentations sociales, nous proposons de suivre les différentes problématiques mises en avant et auxquelles les formations à l'EEE sont censées apporter une réponse. Une problématique sociale ou professionnelle telle qu'elle se trouve élaborée par un groupe social est fonction de ses clés de lecture actuelles (système d'accueil notionnel) et l'action à engager par la suite (valeur fonctionnelle). Ces problématiques constituent *in fine*, pour chaque groupe social, des référents pour les formations à l'EEE. Sans prétendre à l'exhaustivité, pour rendre compte de la pluralité des problématiques identifiées et donc des représentations associées, nous proposons d'éclairer quatre points de vue diversement impliqués dans le développement de formations à l'EEE.

Les analyses procèdent en quatre étapes, précisant à chaque fois la ou les problématiques mises en avant et en quoi la mobilisation de formations à l'entrepreneuriat s'avère pertinente de ce point de vue. Dans un premier temps, il s'agit de préciser quelles justifications sont associées au niveau politique à cette orientation du champ de la formation afin d'éclairer quelles lectures légitimes de l'espace social et de la formation à l'EEE sont mises en avant. Dans un second temps, en adoptant le point de vue de l'organisation du travail, il s'agit de souligner les conceptions qui mettent en lien compétences entrepreneuriales et transformations contemporaines du travail et des subjectivités professionnelles. Les analyses portent dans un troisième temps sur une certaine conception académique de l'agir entrepreneurial représentative selon nous des approches et problématiques en cours dans le champ scientifique et de formation. Dans un dernier temps, nous interrogerons, à partir de matériaux constitués lors d'une recherche menée dans un collège, auprès d'un groupe d'enseignants du second degré, quelles représentations ces professionnels cherchant à développer chez leurs élèves une compétence à entreprendre associent à leur propre capacité à entreprendre dans l'espace scolaire.

En guise de conclusion, nous mettons en avant et interrogeons le fait que la diversité des problématiques auxquelles les formations à l'EEE sont censées répondre et des représentations sociales ainsi constituées font des compétences entrepreneuriales un véritable « couteau suisse » tant pour les organisations contemporaines de travail, l'action professionnelle, les parcours individuels et les défis économiques, sociaux et sociétaux auxquels nous sommes aujourd'hui confrontés.

Pour une dissémination de l'entrepreneuriat dans l'espace social

Du point de vue politique, c'est une volonté de promouvoir le développement et la généralisation de l'entrepreneuriat dans les espaces professionnels, éducatifs ou de formation qui est à l'œuvre, tant au niveau régional (Starck, 2018), national et international (Champy-Remoussenard, 2012). La capacité à entreprendre est identifiée comme un capital essentiel à développer auprès du plus grand nombre. Cette promotion de l'entrepreneuriat et d'une certaine capacité à entreprendre vise depuis quelques décennies un changement d'échelle (Starck, 2017), voire une « conquête » du champ éducatif (Pepin & Champy-Remoussenard, 2017). Il s'agit de généraliser des pratiques sociales associées à l'entrepreneuriat dans les champs de l'économie, du travail, de l'action sociale, dans le champ éducatif ou de la formation professionnelle, pour soutenir l'essor et la puissance nationale, dans le sillage d'un mouvement mondialisé. Cet essor de l'entrepreneuriat est tel dans certaines représentations politiques qu'il modifierait la nature de la nation elle-même. Les discours du président Emmanuel Macron, alors nouvellement élu, parlant de son pays comme d'une *start-up nation*, où dans le langage, le citoyen *start-up* est né (Lefebvre, 2021), semble en témoigner.

Dans la rhétorique institutionnelle, c'est une visée de « démocratisation » – le terme n'est pas neutre – de l'accès à l'entrepreneuriat et une promotion sociale qui sont ainsi mises en avant, comme le soulignait antérieurement le président de la République François Hollande en clôture des assises de l'entrepreneuriat en 2013 :

> Il nous revient donc de faire tomber les barrières sociales, culturelles, géographiques psychologiques ou financières, pour que la création d'entreprise soit, si je puis dire, démocratisée. Parce que créer une entreprise, quelle qu'en soit la nature, quel qu'en soit le lieu, c'est aussi avoir une chance de plus d'accéder à la promotion sociale (Hollande, 2013).

Comme le souligne Chambard (2020), l'essor des formations à l'entrepreneuriat s'inscrit dans la construction d'un problème public soulignant le manque d'esprit d'entreprise dans la population française.

> Des années 1970 aux années 2010, l'idée d'un supposé manque d'esprit d'entreprise de la population se diffuse progressivement. Appréhendé sous l'angle de la « culturalisation », laquelle renvoie « à une culture, à un système de comportement inadapté, la cause de problèmes », ce « trait français » contribuerait pour certains aux difficultés économiques qui s'installent alors (défaut de compétitivité de l'appareil productif, chômage de masse, etc.) (Chambard, 2020, p. 47).

Toutefois, cette « culturalisation » ou « démocratisation » semble dans certains discours emprunter le chemin d'une logique méritocratique liée à la détection de tous les talents (par exemple Hollande, 2013), à savoir des individus pré-disposés à entreprendre et que les parcours scolaires et professionnels institués ne permettent de mettre en valeur et faire *in fine* bénéficier la nation. Sur un registre équivalent, les formations à l'EEE sont de même présentées par les pouvoirs publics comme une réponse possible aux difficultés d'accès à l'emploi. Considérant le caractère instable des marchés du travail et de l'emploi, et de l'impossibilité d'assurer un pilotage institutionnel, il revient d'accompagner les individus dans leur capacité à créer au cours de leur parcours leur propre activité[2].

Quelles constructions sociales donnent corps à ce projet politique ? De manière générale, les politiques visant la généralisation de l'entrepreneuriat prennent soin de construire conjointement un milieu entrepreneurial – nombre de discours parlent aujourd'hui « d'écosystème entrepreneurial »[3] – et des sujets qui lui sont adaptés. C'est donc cette vision finalement très « écologique » de l'entrepreneuriat qui est structurante du point de vue politique. Les discours politiques mettent ainsi systématiquement en avant la figure d'un individu idéal parfaitement adapté à une société appelée à déployer de manière privilégiée des pratiques professionnelles et sociales répondant d'un mode entrepreneurial des activités (Champy-Remoussenard, 2015). Ce mode

> va de pair avec une société du risque, flexible, qui exige des individus qu'ils soient adaptables, autonomes, mobiles, acceptent les risques, l'échec et soient indéfiniment capables de « rebondir » par de nouvelles initiatives. Il signale le passage du modèle fordiste du salariat vers le statut de travailleur indépendant et poursuit le mouvement de remise en cause des régulations collectives du marché du travail. (Champy-Remoussenard, 2015, p. 23).

La réforme de la formation tout au long de la vie de 2018 intitulée « Liberté de choisir son avenir professionnel » s'inscrit dans une telle conception de l'individu. C'est un individu « entrepreneur de sa carrière » qui se trouve ainsi institué, le plus à même de faire face aux incertitudes d'un espace professionnel et économique plus instable et ouvert[4].

Cette construction sociale trouve aujourd'hui un terrain favorable au sein de l'État et plus globalement de la fonction publique. Cette acculturation à l'action entrepreneuriale semble prolonger la réforme de l'action

---

[2]   Voir par exemple l'appel à projets lancé par le gouvernement d'E. Borne le 15 mars 2021 intitulé : « Inclusion par le travail indépendant des personnes en difficulté d'accès à l'emploi ».

[3]   En Sciences de gestion, « l'écosystème entrepreneurial est un ensemble interconnecté d'acteurs, d'organisations, d'institutions et de processus qui se combinent de multiples façons, au sein d'un environnement entrepreneurial local (Isenberg, 2010 ; Mason & Brown, 2014) » (Philippart, 2016, p. 13). Dans sa déclaration sur la *French Tech*, à Paris le 20 février 2023, le président de la République, Emmanuel Macron, recourt 17 fois au terme « écosystème ».

[4]   Voir notamment le numéro thématique 50 de la revue *Savoirs* en 2019 consacré au nouvel adulte en formation face à ses responsabilités.

de l'État liée à l'essor du *New Public Management*[5]. Cette réforme précédente, initiée à partir des années 60, a dès lors permis de façonner de nouvelles représentations de l'action publique répondant aux logiques de l'entreprise. Elle participe de l'ancrage cognitif et pratique déjà constitué rendant possible une plus forte acculturation à l'entrepreneuriat.

Des mondes professionnels configurés à l'image d'une entreprise

Le rapport remis par P. Hayat, fondateur de 100 000 entrepreneurs, à la Ministre déléguée chargée des PME, de l'Innovation et de l'Économie numérique, en amont des assises de l'entrepreneuriat en 2013, résume en préambule les problématiques sociales auxquelles « nous sommes confrontés » et auxquelles l'essor de l'entrepreneuriat est en mesure d'apporter des réponses :

> L'obligation entrepreneuriale est devenue incontournable et il n'y a plus une minute à perdre. La création et le développement des entreprises sont deux réponses essentielles aux enjeux auxquels nous sommes confrontés : la croissance, l'emploi, l'innovation, la réduction des déficits et de la dette, la sauvegarde des régimes sociaux, l'intégration dans les banlieues... (Hayat, 2012, p. 4).

Cette obligation est de même en mesure, selon l'auteur du rapport, de répondre à un désir des individus de se réaliser pleinement dans leur travail : « De plus, en permettant à chacun de se réaliser et porter un projet né de son talent et de son envie, l'entrepreneuriat est une des plus belles façons d'ouvrir l'horizon, notamment celui des jeunes générations » (Hayat, 2012, p. 4).

Dans une « société du risque », les vertus du monde entrepreneurial et des logiques de marché participent à la responsabilisation des individus contrairement « aux dispositifs de l'État social [qui] sont profondément nuisibles à la créativité, à l'innovation, à la réalisation de soi » (Dardot & Laval, 2010, p. 297). Il s'agit ainsi de promouvoir la raison économique et les logiques de marché dans un ensemble de plus en plus large d'actions, qu'elles relèvent des domaines public ou privé et tendant en cela à brouiller les frontières entre ces deux domaines.

---

[5]   Voir Starck et Champy-Remoussenard dans ce même ouvrage, chapitre 5.

Mettre en lumière et instituer certaines organisations de travail

Afin d'assurer cette dissémination dans l'espace social, un travail institutionnel faisant de l'entrepreneuriat un opérateur de transformation sociale se déploie selon deux perspectives qui, bien que distinguées ici, sont intriquées dans les réalités sociales : il vise une nouvelle organisation des mondes et des pratiques professionnels et la construction d'un sujet adapté à son « éco-système entrepreneurial » et notamment de sa capacité à entreprendre selon des formes très variables. La construction engagée au niveau politique recoupe les ambitions des grands acteurs économiques et se trouve dès lors en correspondance avec des changements affectant les organisations de travail. Débordant le seul cadre de la création ou gestion d'entreprise, le travail institutionnel partagé entre acteurs du monde économique et du monde politique (Tanguy, 2016) parvient à fédérer sous la bannière d'une culture entrepreneuriale de l'activité une grande diversité d'acteurs dans une pluralité de contextes. Précisons chacune de ces perspectives afin de comprendre quelles conceptions de l'entreprendre sont socialement promues et instituées dans les espaces professionnels et s'imposent au champ de la formation.

Dans ce travail institutionnel, il s'agit tout d'abord de favoriser et renforcer les pratiques entrepreneuriales.

À cette fin, ce travail mobilise trois stratégies selon qu'il soutient les activités de création et de reprise d'entreprises, la transformation de certains champs professionnels afin de les rapprocher d'une organisation plus entrepreneuriale ou en important dans les espaces professionnels des activités de nature entrepreneuriale.

Généraliser une capacité à entreprendre revient en premier lieu à favoriser et renforcer les pratiques associées à la création, au développement, au maintien constant du fonctionnement d'une entreprise, à la valorisation de ses productions et de son capital (sous toutes ses formes). Même si des distinctions doivent être apportées entre création d'entreprise et gestion d'entreprise, petites, moyennes, grandes et très grandes entreprises, c'est l'ensemble des pratiques qui ont pour objet l'entreprise elle-même qui caractérise premièrement une capacité à entreprendre.

De ce point de vue, et sans pouvoir exposer l'ensemble des mesures adoptées, l'invention du statut de l'autoentreprise, aujourd'hui microentreprise, constitue un marqueur fort de cette orientation politique. Cette innovation sociale a indéniablement favorisé et, en quelque sorte, banalisé la création d'entreprise en France. Ainsi, en juin 2022, on dénombre près de 2,5 micro-entrepreneurs actifs avec une croissance annuelle de 12,2% (Start'ur conjoncture, 2023)[6]. Les microentreprises constituent actuellement la part majoritaire des créations d'entreprises. Or, comme le souligne Abdelnour (2014) : « L'analyse de l'institutionnalisation du régime de l'auto-entrepreneur permet alors de saisir les ressorts politiques de la mise en place d'une politique d'auto-emploi qui détricote, pratiquement et symboliquement, les fondements de la société de travail à statuts » (p. 164).

Ainsi, la microentreprise se trouve au cœur d'un bouleversement du rapport institué au travail et remettant en cause des régulations collectives du marché du travail (Champy-Remoussenard, 2015) brouillant les frontières entre entrepreneuriat et salariat.

Cet essor de l'entrepreneuriat est, en second lieu, soutenu par une modification de certains champs professionnels dont le fonctionnement tend à s'inscrire dans des formes et des logiques plus entrepreneuriales. Mouvement aujourd'hui largement déployé dans certains services publics, le cas du secteur public de la santé est emblématique, où, dans le tournant néo-libéral des années 2000, les politiques publiques convertissent l'hôpital aux logiques gestionnaires et marchandes (Juven, Pierru & Vincent, 2019). Le développement de formes entrepreneuriales d'action se retrouve dans le champ de l'action sociale et dans le champ associatif affecté par la chalandisation[7] (Chauvière, 2009) ou par une mise en exergue contemporaine « de l'épreuve marchande et [une valorisation de] l'entreprise privée dans sa capacité à trouver de nouvelles solutions aux problèmes de société » (Juan & Laville, 2020, p. 7). Sir Ronald Cohen[8], homme d'affaires et figure politique britannique, promoteur d'un produit d'investissement alliant action sociale et retour financier promeut par exemple l'investissement à impact social qui « tire parti des forces de l'entrepreneuriat, de l'innovation et des capitaux ainsi que des pouvoirs des marchés pour faire le bien » (Langlet, 2021, pp. 47-48). Là aussi, un brouillage s'opère entre secteur non marchand et secteur marchand, secteur public et secteur privé favorisant la place de l'entreprise et de ses logiques dans ces nouveaux marchés.

---

[6]　*Stat'ur conjoncture*, janvier 2023, n°357, URSAFF caisse nationale.

[7]　« La chalandisation prépare la possibilité de la marchandisation du social, mais n'est pas la marchandisation réalisée. Elle promeut, par exemple, le passage d'une privatisation associative adossée à l'État et partageant ses valeurs d'action publique (privatisation de type 1) à une privatisation lucrative dans les segments les plus solvables et à une gestion quasi marchande pour tout le reste (privatisation de type 2) » (Chauvière, 2009, p. 128).

[8]　Cité par Langlet (2021).

En troisième lieu, le concept d'intrapreneuriat (Carrier, 1997) vient renforcer la dissémination des logiques entrepreneuriales dans le champ professionnel. Il propose une extension de la capacité à entreprendre à l'intérieur même de l'entreprise. L'intrapreneuriat « se définit comme une nouvelle forme de gestion qui amène les employés d'une organisation à innover et à se comporter comme des entrepreneurs au service de celle-ci » (Carrier, 1997 cité par Barbier & Viala, 2013, p. 72). Développer une telle conception de l'entreprendre, c'est alors engager un mouvement de transformation institutionnel, symbolique, organisationnel, représentationnel des organisations de travail, où chaque service est appelé à devenir un analogon de l'entreprise et chaque acteur un quasi entrepreneur.

C'est donc parce que les espaces professionnels sont socialement configurés comme des entreprises que tout un chacun est amené à entreprendre dans ses activités et à instituer un exercice professionnel plus ou moins brouillé entre entrepreneuriat et salariat.

Construction d'un sujet adapté à son « éco-système entrepreneurial »

Du point de vue des organisations de travail, généraliser une capacité à entreprendre transite aussi par la reconfiguration, dans les représentations sociales, de l'identité de celles et ceux qui entreprennent procédant à un déplacement de l'identité du salarié, largement dominante dans les champs professionnels, vers celle de l'entrepreneur et de ses analogons.

Nous analysons ici deux aspects particuliers de cette adaptation selon qu'elle concerne la construction sociale de statuts ou de subjectivités. Nous faisons le choix, pour ne pas alourdir le propos, d'évoquer rapidement ces deux points, déjà bien informés dans la littérature.

Le développement de l'entrepreneuriat et d'une capacité à entreprendre transite par la création et l'attribution de nouveaux statuts. C'est par exemple le cas par l'instauration, en 2014, du statut d'étudiant-entrepreneur qui permet à tout étudiant le souhaitant d'intégrer son projet entrepreneurial dans le cadre de sa formation ouvrant droit notamment à un accompagnement spécifique dans le cadre du PEPITE[9], un accès à des espaces de travail dédié favorisant le travail autonome en réseau et un aménagement possible du stage d'études. L'essor de la micro-entreprise

---

[9]   Pôle étudiant pour l'innovation, le transfert et l'entrepreneuriat.

exposé précédemment est soutenu par l'invention du statut associé de micro-entrepreneur. Ce statut est présenté par ses promoteurs comme inscrit dans une triple révolution, administrative, fiscale et socio-culturelle et constituerait un permis d'entreprendre pour tous (Abdelnour, 2014)[10]. De même, l'intrapreneuriat implique la construction d'une nouvelle identité aux marges du salariat. En promouvant une lecture intrapreneuriale de l'activité au sein d'une organisation, « de nombreux cadres peuvent désormais se percevoir comme détenteurs d'actifs (compétences, talents, réseaux) et envisager leur relation à l'entreprise comme un échange marchand où l'appartenance à une communauté sociale n'a plus beaucoup de sens » (Basso & Pheulpin, 2013, p. 83).

Au développement des statuts est logiquement associée la construction sociale d'individus se rapportant à eux-mêmes et au monde selon un registre entrepreneurial[11]. De manière diffuse, c'est par exemple l'image valorisée de l'entrepreneur considéré comme créateur de richesse, autonome, doté d'un sens aigu du risque et de l'initiative qui est rendue plus accessible par le recours à la métaphore des « talents ». Cette image sociale est au cœur d'une lecture de l'entrepreneuriat comme vecteur d'émancipation et de promotion sociale ouvert à tout un chacun. Elle s'incarne dans la figure d'un individu pragmatique pleinement adapté aux réalités de son territoire et de son contexte sociohistorique.

Cette démocratisation de l'image de l'entrepreneur, évitant d'apparaître dans un registre idéologique, est renforcée par des discours qui insistent sur l'aspect minimal dont doit disposer celui qui entreprend. Dans le processus d'héroïsation de l'entrepreneur, il s'agit d'un individu pragmatique et audacieux capable de partir d'une simple idée pour en faire un projet qui dans son aboutissement s'avère porteur d'une forte création de valeur. Son pragmatisme lui assure un ancrage pertinent dans la société du risque qui rend possible la saisie des opportunités qui s'offrent à tout un chacun. Comme le souligne Galluzzo (2023) « dans la modernité capitaliste, le mythe de l'entrepreneur permet de simplifier la vie économique en la théâtralisant et de rassurer les individus quant à leurs capacités à agir et à être maîtres de leur destin » (pp. 209-210). Chacun est dès lors logiquement appelé à s'entreprendre ou devenir entrepreneur de sa carrière.

---

[10] Les formes d'activité hybrides autorisant l'emploi salarié et indépendant facilitent d'ailleurs l'expérience d'un double statut. Cette situation reste toutefois assez marginale (Messeghem, *et al.*, 2022).

[11] Nous parlons alors de subjectivités entrepreneuriales.

Dans le champ de la formation à l'EEE, la construction de subjectivités entrepreneuriales prend ainsi appui sur le développement d'une création lexicale relativement récente, celle d'« esprit d'entreprendre » (Chambard, 2013 ; Champy-Remoussenard, 2012). Celui-ci est à entendre comme une aptitude à passer des idées aux actes, une capacité à prendre des risques, à programmer et gérer des projets en vue de la réalisation d'objectifs et de qualités propres au sujet (créativité, esprit d'initiative, esprit sain) (Champy-Remoussenard, 2021). L'éducation à l'esprit d'entreprendre donne ainsi corps à « une finalité dominante de l'éducation entrepreneuriale d'ordre culturel et attitudinal » relevée par (Verzat et al., 2019, p. 9) répondant au mythe contemporain de l'entrepreneur. Comme le souligne Stevens (2012), « La création d'une auto-entreprise serait alors une façon d'échapper au désenchantement de la vie salariée, de se libérer des pressions et obligations imposées par autrui pour n'accepter que celles définies par soi-même, devenu son propre patron » (p. 24). L'esprit d'entreprendre se distingue ainsi de la figure du salarié qui apparaît en contrepoint comme socialement dévalorisée de par les contraintes qu'il représente. N'est-ce pas dès lors rendre plus acceptable un certain renoncement aux droits sociaux associés au statut ? L'esprit d'entreprendre se trouve dès lors au cœur de questionnements politiques même si ces derniers restent finalement peu apparents dans le champ de la formation ou dans les débats publics (Champy-Remoussenard, 2015).

La construction académique d'une capacité à entreprendre

Dans le prolongement des problématiques identifiées précédemment et des représentations associées à l'entrepreneuriat, l'éducation et la formation à l'entrepreneuriat et à l'esprit d'entreprendre ont pour ambition de développer les compétences sur deux registres. L'un est associé à l'action entrepreneuriale proprement dite, à savoir la création, la reprise, la gestion et le développement d'entreprises, l'autre a trait à une capacité plus générale d'entreprendre dans la vie. Or, l'acculturation visée dans les politiques publiques et dans les organisations professionnelles établit une forme de correspondance ou d'équivalence entre ces deux registres d'action bien que les activités semblent nettement se distinguer. Ne faudrait-il pas d'ailleurs discriminer les activités entrepreneuriales selon qu'elles concernent des entreprises de tailles variables ou des projets de développement plus ou moins ambitieux ? Or, pour l'heure, il s'agit plutôt d'une équivalence qui s'impose dans le champ de la formation et qu'il s'agit donc de mettre en évidence. L'ouvrage que Schmitt (2015), tout à la fois chercheur en Sciences de gestion et acteur universitaire fortement impliqué dans le développement de l'entrepreneuriat à l'université, consacre à l'agir entrepreneurial constitue un analyseur particulièrement pertinent pour saisir les difficultés auxquels le champ de la formation est confronté pour donner corps à une vision unifiée de cette compétence clé en regard des multiples réalités sociales auxquelles elle se trouve associée dans les discours légitimes.

Dans sa démarche, l'auteur passe tout d'abord en revue un ensemble large de théories de l'action (agir rationnel, normatif, cognitif) pour les mettre à l'épreuve des manières dont les entrepreneurs agissent. Si chaque théorie permet d'éclairer une dimension de l'agir entrepreneurial, aucune d'entre elle ne permet d'en rendre pleinement compte. Une fois ce tour d'horizon effectué, il met en évidence ce qui apparaît selon lui comme des dimensions caractéristiques de l'agir entrepreneurial. La définition qu'il en propose expose selon nous l'étendue du problème auxquels les réflexions portant sur un tel agir se trouvent confrontées :

> L'agir entrepreneurial pourrait être défini comme une situation dans laquelle l'entrepreneur développe des actions « chemin faisant » à destination de son écosystème constitué de parties prenantes, à partir d'une intentionnalité permettant de relier un futur actuel à un contexte présent (Schmitt, 2015, p. 80).

Si cette définition, tout comme la théorie de l'effectuation (Sarasvathy, 2008) qui lui sert de fondement, permet selon l'auteur de rendre compte de l'action entrepreneuriale en incluant trois dimensions de l'agir (interaction entrepreneur-environnement ; intentionnalité ; problématisation), elle ne permet pas, selon nous, de dire en quoi ces processus sont spécifiques de l'agir entrepreneurial. Ainsi, dans la définition proposée, qui vise essentiellement à se démarquer d'une vision programmatique ou applicationniste de l'agir, si nous remplaçons entrepreneurial et entrepreneur par (le) professionnel, nous obtenons un énoncé cohérent qui rend compte d'un agir professionnel indépendant du contexte entrepreneurial. Il convient toutefois de se demander si cette mise en équivalence de formes d'agir ne brouille pas certaines spécificités essentielles. Une telle définition rend compte des dimensions créatives de l'agir dans le cours de son développement, ce que les analystes de l'activité ont d'ores et déjà bien mis en évidence. L'agir professionnel, en tant qu'activité intégratrice (Guérin, Laville, Daniellou, Duraffourg & Kerguelen, 1991), demande en effet à tout professionnel de composer dans le cours de l'action (« chemin faisant ») avec une multitude de facteurs impliqués dans celle-ci (les partenaires de l'action, les conditions présentes, les intentions initiales, le futur anticipé, etc.) pour parvenir à répondre aux attendus professionnels. Cette créativité et prise d'initiative dans l'agir ordinaire se situent dans l'écart indépassable entre travail prescrit et travail réel. Agir professionnel et agir entrepreneurial seraient dès lors confondus. Le chantier reste donc ouvert.

Après avoir tracé à grands traits le travail institutionnel visant à promouvoir l'entrepreneuriat dans l'espace social, il convient de relever la grande flexibilité des conceptions de l'entreprendre promues dans le champ académique et de la formation. Un tel état de fait rejoint et précise les analyses de Germain et Jacquemin (2017) qui relèvent l'hétérogénéité et l'ambiguïté des rationalités et des codes discursifs dans l'entrepreneurialisme où les positions et subjectivités à l'œuvre sont tout à la fois dynamiques et plurielles. Cette extension intriquée de l'entrepreneuriat, du mode entrepreneurial des activités et des subjectivités entrepreneuriales renforce l'adhésion d'un nombre croissant d'acteurs en faisant de l'entreprendre une figure évidente pour l'action, c'est-à-dire naturalisée. L'atteinte de l'objectif politique est donc soutenue par un usage flottant de l'action d'entreprendre[12]. Comment en effet définir une activité de référence (l'agir entrepreneurial) lorsque celui-ci recouvre des réalités professionnelles aussi diverses ? N'est-ce pas d'ailleurs ce qui conduit les concepteurs du référentiel EntreComp à partir de l'esprit d'entreprendre comme *une* compétence transversale pour en distinguer, par la suite, quinze « composantes essentielles » qui s'avèrent être, elles-mêmes, des compétences. Le référentiel reste quant à lui évasif sur l'agencement de ces multiples composantes/compétences. L'ambition scientifique de définir ses concepts, celle des formations professionnalisantes de s'ancrer dans des référentiels d'activités clairement identifiés semblent ainsi tributaires de représentations et conceptions élaborées ailleurs et qui paraissent poser un problème insurmontable entre une vision étroite de l'entrepreneuriat – comme activité sociale et professionnelle spécifique – et une vision très élargie incluant une grande diversité d'activités et d'organisations professionnelles.

L'EEE pour « s'expliquer » avec la forme scolaire des enseignements

La recherche « Entreprendre en collège »

C'est à partir du point de vue d'enseignants du second degré que nous proposons de clore cette exploration partielle des problématiques et

---

[12] Ceci recoupe un mécanisme socio-politique similaire que nous avons précédemment mis en évidence et qui concerne le concept quotidien de « compétence transversale » (Starck, 2019).

représentations associées à l'EEE dans le champ social. Les réflexions qui suivent prennent appui sur une recherche menée dans un collège entre 2016 et 2017, « Entreprendre dans l'espace scolaire » qui partait de l'hypothèse suivante : les multiples transformations qui affectent aujourd'hui l'espace scolaire incitent les acteurs du champ à *entreprendre* de manière concertée pour parvenir à porter leurs ambitions. Dans le contexte de la réforme du collège de 2016 portée par la ministre Najat Vallaud Belkacem, il s'agissait de suivre l'agir ordinaire d'une équipe éducative afin de mettre en évidence la mobilisation collective d'une « capacité à entreprendre[13] » dans un contexte et des activités professionnelles distants du monde de l'entreprise. En effet, la recherche IDEE (Innovons et développons l'esprit d'entreprendre), engagée précédemment (Starck, 2017), avait mis en évidence un certain paradoxe : si les discours institutionnels mettent aujourd'hui en avant une capacité à entreprendre dans la vie, les dispositifs mis en œuvre concernent quant à eux très majoritairement le monde de l'entreprise et les activités qui y sont attendues. Cette recherche avait donc pour but, dans une démarche essentiellement inductive, de construire une conceptualisation de l'activité d'entreprendre qui semble socialement désigner un pouvoir d'agir particulièrement ambitieux[14].

La recherche réalisée dans un collège situé en zone REP+, dans le prolongement de la réforme du collège en 2015 a procédé d'une étude de cas (Albarello, 2011). Nous avons fait l'hypothèse qu'en tant que perturbation notable du cadre professionnel, cette réforme favoriserait l'expression d'une capacité à entreprendre de la communauté éducative. L'objet de cette recherche de type collaborative était de construire une conception partagée de l'action d'entreprendre, dans un dialogue qui se veut heuristique entre professionnels et chercheurs œuvrant à partir de la même hypothèse de recherche. Dans le cadre de cette recherche, nous avions posé un premier objectif, à savoir la mise au jour des représentations que les professionnels associaient au fait d'entreprendre pour ne pas risquer de les laisser opérer implicitement dans notre recherche. Pour ce faire, nous avons mobilisé, sur une durée d'un mois pour conserver une certaine dynamique, trois *focus-groups* ayant réuni une douzaine de professionnels de l'établissement (neuf

---

[13] C'est la formulation que nous avons proposée aux professionnels ayant participé à la recherche afin de construire avec eux une conception partagée de l'activité d'entreprendre.

[14] Entreprendre est défini communément comme « Mettre à exécution un projet nécessitant de longs efforts, la réunion de moyens, une coordination, etc. » (<https://www.cnrtl.fr/definition/entreprendre>, consulté le 12/04/2024).

enseignants, l'infirmière scolaire, deux stagiaires). Les échanges d'une durée d'une heure environ se sont déroulés autour de trois consignes successives :

- Qu'est-ce qu'entreprendre pour vous au collège ?
- Quatre questions à discuter en commun autour de la réforme du collège : comment avez-vous eu connaissance de la réforme ? Comment l'avez-vous travaillée individuellement ou collectivement ? Est-ce que vous pensez vous l'être appropriée ? Qu'est-ce qui a changé pour vous ?
- Réalisation d'une carte mentale avec pour thème central la réforme du collège.

Comme l'indiquent Jovchelovitch (2004), la conversation, le dialogue et l'argumentation provoqués par la mise en situation du *focusgroup* favorisent l'expression d'une « société pensante en miniature » (p. 246) et *in fine* des représentations sociales qui permettent au groupe de se constituer en tant que tel. Contenu des échanges et formes des échanges sont ainsi étroitement associés et mettent en jeu les représentations communes à ce collectif constitué. Qu'elles soient avalisées par le groupe ou interrogées et travaillées, elles y sont exposées. Sans pouvoir généraliser les résultats issus de ce *focus-group*, témoignant de représentations communes à ces professionnels dans cet établissement et dans le cadre de cette contractualisation, l'étude rend toutefois compte d'une construction spécifique de l'EEE par les professionnels de l'établissement.

C'est principalement le premier échange concernant explicitement le recueil des représentations associées au fait d'entreprendre qui a constitué les matériaux d'analyse. Celle-ci a été menée par questionnement analytique (Paillé & Mucchelli, 2021). Il s'agissait ici d'éclairer les questions suivantes : quelles sont les situations associées au fait d'entreprendre ? Quelles sont les représentations qui y sont à l'œuvre ? Qu'est-ce qui structure ces représentations ?

Des représentations pour signifier l'action d'entreprendre

Le premier *focus-group*, en invitant chacun à se présenter et exposer ce qui rend compte dans sa pratique d'une action d'entreprendre, permet d'identifier les conceptions associées à l'idée d'entreprendre et socialement partagées par ces professionnels.

La première chose qu'il convient de remarquer, c'est la facilité avec laquelle les participants de ce premier *focusgroup* s'emparent et s'approprient la consigne : considérer leur agir sous la modalité de l'entreprendre semble relever d'une évidence pour eux. C'est alors comme si les acteurs, volontaires dans la recherche, dans leur manière de verbaliser collectivement certaines de leurs activités validaient implicitement l'idée selon laquelle il est possible d'entreprendre dans l'agir ordinaire et de se considérer à l'équivalence d'un « entrepreneur ». Ce qui explique sans doute le peu d'interrogations qu'a soulevé l'objet de la recherche auprès de ces professionnels et a sans doute suscité leur intérêt. Précisons les contours de cette représentation.

L'action d'entreprendre est posée collectivement comme étant au service de finalités éducatives qui tout à la fois lui confèrent sa valeur et la situent donc dans le champ ordinaire des pratiques enseignantes.

Elle se décline dans les discours selon plusieurs dimensions qui dessinent une conception professionnelle par « touches ». Entreprendre est lié à :

- l'expression d'un désir professionnel qui se manifeste par une passion commune à enseigner.
- la construction de mécanismes de reconnaissance sociale, qu'il s'agisse de l'estime de soi de l'élève ou de la singularité du travail engagé dans cet établissement.
- la mise en œuvre de pédagogies actives ou innovantes, notamment la mise en œuvre de projets. Cette approche plus « active » dans leur enseignement est mise en lien avec l'implication des élèves eux-mêmes : « on va leur demander de construire, d'imaginer … d'entreprendre justement leur maquette … » ; « [l'élève] n'est plus là que en tant que voilà je suis assis sur une chaise et je subis le cours ».
- l'engagement d'un travail collaboratif.
- l'expression de leur liberté pédagogique et la nécessité de « s'adapter aux élèves », les pédagogies et organisation traditionnelles ne pouvant plus assurer, selon eux, la réussite de l'action.

En cela, les représentations associées à l'idée d'entreprendre s'appliquant indifféremment à eux-mêmes ou aux élèves recoupent des caractéristiques attestées dans les référentiels de « l'esprit d'entreprendre » (initiative, autonomie, créativité notamment). Si le groupe s'accorde « naturellement », lors des échanges, sur l'expression de ces « touches », il convient de comprendre la logique implicite autour de laquelle s'organise ces différentes propositions. Il apparaît que les éléments mis en avant pour éclairer ce qu'est entreprendre dans l'espace scolaire se situent à chaque fois dans une opposition binaire explicite ou implicite : innovant/

traditionnel ; adaptation/conservatisme ; actif/passif ; collaboratif/individuel. Dans le cadre de la réforme, les oppositions précédentes portant sur la forme générale de l'action se déclinent ainsi dans des oppositions portant sur ce qui structure la réalisation des enseignements : projets/programmes ; compétences/notes ; initiative territoriale/règlementation nationale. La conception de l'action d'entreprendre s'élabore ici en contraste d'un autre agir, supposé quant à lui plus passif, conservateur ou individuel.

L'EEE se trouve ainsi investi comme réponse à une problématique professionnelle. En regard de travaux antérieurs (Pepin, 2017 ; Starck, 2018), entreprendre correspondrait dans l'espace scolaire à une remise en question de la forme scolaire, au sens développé par Vincent (1994). Ce qui se fait jour ici, c'est que, pour ces professionnels, l'action d'entreprendre dans leur contexte d'exercice, revient à réinterroger en pratique la forme scolaire d'enseignement et donc le contexte d'exercice lui-même. Entreprendre est ainsi conçu collectivement par ces acteurs comme une remise en question pratique et partagée d'un exercice professionnel dont ils ont hérité et qui ne parvient plus à répondre de leur désir d'agir. En suivant Clot (2007), entreprendre correspondrait ici au fait d'assurer la vie du métier en mettant à l'épreuve, via des variations stylistiques socialisées, le genre professionnel. Entreprendre aurait donc finalement moins à voir avec les productions directes associées à l'agir qu'avec les effets indirects de celui-ci sur leur contexte global d'exercice. L'ampleur des transformations engagées conduit le groupe à une controverse professionnelle éclairante selon nous. Si pour l'une des participantes, il convient de parler de révolution induite par les changements de programme et leur action, pour deux autres, il n'est pas possible de parler de « révolution » leur action se situant avant tout dans une continuité. Au-delà des objets sur lesquels portent le jugement, le terme de révolution auquel recourent ces trois enseignants signale incidemment l'amplitude potentielle des changements qui s'opèrent. Entreprendre correspondrait alors à l'expression d'une puissance capable de soutenir des modifications majeures dans le milieu professionnel, affectant en miroir, l'activité des élèves dans leurs apprentissages. Capacité à entreprendre des élèves se trouve dans cette représentation partagée liée à la capacité à entreprendre des professionnels de l'établissement. Apprendre à entreprendre peut alors, selon une telle conception, être désolidarisé de dispositifs *ad hoc* dédiés à un tel apprentissage et généralement référés au monde de l'entreprise (Starck, 2018).

Un concept mobilisateur qui occulte ses objets

Comment pouvons-nous éclairer le champ de la formation aujourd'hui appelé à développer l'EEE à partir de cette exploration des représentations construites et activées qui y sont associées par une pluralité d'acteurs du champ social ? Il convient tout d'abord de souligner le rôle prédominant des politiques publiques dans l'imposition d'une certaine lecture légitime de l'objet EEE. Reprenant le constat déjà ancien des grands acteurs économiques d'un manque d'esprit d'entreprise ou d'entreprendre en France, les discours politiques mettent tout à la fois en avant l'obligation :

– de développer, dans une économie mondialisée et très concurrentielle, le tissu entrepreneurial dans une équivalence naturalisée entreprises-créations de richesse-puissance régionale ou nationale ;
– de considérer, dans des marchés du travail et de l'emploi instables, l'(auto-)entrepreneuriat comme une réponse essentielle ;
– d'assurer, dans des formes d'activités professionnelles pro-actives et adaptées aux exigences productives actuelles, le développement de l'EEE dans les activités salariées et les services publics ;
– de répondre, dans un monde du salariat objet de multiples dévalorisations, aux attentes des individus.

Cette volonté de démocratiser l'EEE va de pair avec sa capacité attestée d'apporter une réponse pertinente à un ensemble très vaste de problématiques économiques, sociales et sociétales. L'EEE prend dès lors pour référence une grande diversité de réalités et de pratiques sociales et s'apparente à un véritable « couteau suisse » de l'action sociale, économique et politique. Des politiques éducatives et de formation, maillon essentiel de la diffusion d'une telle vision et ambition politiques, partagées au niveau international, visent dès lors une acculturation à de nouveaux régimes de production, incluant de nouvelles formes d'entrepreneuriat (institution de la micro-entreprise par exemple), de nouvelles organisations de travail (intrapreneuriat), de nouveaux modes d'activités professionnelles (mode entrepreneurial des activités) et de nouvelles manières de penser son rapport au travail (autonomie, créativité, initiative, audace versus salariat).

Les formations à l'EEE participent dès lors à la constitution d'un imaginaire social qui vise à légitimer et naturaliser ces nouveaux modes de production à partir d'un même concept mobilisateur. La problématique à laquelle ce champ se trouve confronté est lié à la grande extension de la notion d'EEE qui est censée regrouper sous une même bannière des réalités très disparates. Instituer l'EEE comme compétence transversale s'avère de fait comme une stratégie logique à condition d'entretenir le flou sur les activités de référence et la signification à lui accorder. Nous retrouvons ici une problématique générale propre aux compétences dites transversales (Starck, 2019). En négligeant la question des contextes et des situations propres aux exercices professionnels et à l'idée de compétence, dimensions orientant *a priori* la construction des référentiels de compétences, l'EEE s'inscrit dans une forme de nominalisme favorable aux perspectives gestionnaires de la relation formation-compétences mais dont les dimensions idéologiques rendent difficile une construction scientifique de la notion. C'est d'ailleurs ce que nos analyses ci-dessus mettent en évidence. La notion est ainsi élaborée de manière suffisamment large pour qu'un grand nombre d'acteurs sociaux en construise une représentation opératoire à son niveau d'action, entre objectivation et ancrage, conduisant de fait à des réalités hétérogènes.

En adoptant l'EEE non seulement comme clé de lecture des problématiques sociales mises en avant à chaque niveau mais aussi comme réponse pertinente, n'est-ce pas une occultation de ces problématiques qui est finalement à l'œuvre ? N'est-ce pas alors une vision déréalisée des mondes professionnels à partir de laquelle tout un chacun est appelé à se reconnaître qui est construite et oriente selon des modalités très variables les champs de l'éducation et de la formation ? L'EEE est de fait présentée comme une perspective commune sur le travail et comme capital social désirable et accessible à tous. Cette catégorie établit, tant dans les dimensions symboliques que dans les organisations, des équivalences entre différents modes de production, stratégie qui conduit à les rapprocher dans les représentations communes. Ainsi, lors des *focus-groups* évoqués ci-dessus, l'aisance avec laquelle les enseignants lisent leur activité sous le prisme d'une capacité à entreprendre témoigne selon nous singulièrement d'une telle dynamique sociale.

Ne faudrait-il pas dès lors que le champ de la recherche en éducation soit en mesure de repenser les différentes problématiques mises en avant et de forger ou mobiliser des concepts qui soient mieux arrimés aux réalités professionnelles dans leurs diversités et déclinaisons contextuelles pour les rendre intelligibles ? Auquel cas, les ressources offertes par les courants d'analyse du travail et de l'activité s'avèreraient précieux pour éclairer un monde du travail en profonde transformation et ainsi offrir des assises scientifiquement élaborées au champ de la formation.

Références bibliographiques

Abdelnour, S. (2014). L'auto-entrepreneur : une utopie libérale dans la société salariale ? *Lien social et Politiques, 72*, 151-165.

Albarello, L. (2011). *Choisir lÉtude de cas comme méthode de recherche*. De Boeck.

Balas, S. & Ulmann, A. L. (2022). Référentiel de formation. In A. Jorro (Ed.), *Dictionnaire des concepts de la professionnalisation* (pp. 361-364). De Boeck Supérieur.

Basso, O. & Pheulpin, S. (2013). Chapitre 4. L'intrapreneuriat : Pour surmonter le déclin des grandes entreprises ? In C. Léger-Jarniou (Ed.), *Le grand livre de l'entrepreneuriat* (pp. 81-98). Dunod.

Barbier, J. & Viala, C. (2013). Les apports de l'intrapreneuriat à la modélisation de la créativité organisationnelle. *Humanisme et Entreprise, 313*, 65-86.

Carrier C. (1997). Comment stimuler l'intrapreneuriat dans la grande entreprise. In C. Carrier (Ed.), *De la créativité à l'intrapreneuriat (pp. 89-106)*. Presses de l'Université du Québec.

Chambard, O. (2013). La promotion de l'entrepreneuriat dans l'enseignement supérieur. Les enjeux d'une création lexicale. *Mots. Les langages du politique, 102*, 103-119.

Chambard, O. (2020). *Business Model: L'Université, nouveau laboratoire de l'idéologie entrepreneuriale*. La Découverte.

Champy-Remoussenard, P. (2012). L'éducation à l'entreprenariat : enjeux, statut, perspectives…. *Spirale. Revue de recherches en éducation, 50*, 39-51.

Champy-Remoussenard, P. (2015). Les transformations des relations entre travail, éducation et formation dans l'organisation sociale contemporaine. Questions posées par trois dispositifs analyseurs. *Revue française de pédagogie, 190*, 15-28.

Champy-Remoussenard, P. (2021). Éducation et formation à l'esprit d'entreprendre, pour quelles perspectives ?. *Savoirs, 57*, 19-60.

Champy-Remoussenard, P. & Starck, S. (2018). Introduction. In P. Champy-Remoussenard & S. Starck (Eds.), *Apprendre à entreprendre. Politiques, pratiques, jeux d'acteurs et tensions* (p. 11-19). De Boeck.

Chauvière, M. (2009). Qu'est-ce que la « chalandisation » ?. *Informations sociales, 152*, 128-134.

Clot Y. (2007). De l'analyse des pratiques au développement des métiers. *Éducation et didactique, 1*(1), 83-93.

Commission européenne (2016). *EntreComp : Cadre de référence européen des Compétences Entrepreneuriales*.

Dardot, P. & Laval, C. (2010). *La nouvelle raison du monde : essai sur la société néolibérale*. La Découverte.

Erkkilä, K. (2000). *Entrepreneurial education: mapping the debates in the United States, the United Kingdom and Finland.* Taylor & Francis.

Galluzzo, A. (2023). *Le mythe de l'entrepreneur : défaire l'imaginaire de la Silicon Valley.* La Découverte.

Gendron, C. & Dumas, B. (1991). Culture écologique : étude exploratoire de la participation de médias québécois à la construction de représentations sociales de problèmes écologiques. *Sociologie et sociétés, 23*(1), 163-180.

Guérin, F., Laville, A., Daniellou, F. Duraffourg, J. & Kerguelen, A. (2001). *Comprendre le travail pour le transformer. La pratique de l'ergonomie.* ANACT.

Germain, O. & Jacquemin, A. (2017). Voies et voix d'approches critiques en entrepreneuriat. *Revue de l'Entrepreneuriat, 16*, 7-18.

Hayat, P. (2012). *Pour un new deal entrepreneurial. Créer des entreprises de croissance. Rapport de mission à l'intention de Mme Fleur Pellerin, Ministre Déléguée chargée des PME, de l'Innovation et de l'Économie Numérique.* Ministère des petites et moyennes entreprises, de l'innovation et de l'économie numérique.

Hollande F. (2013). Clôture des assises de l'entrepreneuriat, Discours du Président de la République. Paris, 29 avril.

Juan, M. & Laville, J. (2020). Pour un questionnement critique de l'innovation sociale. In M. Juan (Ed.), *Du social business à l'économie solidaire : Critique de l'innovation sociale* (pp. 7-40). Erès.

Jodelet, D. (2003). *Les représentations sociales.* Presses universitaires de France.

Jovchelovitch, S. (2004). Contextualiser les focus groups : comprendre les groupes et les cultures dans la recherche sur les représentations. *Bulletin de psychologie, 57, 471*, 245-252.

Juven, P.-A., Pierru, F. & Vincent, F. (2019). *La casse du siècle.* Raisons d'agir.

Langlet, M. (2021). La marchandisation du monde associatif. In P. Coler (Ed.), *Quel monde associatif demain* (pp. 47-56). Erès.

Le nouvel adulte en formation face à ses responsabilités À propos du Compte Personnel de Formation. (2019). *Savoirs*, 50, (2).

Lefebvre, P. (2021). Penser l'entreprise comme acteur politique. *Entreprises et histoire, 104*, 5-18.

Loi n° 2018-771 du 5 septembre 2018 pour la liberté de choisir son avenir professionnel (JO 6 septembre 2018).

Messeghem K., Lasch, F., Valette, J., Casanova, S., Courrent, J.-M., Nakara, W., … Boumedjaoud, D. (2022). *Situation de l'activité entrepreneuriale en France. Rapport 2020-2021 du Global Entrepreneurship Monitor* (Rapport de recherche). LabEx Entreprendre, Montpellier.

Ministère de l'enseignement supérieur, de la recherche et de l'innovation (2010). *Référentiel de compétences entrepreneuriat & esprit d'entreprendre.* Ministère de l'enseignement supérieur et de la recherche.

Moscovici, S. (1988). Notes towards a description of social representations. *European journal of social psychology, 18*(3), 211-250.

Paillé, P. & Mucchielli, A. (2012). *L'analyse qualitative en sciences humaines et sociales.* Armand Colin.

Pepin, M. (2017). Le projet entrepreneurial à l'école primaire : tensions inhérentes à son intégration à la forme scolaire. *Agora Débats/Jeunesse, 75*(1), 73-88.

Pepin, M. & Champy-Remoussenard, P. (2017). Introduction : Quelques repères pour comprendre et interroger le développement de l'éducation à l'esprit d'entreprendre. *Formation emploi, 140,* 7-25.

Philippart, P. (2016). Introduction. L'écosystème entrepreneurial : pour une intelligence territoriale. In P. Philippart (Ed.), *Écosystème entrepreneurial et logiques d'accompagnement* (pp. 11-28). EMS Éditions.

Sarasvathy, S. D. (2008). *Effectuation of Entrepreneurial Expertise.* Edward Elgar.

Schmitt, C. (2015). *L'agir entrepreneurial, repenser l'action des entrepreneurs.* Presses de l'université du Québec, Entrepeneuriat & PME.

Stat'ur conjoncture, janvier 2023, 357, URSAFF caisse nationale.

Starck, S. (2017). Formation à l'entrepreneuriat dans le secondaire français : quelles réalités politiques, du supranational au local ? *Formation Emploi, 140,* 127-145.

Starck, S. (2018). L'éducation à l'esprit d'entreprendre : agir, apprendre, se développer à distance de la forme scolaire. In P. Champy-Remoussenard & S. Starck (Eds.), *Apprendre à entreprendre. Politiques, pratiques, jeux d'acteurs et tensions* (pp. 59-78). De Boeck.

Starck S. (2019). Quelles relations entre conceptions « quotidienne » et scientifique des compétences transversales ? *Recherche en éducation, 37,* 8-21.

Stevens, H. (2012). Le régime de l'auto-entrepreneur : une alternative désirable au salariat ?. *Savoir/agir, 3,* 21-28.

Tanguy, L. (2016). *Enseigner l'esprit d'entreprise à l'école : le tournant politique des années 1980-2000 en France.* La Dispute.

Verzat, C., Dubard Barbosa, S., Foliard, S. et Tavakoli, M. (2019). Évolution de l'éducation entrepreneuriale : mythe ou réalité ? Quatre tendances à suivre… *Entreprendre & Innover, 42-43*(3), 5-11.

Vincent, G. (Ed.) (1994). *L'éducation prisonnière de la forme scolaire. Scolarisation et socialisation dans les sociétés industrielles.* Presses universitaires de Lyon.

PARTIE 2 :

ENJEUX SOCIAUX, DIDACTIQUES ET PROFESSIONNELS

Éduquer à l'esprit d'entreprendre et faire société. Défis démocratiques pour une alliance à construire

Régis Malet

Institut Universitaire de France, Université de Bordeaux,
Laboratoire Cultures, Education, Sociétés LACES EA 7437

Introduction

L'éducation à l'entrepreneuriat ou à l'esprit d'entreprendre s'inscrit dans un mouvement global de promotion du capital humain dans et par l'éducation, qui invite dans ses termes mêmes à un effort définitoire, de fait consenti depuis plus d'une décennie par des auteurs de divers horizons géoculturels, linguistiques et disciplinaires. La profusion des recherches dans le domaine, notamment de langue anglaise, est sans aucun doute à la mesure de sa promotion politique globale[1] (Champy-Remoussenard &

---

[1] L'éducation à l'entrepreneuriat a de longue date été définie comme un objectif de développement à l'échelle européenne. Dans le Livre vert de l'Union européenne (Commission des Communautés européennes, 2003), la promotion de l'esprit d'entreprise a été identifiée comme domaine prioritaire de l'enseignement primaire et secondaire. La Commission des Communautés européennes (2006) a déclaré que l'esprit d'entreprise est une compétence clé des citoyens européens. Le rapport d'Eurydice sur l'éducation à l'entrepreneuriat à l'école en Europe (2012) définit explicitement l'éducation à l'entrepreneuriat comme l'un des objectifs politiques clés des institutions de l'UE et des États membres en décrivant son impact sur les compétences transversales et l'esprit d'entreprise des jeunes. En décembre 2014, le Conseil de l'UE a adopté des conclusions sur l'entrepreneuriat dans l'éducation et la formation, soulignant que « le développement d'un esprit d'entreprise peut avoir des avantages considérables pour les citoyens dans leur vie professionnelle et personnelle ». Ces textes invitent les États membres à « encourager le développement d'une approche coordonnée de la formation à l'entrepreneuriat dans l'ensemble du système d'éducation et de formation » (Eurydice, 2016).

Starck, 2018 ; Gedeon, 2010 ; Jones, Maas & Pittaway, 2017 ; Oluwatobi & Ogunrinola, 2011).

La promotion rapide de ce champ d'éducation et de formation, qui prend immanquablement appui sur des ressorts sociaux et politiques, invite à en saisir le sens et les effets en termes de conceptions du sujet de l'éducation, de l'individu et de la démocratie (Ernø, 2018). Les moyens de réaliser l'idéal démocratique par l'éducation et la formation sont très variables et s'expriment dans des façons de penser le sujet de l'éducation, le lien social et la citoyenneté démocratique elles-mêmes très diverses (Malet & Garnier, 2020 ; Moghaddam, 2018). Selon que l'on considère en effet que la réalisation d'une société démocratique est liée à la mise en partage par l'œuvre d'éducation d'un bien commun pour les membres d'une société, ou bien que l'on considère qu'éduquer à une citoyenneté active impose une plus grande plasticité des individus en conscience et en capacité de mobilisation de leurs styles cognitifs et comportementaux et de leurs potentialité créative singulières (Rosanvallon, 2008), l'imaginaire et les finalités qui entoureront la notion entrepreneuriat en éducation varieront considérablement. Certes, ces dimensions – civilisatrice et adaptative, commune et singulière – de l'actualisation démocratique par l'éducation ne sont pas exclusives, mais leur opposition travaille de nombreuses critiques contemporaines qui questionnent l'instrumentalisation de l'éducation à des fins d'adaptabilité des individus et de la main-d'œuvre en devenir aux besoins d'une économie mondialisée (Biesta, De Bie & Wildemeersch, 2014 ; Giroux, 2002 ; Malet, 2024a ; Malet & Mangez, 2013).

Ce sont donc bien des conceptions de la société et des façons d'actualiser un idéal participatif par la formation de citoyens libres et égaux dans des sociétés démocratiques qui sont au cœur de ce sujet éminemment politique (Cartledge, 2016 ; Champy-Remoussenard, 2015), et qui distinguent de fait une attention au bien commun ou à l'accomplissement individuel. Ces conceptions les distinguent certes, mais ne les opposent pas. En effet, si l'actualisation de l'idéal démocratique s'inscrit dans un principe d'égalité des droits et dans le contrat qui lie les citoyens entre eux au regard de l'expression de la volonté générale et de l'obéissance aux lois, considérer que l'actualisation de cet idéal participatif et délibératif peut s'épanouir au mépris des compétences, des initiatives et de la créativité des citoyens est illusoire (Malet & Garnier, 2020). C'est cela même qui rend la notion d'éducation à l'esprit d'entreprendre particulièrement utile pour tenter de questionner les enjeux démocratiques à l'œuvre dans et par l'éducation[2].

Un concept en phase avec le processus d'individuation des sociétés contemporaines

Le développement de l'esprit d'entreprise est l'un des huit objectifs clés de l'apprentissage tout au long de la vie définis par la Commission européenne et, dans la recommandation de 2018, les systèmes éducatifs nationaux sont encouragés à promouvoir les compétences entrepreneu-riales, la créativité et le sens de l'initiative, en particulier chez les jeunes (European Commission, 2018). Ce projet épouse un agenda économique et politique, qui est un agenda fondé dans des sociétés du savoir carac-téristiques du capitalisme postindustriel (Bell, 1973 ; Drucker, 1993), sur les théories du capital humain, qui se sont imposées mondialement depuis plusieurs décennies (Becker, 2002). Une des conséquences de cette conception capitaliste, très littéralement, est que sous des formes diverses selon les pays, l'action publique s'est centrée sur l'individu, son capital d'éducabilité, d'accomplissement, à travers la forme éducative du capital, à savoir l'actualisation de compétences qui qualifieront son employabi-lité. Or, l'employabilité des individus est aujourd'hui une préoccupation nationale et mondiale en raison du nombre de diplômés sans emploi. De nombreux pays font face à des défis économiques et une pression crois-sante s'exerce sur les institutions éducatives pour produire des diplômés en capacité de soutenir les économies et de s'adapter à un monde du travail en perpétuelle mutation (Aida, Norailis & Rozaini, 2015).

---

[2]   L'éducation à une citoyenneté de plein exercice vise à la fois la promotion d'un sen-timent d'appartenance à une communauté politique, le civisme, la reconnaissance et l'exercice des droits et devoirs du citoyen, mais aussi l'action sociale et politique, l'esprit critique nécessaire à la construction d'un sujet autonome et la reconnaissance du sujet dans sa singularité. Il n'y a donc pas d'opposition de principe entre le singulier et le commun dans le projet démocratique de l'éducation, mais il y a en effet une extension considérable de la citoyenneté hors du cadre juridique et contractuel, pour englober l'identité de la personne dans sa singularité et sa potentialité. Les institutions d'éduca-tion sont les instances intermédiaires incontournables entre la socialisation familiale et une intégration plus large dans la société, la préparation à la vie professionnelle mais aussi à son rôle social et politique dans la société (Malet & Garnier 2020).

Si l'éducation à l'entrepreneuriat trouve naturellement sa place dans cet agenda, la notion même est ambivalente, référant à la fois à l'adaptation de l'individu à une logique économique et à une visée émancipatrice dans le but de donner aux individus un plus grand pouvoir sur leur existence (Champy-Remoussenard, 2021 ; De Miribel & Sido, 2021 ; Rasmussen, Moberg & Revsbech, 2015). Parmi ces compétences d'adaptabilité figurent en bonne place les compétences à produire de la valeur ajoutée par l'innovation et la créativité au travail, qui relèvent aussi de compétences de mobilisation et de combinaison de savoirs et de savoir-faire de diverses natures, impliquant autonomie, initiative et prise de risque (Arpiainen & Kurczewska, 2017 ; Champy-Remoussenard, 2021 ; Gautam & Singh, 2015). L'éducation à l'entrepreneuriat contribuerait alors à promouvoir l'individu dans son potentiel de réalisation professionnelle et d'accomplissement personnel, et, dans le même mouvement, à concevoir cette promotion en référence aux bénéfices de l'organisation et de l'économie dans laquelle il inscrit son activité. La conception de l'éducation ainsi dessinée est littéralement capitaliste, à faible teneur critique, autrement dit consensualiste dans ses fondements axiologiques, en posant comme principes d'orientation de l'investissement dans l'éducation la rentabilité de l'éducation des personnes pour les organisations, leur croissance et leur performance économique (Tomlinson & Nghia, 2020).

L'éducation à l'entrepreneuriat inscrit de fait le propos de l'investissement en éducation dans une conception marchande, tant sur le plan des conceptions à l'œuvre de réalisation des individus que de gain pour la communauté dans laquelle ceux-ci sont appelés à s'inscrire (Malet & Garnier, 2020). Son champ d'application rayonne bien au-delà de la sphère éducative et formative, pour dessiner une conception tacite de la qualité, de la réussite professionnelle et personnelle, qui est donc fortement fondée en valeurs, même si cette conception, centrée sur les besoins d'environnements sociaux et économiques habités par des individus adaptables et efficaces au-delà de leurs seules compétences techniques, est implicite.

Cette conception marchande, couplée à une conception très individualiste de l'offre d'éducation déploie son propre régime moral de justification. Pour Thévenot (1996), la marchandisation constitue en soi un ordre de justification, en dépit de son assise sur des intérêts privés, selon une figure de la concurrence comme bien commun (qui trouve aussi ses origines dans la philosophie morale de David Hume). Individualisante par essence, holistique et extensive à l'éducation formelle, l'éducation à l'entrepreneuriat concourt à dépasser, sans y parvenir tout à fait du fait d'une discontinuité curriculaire entre les institutions d'éducation et de formation (Champy-Remoussenard, 2021), les segmentations entre la formation initiale, l'emploi et le développement professionnel, mais aussi entre objets d'apprentissage et sujets en formation, entre connaissances et identités, entre compétences formelles et qualités personnelles (Fugate, van der Heijden, de Vos, Forrier & de Cuyper, 2021 ; Yorke, 2011). L'extension même de la notion de capital humain, incluant désormais des formes diverses de capital d'employabilité est ainsi identifiée, témoignant de cette absorption de l'individu par une raison économique exploitant toutes ces ressources de l'individu en distinguant ses capitaux social, culturel, émotionnel, identitaire, ne ménageant plus guère de frontière entre les sphères professionnelles et personnelles voire intimes (« *life skills* ») (Tomlinson & Nghia, 2020).

Cette forme de dilution de l'individu dans son parcours de formation au bénéfice d'une communauté dans laquelle il a vocation à être à la fois créatif et efficace dessine une conception à la fois hyper-individualiste de l'apprentissage et de la réussite, selon laquelle l'individu est appelé à se distinguer par sa valeur ajoutée. Une telle conception est très indexée à des contextes de mobilisation et d'exploitation de ces ressources individuelles, qualifiant ce qui est communément identifié par le terme très disputé d'employabilité (Bacigalupo, Kampylis, Punie & Van den Brande, 2016 ; Small, Shacklock & Marchant, 2018), et ce pour un profit qui peut au final échapper tout à fait à l'individu (Lackeus, 2018 ; Walmsley, Decker-Lange & Lange, 2022).

Dans le même temps, l'éducation à l'entrepreneuriat côtoie dans les curriculums scolaires et postscolaires des domaines de compétences civiques plus larges, relevant d'une citoyenneté active globale (Malet, 2021 ; Malet & Derivry, 2022), qui peut trouver matière à s'exprimer, bien au-delà de l'univers marchand et de l'entrepreneuriat privé, dans les organisations caritatives, les organisations non gouvernementales, les organisations du secteur public et bénévole et les entreprises sociales. Inscrite à l'agenda des organisations internationales (UNESCO, 2008 ; OCDE/UE, 2017), cette qualification additive voire supplétive de la notion invite à considérer que de telles compétences-entrepreneuriales peuvent de fait relever d'une préparation à l'engagement civique et citoyen et à la réponse aux changements sociétaux (Bacigalupo, *et al.*, 2016 ; Malet, 2021).

Il reste qu'une conception entrepreneuriale de l'accomplissement individuel, ainsi teinté de compétences civiques et citoyennes, interroge sur les conséquences d'une telle extensivité de l'employabilité, liée à l'idée même entrepreneuriat, sur les conceptions plus générales du projet d'éducation pour nos sociétés.

En effet, si la capacité à entreprendre, y compris à se prendre soi-même comme objet entrepreneuriat, est identifiée comme l'un des attributs de la citoyenneté moderne, une employabilité « perçue comme la manière dont l'individu peut contribuer à la société, en devenant ainsi un citoyen actif » (Mikelatou & Arvanitis, 2018), on mesure aisément les formes d'exclusion auxquelles expose potentiellement cet idéal capitaliste de l'employabilité de l'individu, au risque de la stigmatisation ou de la marginalisation des individus qui n'y parviennent pas. Dès lors, le paradigme inclusif sera d'un grand secours pour penser les formes de prise en charge par la société des exclus ainsi produits par ces choix qui sont de fait des choix de société dans le cadre de politiques publiques, révélant au passage toute une série de tensions – inclusion/exclusion ; cohésion/fragmentation ; invisibilisation/reconnaissance – auxquelles nous renvoient ces enjeux de visibilité et de reconnaissance de l'individu par l'éducation (Guibert, Malet & Périer 2022 ; Malet, 2022).

Enfin, l'éducation à l'entrepreneuriat accompagne également un mouvement global de transformation du travail, des ressorts, des conditions et des formes de l'expérience-travail. La fin annoncée de la forme contractuelle traditionnelle entre salarié et employeur, au profit d'une vie de travail protéiforme et conduite ou subie par les individus dans des environnements changeants, plutôt que gérée par les organisations auxquelles ceux-ci confieraient leur développement de carrière, dessine la fin de la « carrière organisationnelle » (Hall, 1996, p. 8). Ces conceptions de l'individu en formation et au travail interrogent les mécanismes de fragmentation propre à une modernité liquide (Bauman, 2000) interpellant les liens sociaux dans leurs idéaux d'homogénéité et de cohésion, mais considérés aussi comme conditions et manières nouvelles de faire des mondes (Goodman, 1978). C'est ce que nous allons à présent explorer en considérant les transformations du mandat qui est confié aux institutions publiques d'éducation et de formation dans ce contexte.

Un domaine qui interroge les missions des institutions d'éducation et des relations éducation-formation-emploi

L'éducation à entrepreneuriat relève d'une forme de résolution des problématiques de la reconnaissance, qui mérite d'être questionnée sur le plan d'une visée démocratique par l'éducation. On sait que des contributions marquantes en philosophie morale et politique sur le thème de la reconnaissance conçoivent son usage comme une forme de dépassement d'une conception catégorielle et utilitariste de la lutte sociale, promouvant la reconnaissance comme expérience morale individuelle voire intime d'affirmation de soi (Fraser, 2007 ; Honneth, 2006). De ce déplacement de l'étude des luttes sociales vers celles des « luttes de la reconnaissance » (Caillé, 2007) découle une attention particulière à des conceptions de l'éducation et de la formation qui renouvellent les approches et les conceptions de la responsabilité, de l'équité et de la dignité en éducation et au travail. Si les carrières modernes sont plus fluides, alors il incombe davantage à l'individu de conduite de sa carrière et sa vie (Bauman, 2000 ; Beck, 1992 ; Sennett, 1998), et l'esprit d'entreprise et l'employabilité équivalant alors pour l'individu à une nouvelle forme, responsabilisante et injonctive de « sécurité de l'employabilité » (Fugate, *et al.*, 2021).

Une illustration de cette transition majeure dans les façons de penser l'éducation et la responsabilité d'employabilité de laquelle participe le paradigme entrepreneurial en éducation et qui soutient l'idée de carrières non linéaires et fluides, est le développement rapide du travail indépendant (Jones, Pickernell, Fisher & Netana, 2017), qui traduit une restructuration de l'organisation du travail dans nos sociétés postindustrielles. Il est acquis que la plupart des diplômés n'auront pas de carrière linéaire au sein d'une seule organisation (Jones, *et al.*, 2017 ; Kornelakis & Petrakaki, 2020). En outre, un nombre proportionnellement décroissant de diplômés trouve un emploi dans les grandes entreprises pendant qu'une proportion croissante de salariés trouve de l'emploi dans les PME (Gibb, 1996 ; Jones & Iredale, 2014), ou bien rejoint l'entreprise familiale ou l'entrepreneuriat transgénérationnel (Jaskiewicz, Combs & Rau, 2015), ou bien enfin et de façon exponentielle, s'engage dans le travail indépendant (Jones, *et al.*, 2017). De sorte que l'éducation à entrepreneuriat semble croiser une visée d'employabilité dans un contexte de raréfaction et plus encore de transformation de l'emploi (Fugate, *et al.*, 2021). Enregistrant la fin de l'emploi traditionnel, l'éducation à entrepreneuriat s'inscrit d'évidence dans cet agenda social et économique, qui est aussi une transition majeure dans l'organisation du travail aussi bien que des liens entre les institutions d'éducation de formation et le monde du travail.

Les enjeux d'adaptabilité et d'employabilité des diplômés propres à la raison économique qui pèse sur les institutions d'éducation et de formation ont immanquablement des effets sur les politiques curriculaires et les stratégies de distinction des écoles et des universités (Kornelakis & Petrakaki, 2020 ; Small, *et al.*, 2018 ; Walmsley, *et al.*, 2022). C'est particulièrement sensible dans des environnements éducatifs et académiques dépendant de façon décisive du soutien de l'industrie aux institutions éducatives et de formation. Dans ces contextes, les employeurs, fédérés dans des instances de représentation collectives, émettent alors des préconisations en termes de compétences attendus des diplômés, dans le cadre de conventions négociées avec les instances représentatives du monde académique et étudiant. Ainsi, en Angleterre, la *Confederation of British Industry*, contributrice au financement de l'enseignement supérieur, a-t-elle élaboré en coordination avec la *National Union of Students* un référentiel de compétences des diplômés dans le secteur industriel. Les compétences d'autogestion, de résolution de problèmes, de travail en équipe, de communication, de sensibilisation à entrepreneuriat et au service-client sont posées comme des indicateurs pertinents d'employabilité, dont les institutions sont invitées à s'emparer (CBI, 2017, cité par Walmsley, *et al.*, 2022).

Dès lors, dans cette alliance d'appel à la créativité, l'adaptabilité, la responsabilisation et la prise en main de son destin professionnel, l'éducation à l'entrepreneuriat place la question de l'autonomie au cœur de son projet (Bacigalupo, *et al.*, 2016 ; Sewell & Dacre Pool, 2010 ; Van Gelderen & Jansen, 2006). Elle dessine ce faisant une nouvelle forme d'intégration des questions d'emploi et de travail dans le mandat désormais adressé aux institutions éducatives et de formation.

Actant à la fois une exigence de qualification en plus de diplomation des jeunes, mais aussi un contexte de fluidité d'environnements professionnels et industriels instables et indéterminés, les institutions de formation sont en somme invitées à « faire passer un diplômé du statut de demandeur d'emploi à celui de créateur d'emploi » (Warmsley, *et al.*, 2022). La proposition peut à certains égards apparaître cynique, ou *a minima* marquée par un constat d'impuissance des institutions de formation à préparer les jeunes générations à une vie professionnelle stable et continue. Elle témoigne de fait d'une transformation de la place et des formes du travail dans la société et dans une économie mondialisée, ce qui ne peut pas ne pas affecter les missions assignées aux institutions d'éducation et de formation. Cette transformation du mandat accordée aux institutions d'éducation et de formation consacre le « potentiel » des individus à rencontrer les critères de désirabilité des employeurs, par le développement d'un capital humain *ad hoc*, ce qui est tout à fait distinct de viser une « employabilité réalisée » (Wilton, 2014). Ces évolutions se dessinent sur fond de construction de nouvelles narrations quant aux aspirations des jeunes qui infléchissent encore ces transitions des relations entre éducation, formation et travail.

L'éducation à l'esprit d'entreprendre comme enjeu de cohésion sociale

L'indétermination des trajets professionnels dans des sociétés qui se caractériseraient désormais par leur fluidité (Bauman, 2000 ; Beck, 1992) semble nourrir un nouveau récit des aspirations d'une jeunesse qui aurait intériorisé le fait que sa vie professionnelle serait non linéaire et chaotique, et qui serait indépendante, individualiste et entrepreneuriale par nécessité, et en conséquence, préparée à tracer son propre chemin et préoccupée de son propre parcours professionnel (Lovell Corporation, 2017, cité par Walmsley, *et al.*, 2022).

Si l'adaptabilité de la jeunesse semble accompagner la promotion de l'éducation à l'esprit d'entreprendre de façon cohérente, elle ne saurait cependant faire ignorer que l'individualisation des pratiques éducatives, de formation et d'affirmation de soi dans une société entrepreneuriale (Dejardin, Luc & Thurik, 2019) et inclusive (Garnier, Derouet & Malet, 2020), expose les plus fragiles à des formes d'exclusion dont nos sociétés dites inclusives auront tôt fait de leur faire porter la responsabilité. L'ambition de former des élèves, mais aussi bien des étudiants que des salariés, en un mot des citoyens, mus par un esprit d'entreprendre, est un enjeu démocratique autant qu'il est un enjeu de formation. En effet, comme le cantonnement de la mobilité internationale à une élite mondialisée a contribué à accentuer la fragmentation de nos systèmes éducatifs et de nos sociétés (Malet, 2021 ; Malet & Derivry, 2022), une partie importante de la jeunesse – en réalité celle qui est la plus défavorisée socialement et économiquement – n'est pas également dotée en capital social et entrepreneurial (Shapero, 1982), comme elle ne l'est pas en capital de mobilité ou d'ouverture à l'altérité culturelle (Cicchelli, 2010 ; Labadie, 2012 ; Labadie & Talleu, 2016 ; Malet & Liu, 2021). De nombreuses études ont montré combien ces capitaux sociaux étaient sélectifs sur le plan social et occupationnel, en raison de déterminismes persistants, caractérisés notamment par des compétences inégalement partagées sur le plan socioculturel.

Dans un contexte de polarisation croissante des jeunesses (Cicchelli, 2010), l'éducation à l'esprit d'entreprendre est, comme l'éducation à la mobilité internationale qui en est une forme d'expression, au cœur des stratégies européennes (Ballatore & Ferede, 2013 ; Markovic, García López & Dzigurski, 2015). Une forme de dévalorisation de fait d'un « capital autochtone » (Retière, 2003) (par rapport au capital entrepreneuriat et de mobilité nourri par des conditions sociales) tend à creuser les écarts entre étudiants et salariés entreprenants et non entreprenants (Shane & Venkataraman, 2000 ; Van Gelderen, 2010), comme elle contribue à le faire entre les salariés « mobiles » et « non mobiles » (Anquetil & Derivry, 2019 ; Goastellec, 2016).

L'esprit d'entreprendre comme la compétence de mobilité ne peuvent être sérieusement considérés dans le cadre d'un projet d'éducation démocratique sans indexation des curriculums afférents à des conditions et des ressources (culturelles, sociales, économiques, territoriales) ou des compétences (de projet, de mobilité occupationnelle, sociale et territoriale). Des qualités telles que le sens des initiatives, l'autonomie, le sentiment d'auto-efficacité, la créativité, l'identification des opportunités, la gestion des environnements complexes et la résilience, couramment associées à l'esprit d'entreprendre et sans doute pertinentes dans un environnement de carrière fluide, ne sont également pas partagées socialement. Cela ne saurait être ignoré sur les plans curriculaire et de la forme scolaire qu'au risque d'accroître encore les inégalités, qui se construisent d'abord dans et par l'éducation et la formation (Malet, 2021, 2024b).

En revanche, la prise en compte des déterminations économiques, sociales et culturelles dans le rapport des élèves et des étudiants à l'esprit d'entreprendre et de projet constitue une véritable opportunité de se saisir des enjeux décisifs de démocratisation de l'éducation et de la formation. C'est ce qui est à l'œuvre d'ailleurs dans certains pays comme la Grande-Bretagne (Gibb, 2008), de plus longue date que d'autres familiers de ces domaines de compétences, et qui les ont intégrées dans les différentes matières, plutôt qu'ils n'en ont fait des domaines périphériques aux apprentissages dits fondamentaux. Les « éducations à » sont exposées en effet à ce risque de positionnement périphérique, quand celles-ci sont confiées à un enseignant ou un personnel d'éducation (conseiller principal d'éducation, par exemple), à l'exclusion de tous les autres.

Éducation à l'entrepreneuriat et citoyenneté démocratique. À la recherche du bien commun par l'éducation

Il n'est pas incongru de considérer qu'il est envisageable d'ancrer la citoyenneté démocratique et la lutte contre les inégalités dans l'entrepreneuriat, dès lors qu'on entend en faire un objet d'éducation dans des sociétés démocratiques. Les liens entre l'entrepreneuriat et la citoyenneté démocratique ont été dessinés de longue date dans la vision humaniste de l'engagement civique pour le bien commun, dont nous avons déjà souligné combien il pouvait s'exprimer dans la participation civique, entrepreneuriat social, l'exercice d'une citoyenneté active et globale, pour l'environnement, la santé, le développement durable ou la paix (Malet, 2021).

Ce n'est cependant pas à cette forme spécifique d'engagement à laquelle nous référons en considérant le lien qui peut être nourri entre l'esprit d'entreprendre et la démocratie. Nous faisons référence aux moyens que nos institutions d'éducation et de formation se donnent pour construire une société juste et durable en accord avec les idéaux démocratiques, tout en formant des citoyens dotés de capacités à agir et participer à la cité. Schumpeter (1943), qui est reconnu comme l'un des fondateurs de la théorie de l'entrepreneuriat (Ernø, 2018), posait comme l'une des conditions de rayonnement et de pérennité du modèle économique capitaliste, son lien avec le système politique démocratique libéral, à défaut de quoi il serait remplacé par le modèle économique et politique socialiste (Elliot, 1994, cité par Ernø, 2018). L'argument clé de Schumpeter teint à considérer que sans le soutien à un libéralisme social permettant à tout individu de se saisir des opportunités de création, de projection ou d'investissement entrepreneurial, quel qu'en soit la nature et le domaine, le capitalisme serait menacé par des régimes alternatifs qui seraient moins soucieux de démocratie, simplement parce que la démocratie libérale est le moteur de l'entrepreneuriat, lui-même au cœur du régime capitaliste. Cette vision peut être battue en brèche et paraître probablement obscène au regard des profondes inégalités que concourt à creuser l'économie capitalisme, mais il faut considérer que le cycle infernal de financiarisation d'une économie mondialisée et d'une captation des opportunités d'investissement par des oligopoles concourt dans la période contemporaine à remettre en question à la conception idéale de Schumpeter, ou, *a minima*, à interroger la cécité dont elle témoigne.

C'est à cette cécité qui verrait dans le libéralisme le terreau indépassable des libertés individuelles et de la démocratie sociale que l'éducation publique en régime démocratique peut et doit se mesurer, plutôt que le nier ou feindre de l'ignorer, pour en questionner les promesses, les conditions d'actualisation, mais aussi les limites dans le cadre d'un régime marchand généralisé, mettant les individus en concurrence indifféremment à leur capital social, économique et culturel.

C'est alors précisément l'attention à ce que la philosophie morale américaine a promu comme terreau d'une société équitable qui peut permettre de former à l'esprit d'entreprendre, en intégrant les notions de justice et d'équité dans l'éducation à l'esprit d'entreprendre, comme en toute forme d'éducations à, qui sont pour diverses raisons marquées par les inégalités : de santé, de mobilité, d'engagement civique. Dans le modèle anglo-saxon, qui se réfère classiquement à une philosophie héritée de Locke, la primauté revient à des individus défendant leurs droits et leurs intérêts, l'État ayant un rôle second de régulateur (Malet & Liu, 2021). La citoyenneté est attachée à la libre participation et à l'engagement de l'individu à la vie en société : c'est une citoyenneté fondée sur l'engagement, l'action et l'appartenance à des groupes qui sont le tissu du corps social. Ce principe singulier de reconnaissance produit une certaine conception de la justice sociale, qui trouve un prolongement en matière d'offre d'éducation, pouvant conduire à la reconnaissance d'inégalités justes dans l'offre d'éducation, au motif de la mise en œuvre d'une justice corrective (Rawls, 1993) visant à compenser des inégalités structurelles persistantes entre groupes sociaux ; les droits sont dès lors plus inspirés par le principe du « besoin » que par celui du « mérite » (Brickman, Folger, Goode & Schul, 1981 ; Gianni, 1995).

On mesure bien ce qui guette une éducation à l'esprit d'entreprendre qui ferait l'économie de cette vigilance critique, validant par l'éducation et la formation un capital social déjà valorisé par l'économie et le monde du travail. Ce risque guette plus encore peut-être un modèle républicain d'éducation hérité d'une conception rousseauiste où le principe d'égalité et de justice est pensé comme l'aboutissement d'un principe de mérite individuel et d'un processus d'émancipation par l'éducation vis-à-vis des appartenances : de naissance, de couleur, de classe sociale, de genre, de pratique langagière, de projet de vie même. Ces principes de promotion d'une égalité de droit par le déni ou l'indifférence à l'ensemble des caractéristiques des individus constituent des éléments constitutifs du modèle républicain d'éducation qui expose à l'accroissement des inégalités, si cette promotion de l'individu et de son capital entrepreneuriat n'est pas accompagnée d'une réflexion sur les conditions de cette promotion par l'éducation, pour plus de justice sociale (Malet & Liu, 2021).

En ce sens, l'éducation à l'esprit d'entreprendre peut-il concourir à l'actualisation de l'idéal démocratique, inscrivant son propos dans un soutien à l'engagement individuel et collectif pour le bien commun, à travers, par exemple, la promotion ou la création d'opportunités de coopération et d'entraide pour résoudre des problèmes communs. L'éducation à l'esprit d'entreprendre, parce qu'elle est par définition relationnelle, inclut en principe et dans le meilleur des cas en actes, une éducation à la coopération et à l'engagement avec et pour les autres, qui est une autre façon de qualifier l'engagement civique et politique (Bellone & Goerl, 1992).

La gratuité de l'engagement, ou plus encore le gain en humanité que l'engagement civique augure est en soi un horizon nécessaire et vertueux de préparation à l'exercice d'une citoyenneté responsable, active et engagée qui permet de concilier, voire de réconciliation de l'esprit d'entreprendre et de l'idéal démocratique, que certaines dérives individualisantes, et peu solidaires en principes, tendent à séparer. C'est dès lors le maintien nécessaire d'une éducation publique et instruite des enjeux de préparation, d'adaptation mais aussi d'humanisation des jeunes générations, qui seul peut permettre cette conciliation entre les idéaux d'une éducation démocratique et l'éducation à l'esprit d'entreprendre. La question de la responsabilisation sociale des individus et citoyens concourt à créer les conditions nécessaires d'une combinaison de compétences entrepreneuriat et la promotion d'un humanisme civique qui soit moralement instruit de finalités protectrices de la mobilisation de tous les moyens pour « réussir ».

Dans cette perspective, ce qui pourrait séparer les individus devient dès lors une promesse de lien, intégrant ce que Arendt (1958/1998) a identifié dans sa *Condition de l'homme moderne* sous le terme de *vita activa*, regroupant trois activités humaines fondamentales : le *travail*, l'*œuvre* et l'*action*. Posant comme principe qu'aucune vie humaine ne peut être considérée hors la présence et la relation à d'autres hommes et d'une co-présence à un monde, Arendt prend soin de distinguer dans la condition humaine les rapports entre privé et public, composantes de la vie et de la condition humaine, qu'il serait bien hasardeux sur le plan démocratique de dissoudre au motif de la promotion d'un individu livré au monde riche de toutes ses capacités et de tous ses capitaux validées, ou pas (voir également Ernø, 2018). C'est en effet à la fragilisation des équilibres entre les sphères publiques et privées de la condition des individus qu'une conception holistique de l'employabilité non maîtrisée, euphémisée ou opportuniste expose.

L'enjeu est donc fondamentalement démocratique. Les institutions publiques d'éducation ont un rôle essentiel à jouer dans le ménagement de ses sphères distinctes de la vie humaine, notamment en introduisant une dimension humaniste et civique promotrice d'un sujet de l'éducation fondant son action en valeurs (Biesta, 2011 ; Malet, 1998). Là se situe précisément la différence avec ce qui, dans une conception marchande de l'éducation et de la formation, pourrait être plus oppressif qu'émancipateur pour des citoyens éduqués et formés à faire leurs les exigences d'une économie mondialisée en quête de main d'œuvre adaptables (Malet, 2009, 2022).

Conclusion – Vers une éducation démocratique à entrepreneuriat durable ?

Les enjeux de démocratie et de durabilité dans l'éducation et la formation sont-ils étrangers au domaine de l'éducation à l'esprit d'entreprendre ? Sur le premier plan, nous avons identifié les conditions d'actualisation d'une éducation à entrepreneuriat qui prend en charge à la fois les enjeux de préparation des individus aux transformations du travail et du monde, mais qui assume fortement dans le même temps le projet humaniste et civique qui permet de construire un monde commun et de faire société. Une telle préoccupation est à la fois la condition et l'horizon proprement démocratique de la promotion, par la durabilité de l'éducation, d'une attitude créative *et* ouverte, innovante *et* soucieuse du bien commun, mobilisatrice *et* relationnelle, en capacité de comprendre des environnements et des problèmes complexes, consciente des aspects organisationnels de tout engagement autant que soutenante de l'écosystème de l'entrepreneuriat (Hsu & Pivec, 2021 ; Toutain, Mueller & Bornard, 2019). Le gain tiré d'un tel engagement participatif ne saurait être qu'économique et ne saurait même d'abord l'être dans le cadre d'un projet d'éducation démocratique, mais, fermement axé sur les urgences de préservation de la nature, de la vie, son gain immatériel est alors incommensurable pour les individus, la société et l'économie même (Shepherd & Patzelt, 2011).

Dans cette écologie humaniste et pluraliste de l'éducation et de la formation, la délibération et la coopération occupe une place centrale (Derivry & Malet 2019 ; Malet & Derivry, 2022), ce qui la distingue d'une conception économiste centrée sur le capital humain et son adaptabilité. Considérer la délibération démocratique comme un outil de promotion d'une éducation publique à entrepreneuriat, prenant place dans un processus d'axiologisation et d'humanisation qui ne soit pas découplé d'objectifs de préparation à la vie professionnelle et aux transformations du travail, est aussi lié à une exigence démocratique urgente, qui est de travailler à mettre en œuvre les conditions d'un partage de valeurs morales universelles (Burbules, 1993).

Cette conscience se nourrit d'un idéal de délibération démocratique et de vigilance critique et civique, valeurs dont l'éducation et la formation sont les outils essentiels, visant à la formation de citoyens conscients, éclairés, responsables et solidaires. Cette ambition implique de prendre en compte tant les avancées que les difficultés et les régressions, afin de mieux préparer les jeunes et les enseignants qui les accompagnent, aux controverses, aux débats, à la citoyenneté critique, et à la vigilance démocratique

(Malet & Garnier, 2020 ; Malet 2021). Ces connaissances ne proviennent pas seulement de l'information ou de l'enseignement, mais en effet de la compréhension active des enjeux, de la prise de responsabilité, de l'entre-preneuriat, des décisions individuelles et collectives concernant les défis sociétaux, et de la prise en compte de ces enjeux non seulement dans leur principe, mais aussi en termes de possibilités et de capacités d'agir.

Références bibliographiques

Aida B., Norailis, A. W. & Rozaini, R. (2015). Critical Success factors of Graduate Employability Programmes. *Journal of Economics, Business and Management, 3*(8), 767-771.

Anquetil, M. & Derivry, M. (2019). Reconnaître et valoriser les mobilités : évolution du management de la « dimension européenne ». *Recherches en didactique des langues et des cultures - Les cahiers de l'Acedle, 16*(2).

Arendt, H. (1958/1998). *The Human Condition.* The University of Chicago Press.

Arpiainen, R. L. & Kurczewska, A. (2017). Learning risk-taking and coping with uncertainty through experiential, team-based entrepreneurship education. *Industry and Higher Education, 31*(3), 143-155.

Bacigalupo, M., Kampylis, P., Punie, Y. & Van den Brande, G. (2016). *The entrepreneurship competence framework.* Publication Office of the European Union.

Ballatore, M. & Ferede, M. (2013). The Erasmus Programme in France, Italy and the United Kingdom: Student Mobility as a Signal of Distinction and Privilege, *European Educational Research Journal, 12*(4), 525-533.

Bauman, Z. (2000). *Liquid Modernity.* Polity Press.

Beck, U. (1992). *Risk Society. Towards a New Modernity.* Sage.

Becker, G. (2002). The Age of Human Capital. In E. P. Lazear (Ed.), *Education in the Twenty-First Century* (pp. 3-8). Hoover Institution Press.

Bell, D. (1973). *The coming of post-indsutrial society: a venture in social forecasting.* Basic Books.

Bellone, C. J. & Goerl, G. F. (1992). Reconciling Public Entrepreneurship and Democracy. *Public Administration Review, 52*(2), 130-134.

Biesta, G. (2011). *Clearing democracy in school and society: Education lifelong learning and the Politics of Citizenship.* Sense Publishers.

Biesta G., De Bie, D. & Wildemeersch, B. (Eds.) (2014). *Civic learning, democratic citizenship and the public sphere.* Springer.

Brickman, P., Folger, R., Goode, E. & Schul, Y. (1981). Microjustice and macrojustice. In M. J. Lerner & S. C. Lerner (Eds.), *The Justice Motive in Social Behavior* (pp. 173-202). Plenum Press.

Burbules, N. C. (1993). *Dialogue in teaching: Theory and practice*. Teacher College Press.

Caillé, A. (Ed.) (2007). *La quête de reconnaissance*. La Découverte.

Cartledge, P. (2016). *Democracy: A Life*. Oxford University Press.

CBI (2017). *Helping the UK thrive. CBI/Peason education and skills survey 2017*. Confederation of British Industry.

Champy-Remoussenard, P. (2015). Les transformations des relations entre travail, éducation et formation dans l'organisation sociale contemporaine. *Revue française de pédagogie, 190*(1), 15-28.

Champy-Remoussenard, P. (2021). Éducation et formation à l'esprit d'entreprendre, pour quelles perspectives ? *Savoirs, 3*(57), 19-60.

Champy-Remoussenard, P. & Starck, S. (Eds.) (2018). *Apprendre à entreprendre. Politiques et pratiques éducatives*. De Boeck Supérieur.

Cicchelli, V. (Ed.) (2010). Dispositifs publics et construction de la jeunesse en Europe, *Politiques sociales et familiales, 102*.

Commission des Communautés européennes (2003). *Le Livre vert sur les services d'intérêt général*. Commission européenne.

Dejardin, M., Luc S. & Thurik, R. (2019). Introduction au numéro thématique : la société entrepreneuriale : quelques questions motivant un approfondissement de son examen. *Management international/ International Management/ Gestiòn Internacional, 23*(5), 15-19.

De Miribel, J. & Sido, X. (2021). Éduquer, former à entreprendre : des pistes pour la recherche. *Savoirs : Revue internationale de recherches en éducation et formation des adultes, dossier « Formation et esprit d'entreprendre », 57*(3), 7-15.

Derivry, M. & Malet, R. (2019). Concevoir un Master bi/plurilingue à l'international. Le Master FFI de l'ESPE d'Aquitaine. *Cahiers de l'ASDIFLE, 30*, 185-199.

Drucker, P. (1993). *Post-capitalist Society*. Butterworth-Heinemann.

Elliot, J. E. (1994). Joseph A. Schumpeter and The Theory of Democracy. *Review of Social Economy, 52*(4), 280-300.

Ernø, S. (2018). Educating for Democracy: Entrepreneurship Education as a Democratic Discipline? In B. Wagoner, I. Bresco De Luna & V. Glaveanu (Eds.), *The Road to Actualized Democracy: A Psychological Exploration* (pp. 245-262). Information Age Publishing.

European Commission (2018). Council Recommendation of 22 May 2018 on Key Competences for Lifelong Learning. *Official Journal of the European Union, 189*(4).

Eurydice (2012). *Entrepreneurship Education at School in Europe*. Eurydice Report. Publications Office of the European Union.

Eurydice (2016). *Entrepreneurship Education at School in Europe*. European Commission.

Fugate, M., van der Heijden, B., de Vos, A., Forrier, A. & de Cuyper, N. (2021). Is what's past prologue? A review and agenda for contemporary employability research. *Academy of Management Annals, 15*(1), 266-298.

Garnier, B., Derouet, J.-L. & Malet, R. (Eds.) (2020). *Sociétés inclusives et reconnaissances des diversités. Le nouveau défi des politiques d'éducation.* Presses Universitaires de Rennes.

Gianni, M. (1995). Multiculturalisme et démocratie : quelques implications pour la théorie de la citoyenneté. *Swiss Political Science Review, 1*, 1-38.

Gautam, M. K. & Singh, S. K. (2015). Entrepreneurship education: Concept, characteristics and implications for teacher education. *An International Journal of Education, 5*, 21-35.

Gedeon, S. (2010). What is Entrepreneurship? *Entrepreneurship Practice Review, 1*(3), 16-35.

Gibb, A. (1996). Entrepreneurship and small business management: Can we afford to neglect them in the twenty-first century business school? *British Journal of Management, 7*(4), 309-321.

Gibb, A. (2008). Entrepreneurship Education in Schools and Colleges: Insights from UK Practice. *International Journal of Entrepreneurship Education, 6*(2), 101-144.

Giroux, H. (2002). Neoliberalism, Corporate Culture, and the Promise of Higher Education: The University as a Democratic Public Sphere. *Harvard Educational Review, 72*(4), 425-464.

Goodman, N. (*1978*). Ways of *worldmaking*. Hackett Publishing Company.

Goastellec, G. (2016). La mobilité internationale : une qualité des carrières et des marchés académiques en Europe ? *Journal of International Mobility, 4*, 171-188.

Guibert, P., Malet, R. & Périer, P. (2022). Les enseignants et la reconnaissance professionnelle. Enjeux, dimensions, expériences. *Education & Sociétés, 48*, 5-14.

Hall, D. T. (1996). Protean Careers of the 21st Century. *Academy of Management Executive, 10*(4), 8-16.

Honneth, A. (2006). *La société du mépris. Vers une nouvelle théorie critique.* La Découverte.

Hsu, J.-L. & Pivec, M. (2021). Intégration de la sensibilisation au développement durable dans l'enseignement de l'entrepreneuriat. *Sustainability, 13*.

Jaskiewicz, P., Combs, J. G. & Rau, S. B. (2015). Entrepreneurial legacy: Toward a theory of how some family firms nurture transgenerational entrepreneurship. *Journal of Business Venturing, 30*(1), 29-49.

Jones, B. & Iredale, N. (2014). Enterprise and entrepreneurship education: towards a comparative analysis. *Journal of Enterprising Communities: People and Places in the Global Economy, 8*(1), 34-50.

Jones, P., Maas, G. & Pittaway, L. (2017). *Entrepreneurship Education. Contemporary Issues in Entrepreneurship Research.* Emerald Ltd.

Jones P., Pickernell D., Fisher, R. & Netana, C. (2017). A tale of two universities: graduates perceived value of entrepreneurship education, *Education and Training*, *59*(7/8), 689-708.

Kornelakis, A. & Petrakaki, D. (2020). Embedding Employability Skills in UK Higher Education: Between Digitalization and Marketization. *Industry and Higher Education*, *11*.

Labadie, F. (Ed.) (2012). *Inégalités entre jeunes sur fond de crise* (Rapport de l'observatoire de la jeunesse et des politiques de jeunesse). La Documentation française/INJEP.

Labadie, F. & Talleu, C. (2016). Going abroad in order to cope. A 'capacitating' experience with little support from institutions. *Learning Mobility and Social Inclusion. Theory, Policy, Practice, Knowledge book*. Council of Europe Publishing, *3*.

Lackeus, M. (2018). Making enterprise education more relevant through mission creep. In G. Mulholland & J. Turner (Eds.), *Enterprising Education in UK Higher Education: Challenges for Theory and Practice* (pp. 199-214). Routledge.

Lovell Corporation (2017). *The Change GenerationTM Report. How Millennials and Generation Z are Redefining Work*. Lovell Corporation.

Malet, R. (1998). *L'identité en formation*. L'Harmattan.

Malet, R. (2009). Former, réformer, transformer la main d'œuvre enseignante ? Politiques comparées et expériences croisées anglo-américaines. *Education et Sociétés*, *21*, 91-122

Malet, R. (2021). *Towards a European Education. Critical Perspectives on Challenges Ahead*. European Parliament, Policy Department for Structural and Cohesion Policies.

Malet, R. (2022). Analyse de conjoncture. Note de conjoncture La reconnaissance des enseignants. Débats et controverses dans la recherche anglo-américaine. In P. Guibert, R. Malet & P. Périer (Eds.), « Les enseignants et la reconnaissance professionnelle. Enjeux, dimensions, expériences ». *Education & Sociétés*, *48*, 15-40.

Malet, R. (2024a, à paraître). Entre discours et action, les politiques éducatives à l'épreuve de l'exigence démocratique. In E. Brayet, F. Dupré, I. Queval & I. Zorn (Eds.), *Défis et promesses de l'éducation inclusive : formation, apprentissages, médiations*. INSEI.

Malet, R. (2024b). Capitalisme éducatif. In A. Barthes, J.-M. Lange & N. Tutiaux-Guillon (Eds.), *Dictionnaire critique des concepts et des enjeux des éducation à* (pp. 299-308). L'Harmattan.

Malet, R. & Derivry M. (2022). Enjeux culturels, curriculaires et axiologiques de la formation aux métiers de l'éducation à l'ère de la mondialisation. In T. Balmon & B. Garnier (Eds.), *Les espaces culturels de formation : quels nouveaux rapports aux savoirs ?* (pp. 221-244). Presses Universitaires du Québec.

Malet, R. & Garnier, B. (Eds.) (2020). *Education, Mondialisation et Citoyenneté. Enjeux démocratiques et pratiques culturelles*. Peter Lang.

Malet, R. & Liu, B. (Eds.) (2021). *Politiques éducatives, diversité et justice sociale.* Peter Lang.

Malet, R. & Mangez, E. (Eds.) (2013). Ecole et mondialisation. *Spirale*, dossier thématique, 51.

Markovic, J., García López, M. A. & Dzigurski, S. (2015). *Trouver sa place dans une Europe moderne.* « Partenariat Jeunesse » between the European Commission and the Council of Europe.

Mikelatou, A. & Arvanitis, E. (2018). Social inclusion and active citizenship under the prism of neoliberalism: A critical analysis of the European Union's discourse of lifelong learning. *Educational Philosohpy and Theory, 50*(5), 499-509.

Moghaddam, F. M. (2018). The road to actualized democracy: A psychological exploration. In B. Wagoner, I. Bresco de Luna & V. Glaveanu (Eds.), *The road to actualized democracy: A psychological exploration (pp. 3-23).* Information Age Publishing.

OCDE/Union européenne (2017). *The Missing Entrepreneurs 2017: Policies for Inclusive Entrepreneurship in Europe.* Éditions OCDE.

Oluwatobi, S. O. & Ogunrinola, I. O. (2011). Government Expenditure on Human Capital Development: Implications for Economic Growth in Nigeria. *Journal of Sustainable Development, 4*(3).

Rasmussen, A., Moberg, K. & Revsbech, C. (2015). *A taxonomy of entrepreneurship education ñ perspectives on goals, teaching and evaluation.* The Danish Foundation for Entrepreneurship.

Rawls, J. (1993). *Justice et démocratie.* Seuil.

Retière, J.-N. (2003). Autour de l'autochtonie. Réflexions sur la notion de capital social populaire. *Politix, 16*(63).

Rosanvallon, R. (2008). *La légitimité démocratique. Proximité, impartialité, réflexivité.* Seuil.

Sennett, R. (1998). *The Corrosion of Character: The Personal. Consequences of Work in the New. Capitalism.* W. W. Norton & Company.

Sewell, P. & Dacre Pool, L. (2010). Moving from conceptual ambiguity to operational clarity: Employability, enterprise and entrepreneurship in higher education. *Education and Training, 52*(1), 89-94.

Shane, S., *Locke*, E. A., & *Collins*, C. J. (*2003*). Entrepreneurial motivation. Human Resource Management Review, 13(2) (257-279).

Shane, S. & Venkataraman, S. (2000). The Promise of Entrepreneurship as a Field of Research. *Academy of Management Review, 25*(1), 217-226.

Shapero, A. (1982). Social dimensions of entrepreneurship. In C. Kent, D. Sexton & K. Vesper (Eds.), *The Encyclopedia of Entrepreneurship* (pp. 72-90). Prentice Hall.

Schumpeter, J. A. (1943). *Capitalism, Socialism, and Democracy.* London and New York: George Allen & Unwin.

Shepherd, D. A. & Patzelt, H. (2011). The new field of sustainable entrepreneurship: Studying entrepreneurial action linking « What Is to be Sustained » With « What Is to be Developed ». *Entrepreneurship Theory and Practice. 35*, 137-163.

Small, L., Shacklock, K. & Marchant, T. (2018). Employability: A contemporary review for higher education stakeholders. *Journal of Vocational Education & Training, 70*(1), 148-166.

Thévenot, L. (1996). Justification et compromis. In M. Canto-Sperber (Ed.), *Dictionnaire d'éthique et de philosophie morale (pp. 789-794).* Presses universitaires de France.

Tomlinson, M. & Nghia, T. L. H. (2020). An overview of the current policy and conceptual landscape of graduate employability. In T. L. H. Nghia, T. Pham, M. Tomlinson, K. Medica & C. D. Thompson (Eds.), *Developing and Utilizing Employability Capitals* (pp. 1-17). Routledge (1-17).

Toutain, O., Mueller, S. & Bornard, F. (2019). Decoding entrepreneurship education ecosystems (EEE): A cross-European study in primary, secondary schools and vocational training. *Management international/International Management/Gestiòn Internacional, 23*(5), 47-65.

UNESCO (2008). *Inter-Regional Seminar on Promoting Entrepreneurship Education in Secondary Schools: final report.* UNESCO.

Van Gelderen, M. (2010). Autonomy as the guiding aim of entrepreneurship education. *Education and Training, 52,* 710-721.

Van Gelderen, M. & Jansen, P. (2006). Autonomy as a start-up motive. *Journal of Small Business and Enterprise Development. 13*, 23-32.

Walmsley, A., Decker-Lange, C. & Lange, K. (2022). Conceptualising the Entrepreneurship Education and Employability Nexus. In G. J. Larios-Hernandez, A. Walmsley & I. Lopez-Castro (Eds.), *Theorising Undergraduate Entrepreneurship Education: Reflections on the Development of the Entrepreneurship Education* (pp. 97-114). Palgrave MacMillan.

Wilton, N. (2014). Employability is in the eyes of the beholder. *Higher Education Skills and Work-based Learning. 4*, 3, 242-255.

Yorke, M. (2011). Work-engaged learning: Towards a paradigm shift in assessment. *Quality in Higher Education, 17*(1).

CHAPITRE 5 :

Points de vue sur le développement d'une société plus entrepreneuriale

Sylvain Starck, Maître de conférences, Université de Lorraine, LISEC UR 2310
Patricia Champy-Remoussenard, Professeure des universités,
Université de Lille, CIREL ULR 4354

Dans ce chapitre, notre réflexion porte sur l'essor relativement récent des éducations et formations à l'esprit d'entreprendre et à l'activité entrepreneuriale. Ce développement, tourné vers des formes d'activité, un état d'esprit et une culture entrepreneuriale, nous invite, dans un premier temps, à interroger les modifications d'ordre éducatif qui l'ont rendu possible et qui ont été opérées en amont. Nous faisons en effet l'hypothèse que le développement actuel de ces éducations et formations n'a pu se réaliser qu'au regard de transformations sociales antérieures qui ont favorisé une acculturation aux valeurs de l'entreprise et aux modes d'activité qui la caractérisent. Le passage vers une société intégrant des formes d'activité plus entrepreneuriale se comprend de surcroît à la lumière d'une reconfiguration de la forme éducative (Charlot, 1987) de cette société.

Cette forme éducative reconfigurée sur le temps long et portée par des politiques qui promeuvent l'entrepreneuriat comme modalité d'action privilégiée tend à façonner l'espace social selon une conception *a priori* du monde, du travail, des rapports sociaux et des individus. C'est ce que met en évidence la première partie du propos. Nous ne ferons que rappeler quelques travaux qui ont souligné l'impact de ces politiques dans l'espace social. Nous voudrions cependant insister ici, dans le second temps de notre réflexion, sur l'aspect ouvert de ces transformations. Si les processus en jeu sont de nature à instaurer une société plus entrepreneuriale, en mobilisant et reconfigurant notamment le système éducatif formel, il convient d'être attentif aux effets induits. L'essaimage d'une culture et de pratiques plus entrepreneuriales, tant dans les exercices professionnels qu'en formation, en multipliant les expériences et expérimentations sociales, ouvre vers des perspectives nouvelles qui sont autant de manifestations de la complexité du monde qui ne saurait simplement se réduire à des représentations *a priori*. Des travaux de recherche, engagés à partir des Sciences de l'éducation et de la formation (SEF) permettent ainsi de relever que certains de ces effets débordent des conceptions que l'on peut se faire *a priori* d'un monde plus entrepreneurial et qu'il convient aujourd'hui de mieux les documenter.

L'objet de ce chapitre est donc d'explorer un changement sociétal d'ampleur du point de vue de la recherche en SEF en mettant en évidence les transformations de la forme éducative de la société, en relevant leur impact sur une société plus entrepreneuriale et en soulignant certains effets liés à cette reconfiguration sociale.

Une révolution symbolique privilégiant les valeurs de l'entreprise et ses activités

Comprendre la légitimité sociale dont disposent aujourd'hui les politiques éducatives en faveur de l'éducation à l'esprit d'entreprendre ou d'entreprise (EEE) comme le fruit d'une construction sociale demande tout d'abord de considérer l'échec relatif de discours et mots d'ordre appelant antérieurement à un tel développement. Ces discours et intentions politiques ne sont en effet pas inédits en France. L'ouvrage de Jean-Pierre Chevènement « Apprendre pour entreprendre », publié en 1985, alors qu'il était ministre de l'Éducation nationale, expose déjà certains des arguments avancés aujourd'hui pour promouvoir une « nation entreprenante », selon les termes de l'auteur, capable de faire face aux grands défis économiques d'alors et à venir. Plus loin dans le temps, l'Institut de l'entreprise, fondé en 1975 par de grands groupes français, « affichait d'emblée sa volonté de prendre en charge tous les problèmes de la société du point de vue de l'entreprise » (Laval, 2014, p. 145). Comme le souligne Christian Laval, une telle ambition s'inscrit dans la volonté, portée au niveau international, de transformer la société en prenant appui sur les valeurs de l'entreprise, mouvement que Michel Foucault ramène au développement de la doctrine néolibérale allemande durant la décennie 1930. Il est alors légitime de s'interroger sur les raisons qui rendent aujourd'hui possible la réception d'un tel projet éducatif à l'échelle nationale. Pour cela, nous mettons en évidence certaines des transformations qui ont affecté l'évolution de la forme éducative de notre société et qui accordent une place éminente aux valeurs de l'entreprise et à la figure de l'entrepreneur. Nous partons de l'idée que ces transformations s'opèrent dans les reconfigurations réciproques du monde du travail et du système éducatif formel.

Prendre la mesure de cette légitimité nouvelle de l'esprit d'entreprendre et d'entreprise, c'est aussi interroger la quasi-absence de controverses quant à l'intégration de l'EEE dans les programmes scolaires. Les rapports entre l'école et l'entreprise et, plus largement, entre le champ scolaire et le monde du travail étaient envisagés jusqu'à récemment dans des formes de tension, l'école républicaine s'étant construite en partie comme un sanctuaire à l'abri des impératifs du monde du travail. Or, ces tensions semblent actuellement moins opérantes, indiquant une requalification des liens entre le monde de l'école, de l'enseignement supérieur et le monde de l'entreprise. Si de tels débats et controverses quant à la place et au rôle de l'école existent toujours, ils s'expriment sans publicité, dans des arènes restreintes (Billiet, 2018). Le fait que les programmes d'enseignement dans le primaire et dans le secondaire offrent une place mesurée à l'EEE (Champy-Remoussenard, 2018) témoigne, selon nous, de tels désaccords mais sans qu'ils se déploient publiquement, comme s'ils ne disposaient plus d'une légitimité sociale suffisante pour s'exprimer, laissant finalement l'impression d'un essor des éducations et formations à l'entrepreneuriat dans une forme de *consensus* social aujourd'hui apparemment dominant.

La réflexion que nous développons dans ce premier temps vise à mettre en évidence et comprendre comment des changements sociétaux notables opérés sur le temps long, exerçant des effets éducatifs importants à grande échelle, ont conduit à une acculturation d'une partie de la population aux valeurs et modes d'activités entrepreneuriales. Cette acculturation opérant le passage d'une société valorisant le salariat à une société privilégiant l'*ethos* entrepreneurial constitue à nos yeux une révolution symbolique au sens où l'entend Bourdieu (2013). Elle tend en effet à modifier les cadres de perception et le rapport pratique au monde des individus, la révolution symbolique à l'œuvre se déclinant dans une modification de la forme éducative de la société.

L'EEE dans la forme éducative d'une société

Nous proposons de saisir ici ces changements à partir du concept de forme éducative d'une société que nous empruntons à Bernard Charlot.

Charlot (1987) propose en effet de comprendre la forme éducative d'une société comme « le système des fonctions éducatives caractéristiques de cette société à un moment historique déterminé » (Charlot, pp. 34-35) sachant que ces fonctions à visées éducatives sont assurées par d'autres instances sociales que l'école telles la famille, les églises, certaines entreprises, les associations sportives ou culturelles, les représentants de la force publique, les acteurs du système judiciaire, le voisinage, les publicitaires, etc. Bien que leur fonction ne soit pas exclusivement ou prioritairement éducative, ces instances pèsent ou tentent de peser dans l'éducation des acteurs sociaux. Charlot (1987) propose donc de comprendre le « système éducatif » comme regroupant l'ensemble des instances qui, dans une société donnée, à une époque donnée, développe une action à visée éducative.

L'un des intérêts d'une représentation aussi élargie du système éducatif est de pouvoir prendre en charge les effets éducatifs liés à la systématisation d'une action qui agit en parallèle de tout projet formel de scolarisation et de formation. C'est une telle perspective qu'adopte notamment Foucault (1975) dans son ouvrage *Surveiller et punir* lorsqu'il identifie le déploiement du « moment de la discipline » à l'âge classique. Les changements relativement homogènes qui s'opèrent dans les comportements sociaux de toute une population – à une période où une scolarisation systématisée n'existe pas – ne peuvent se comprendre qu'en portant l'attention sur l'ensemble des activités et instances qui engagent de manière systématique des effets éducatifs congruents. Comment alors identifier et caractériser une forme éducative associée au développement d'une société entrepreneuriale ? Comme le souligne Marpeau (2018),

> On ne peut penser le processus éducatif seulement en termes de procédures d'acquisitions ou de dispositifs pédagogiques. C'est la dynamique née des interactions du sujet avec l'environnement et autrui, dans le rapport à la réalité et plus globalement au monde, qui permet ou interdit une initialisation du processus éducatif par l'individu lui-même. Il faut donc comprendre les différents rapports construits par l'individu dans cette dynamique (p. 130).

Nous proposons dès lors de nous intéresser à deux vecteurs capables d'induire des effets éducatifs particulièrement puissants dans l'espace social et qui sont de nature à pouvoir rendre compte de cette révolution symbolique. Le premier vecteur relève de la force normative de l'État. En quoi une redéfinition de l'action de l'État et des normes qui l'orientent a-t-elle été en mesure de participer à l'essor d'une société plus entrepreneuriale ? Le second vecteur est associé à la dimension constructive du travail et des activités professionnelles. Selon une conception anthropologique du travail, il convient d'ajouter à ses dimensions productives, visant la réalisation d'un bien ou d'un service, une dimension constructive impliquant une modification du sujet au travail. Les analyses qui suivent vont principalement porter sur la redéfinition de l'action de l'État et sur ses effets normatifs, la seconde focale ne fera que prolonger des travaux antérieurs (Champy-Remoussenard, 2015) ou présents dans cet ouvrage[1] précisant l'instauration d'un mode entrepreneurial des activités.

Même si ces deux vecteurs sont intriqués entre eux, ils sont abordés ici de manière distincte pour veiller à la clarté du propos.

Recomposition du travail de l'État et visions d'un monde professionnel plus entrepreneurial

La puissance de l'État réside dans sa capacité à s'instituer comme le producteur des catégories légitimes (Bourdieu, 2012), expression de sa capacité à instituer des normes dans un espace national. Faire de l'esprit d'entreprendre ou d'entreprise une catégorie légitime pour penser le travail en général demande dès lors de comprendre comment cette culture entrepreneuriale est devenue une ressource inspirante pour l'action de l'État en France et, de par sa position instituante, s'inscrit dans une représentation du monde et de l'action désirable et légitime s'imposant massivement. Pour cela, il convient de comprendre de quelle manière l'action de l'État et les formes qu'elle adopte s'est reconfigurée depuis la seconde moitié du XXe siècle.

Nombre de travaux, dont certains sont cités par la suite, soulignent le renforcement des points de convergence entre l'action de l'État et le monde de l'entreprise. Le passage d'une action bureaucratisée à celle du *new public management* (NPM) en est un indicateur essentiel. En France, la mise en œuvre d'une nouvelle gestion publique est soutenue par l'identification de l'action administrative traditionnelle comme « problème public », faisant de la bureaucratie et de la centralisation du pouvoir les maux essentiels pour une action pertinente de l'appareil d'État (Bezès, 2009). Ces discours pointent les défauts de l'État-providence et visent l'instauration d'un État plus modeste, dit État régulateur ou stratège. Sous les mots d'ordre de débureaucratisation, de décentralisation, de mise en concurrence et de transparence assurées par une évaluation systématique, plusieurs réformes de l'administration française, à partir des années 1960,

---

[1]   Voir dans cet ouvrage, le chapitre 3 de Sylvain Starck « Une pluralité de représentations qui interroge ».

vont promouvoir de nouvelles logiques d'action. Celles-ci reposent sur une science des organisations publiques et l'importation de pratiques développées dans les entreprises. « Le NPM impose la mise en place de nouveaux instruments de pilotage et de supervision des activités des services publics dorénavant orientés sur l'efficacité et la performance » (Van Haeperen, 2012, p. 87). En contractualisant les relations entre l'autorité politique et l'agence d'exécution, l'activité de cette dernière est rendue plus autonome et responsable quant à l'atteinte des objectifs fixés. À une obligation de moyens et de procédures à suivre se substitue alors une obligation de résultats. L'instauration de logiques de marché et de mise en concurrence au cœur des services publics, l'extension du droit des usagers doivent favoriser *in fine* la qualité de l'action à moindre coût. C'est alors un nouvel *ethos* professionnel dans l'action publique qui est mis en avant, figure d'un sujet capable de s'inscrire dans un milieu professionnel devenu plus entrepreneurial. Si certains voient ici surgir l'instauration d'un sujet néolibéral ou entrepreneurial (Dardot & Laval, 2009), il convient selon d'autres travaux de relativiser cette affirmation.

En effet, cette nouvelle rationalité de l'action conduit ainsi les services publics à intégrer dans leur fonctionnement des principes régissant celui des entreprises sans pour autant ressembler entièrement à ces dernières. C'est une nuance importante que souligne Bezès (2020) dans son analyse du « nouveau phénomène bureaucratique ». Nous retrouvons ces nuances dans différents champs de l'action publique. Le champ de l'enseignement comme quasi marché avec l'émergence de chefs d'établissement comme managers de la République (Barrère, 2013). Le champ de l'action sociale où s'installe un processus de marchéisation (Hirlet & Pierre, 2017). Le champ de la santé où l'hôpital a adopté une forme hybride entre entreprise, entreprise publique et établissement de santé. Selon les analyses de Kervasdoué (2021), même si des logiques gestionnaires structurent l'activité des acteurs de l'hôpital, le fonctionnement de celui-ci relève d'une prérogative de l'État, l'hôpital restant en France un espace soumis aux prérogatives du politique. Ainsi, les processus de rapprochement entre action de l'État et modalités d'action issues de l'entreprise sont bien réels et traduisent des formes d'acculturation de l'administration et des services publics au monde de l'entreprise même si ces rapprochements ne traduisent pas une importation pure et simple des modalités de fonctionnement de l'entreprise dans l'action publique et de la subjectivation d'individus sous les modalités uniques d'une « entreprise de soi ».

Ces analyses restent toutefois insuffisantes pour éclairer les modifications dont la promotion actuelle de l'entrepreneuriat rend compte aujourd'hui. En effet, l'essor du NPM traduit le transfert de *savoirs de gestion privée* vers le système administratif et le transfert de méthodologies et de formes d'enseignement développées aux Etats-Unis et importées en France (Bezès, 2020, p. 19). Pour ses multiples promoteurs[2], il s'agit dans ce cadre de développer *l'esprit gestionnaire* dans les services publics et dans l'action de l'État pour bénéficier de l'efficience des entreprises et ainsi pallier un pli bureaucratique alors considéré comme problématique. Or, l'essor du NPM en se voulant une réponse pertinente au phénomène bureaucratique semble renforcer *in fine* ce qu'il tend à dénoncer. C'est tout le sens des analyses portant sur la mise en œuvre d'une gouvernance par les nombres :

> L'introduction en France du New public management par la LOLF (Loi organique relative aux lois de finances) a ainsi conduit à l'élaboration d'un océan d'indicateurs de performance répartis en grandes familles (indicateurs d'efficacité, indicateurs de qualité et indicateurs d'efficience) et dont le point commun est d'être quantifiés (Supiot, 2015, p. 250).

Dans la complexité formelle instituée, les agents concernés sont dès lors incités à satisfaire les indicateurs, parfois indépendamment de l'amélioration réelle des services rendus. Le formalisme bureaucratique semble ici ressurgir, la dimension traditionnelle relevant d'un ordre juridique et réglementaire compose avec une logique de quantification se voulant neutre et objective. C'est en regard de ces difficultés qu'il faut, selon nous, situer les visées plus récentes de transformation de l'action publique qui viennent s'ajouter aux changements déjà opérés.

Plus récemment, aux alentours des années 2010, c'est une forme de « startupisation » de l'action publique qui soutient une autre transformation du travail dans l'administration et les services publics (Célérier & Arfaoui, 2021 ; Quijoux & Saint-Martin, 2020), expérimentant un nouveau rapprochement avec l'action entrepreneuriale. Contemporains de l'institutionnalisation de dispositifs de soutien aux startups en France, de la mise en place des Pepite[3] dans l'enseignement supérieur, de la tenue des

---

[2] Pour un éclairage détaillé à ce propos, voir Bezès (2009).
[3] 33 PEPITE (Pôles étudiants pour l'Innovation, le transfert et l'entrepreneuriat) ont pour mission de renforcer sur tout le territoire français la culture entrepreneuriale et l'innovation dans l'enseignement supérieur.

assises de l'entrepreneuriat portées par le gouvernement de F. Hollande, des discours valorisant l'imaginaire de la startup jusque dans l'action publique sont portés au plus haut niveau de l'État. L'adoption du « Pacte pour la compétitivité, la croissance et l'emploi » en 2013 qui vise à soutenir la création d'entreprises innovantes en rend compte (Flécher, 2023). De même, la mise en place de l'incubateur de « Start-ups d'États » beta.gouv. fr marque ce nouvel axe de réforme de l'action publique en promouvant un « intrapreneuriat public ». Comme le soulignent Célérier et Arfaoui (2021), dans une perspective wébérienne, la « startupisation » de l'action publique vise à y faire émerger un esprit, c'est-à-dire un vecteur de réagencement social, auquel peut être attribué un *ethos*. En cela, ce mécanisme induit une reconfiguration de la forme éducative d'une société. Dans leur travail de caractérisation de cet *ethos*, les auteurs mettent en évidence différentes injonctions : au dépassement de soi permanent, à l'innovation si possible disruptive ou radicale, à l'ascétisme – en termes de moyens et de temporalité – créatif. Autant de caractéristiques professionnelles qui sont alors promues et encouragées au sein de l'administration et dans les services publics et qui présentent de fortes similitudes avec le référentiel de compétences « Entrepreneuriat et esprit d'entreprendre » (2010) concernant tous les étudiants de l'enseignement supérieur.

Une autre correspondance significative entre éducation à l'esprit d'entreprendre ou d'entreprise et représentations associées à la *Start-up Nation* témoigne des liens qui se tissent entre redéfinition du travail attendu au sein de l'administration et construction d'un *ethos* professionnel désirable dès le plus jeune âge. Comme le soulignent et le promeuvent Pezziardi et Verdier (2017, p. 36) cités par Célérier et Arfaoui (2021) : « La figure du héros moderne n'est plus le haut fonctionnaire aux brillantes études ou le trader millionnaire, c'est aujourd'hui l'entrepreneur, et demain, le 'faiseur' au sens large » (p. 49), capable de se mettre radicalement à distance des procédures et règles habituelles. « L'exutoire au mécontentement promis par la start-up doit être bénéfique à la société en même temps que vecteur de réalisation de soi » (2021, p. 50).

Cette conception se retrouve par exemple dans la mise en œuvre du dispositif « bâtisseurs des possibles » (Morel & Maire, 2017) ou du dispositif des mini-entreprises, emblématique de l'EEE et mis en place dans l'enseignement primaire et secondaire (Starck, 2017, 2018). Dans le cas des mini-entreprises, la première séance invite ainsi les jeunes participants à identifier des besoins qu'ils jugent non satisfaits dans leur environnement et à imaginer une manière d'y répondre par l'action entrepreneuriale.

Dans les deux espaces, l'individu est ainsi invité à se rapporter au monde et à lui-même par l'entremise de l'action entrepreneuriale. Des capacités à faire preuve d'initiative, de créativité, de prendre des risques, de se sentir acteur et donc responsable dans et de ce monde dont ils héritent sont ici pleinement privilégiées.

La place des émotions et de l'affirmation de soi du créateur de start-up (Flécher, 2023) est par ailleurs considérable. Loin de l'impersonnalisation habituellement associée à l'activité dans la fonction publique (Koubi, 1995), émotions et affirmation de soi sont à la source de l'engagement des acteurs, faisant de leur expression personnelle une ressource essentielle pour l'action mais aussi pour leur propre réalisation. Nous voyons ici un écart avec l'ethos promue dans le NPM, où le sujet efficient était amené à prendre appui sur la rigueur de l'évaluation pour soutenir son autonomie professionnelle. Au sujet gestionnaire, calculateur et stratège se substitue ici la figure du créateur d'entreprise, suivant l'expression de ses talents propres, s'exprimant dans des idées novatrices qu'il est capable de transformer en acte.

Les études de terrain portant sur ce mouvement de « startupisation » de l'action publique montrent toutefois, à l'instar d'autres réformes de l'action publique, un certain découplage entre les discours de la réforme de l'action publique en mode « start-up » et la conduite de l'action publique. Mais ces études mettent aussi en évidence une colonisation de la conduite de l'action publique par les discours réformateurs sans forcément transiter par des injonctions à mettre en œuvre leurs prescriptions (Célérier & Arfaoui, 2021). L'intrapreneuriat de type « start-up » est tout à la fois porté et empêché par l'organisation bureaucratique, cette dernière restant la logique prédominante de l'action publique. Il convient toutefois d'être attentif à l'imprégnation symbolique que plusieurs travaux mettent en avant (Célérier & Arfaoui, 2021 ; Quijoux & Saint-Martin, 2020) et qui semble conduire pour certains à des logiques d'action hybrides (Battilana & Lee, 2014 ; Bezès & Le Lidec, 2010, par exemple).

Ces éclairages portant sur la recomposition de l'action publique en France depuis les années 60 mettent en évidence le poids des catégories légitimes associées au travail dans l'administration et les services publics et la place considérable qu'y occupent les logiques entrepreneuriales. Aux savoirs juridiques et réglementaires soutenant celui-ci se sont ajoutés des savoirs managériaux et gestionnaires régissant initialement le fonctionnement *dans* les entreprises. Ces savoirs ont alors fait l'objet d'une appropriation singulière par les acteurs de la haute fonction publique qui en ont ainsi dessiné un modèle technocratique constitutif d'une nouvelle doctrine administrative (Bezès, 2020). Par la mise en place de la nouvelle gestion publique, le rapprochement entre exercices professionnels en entreprise et dans l'action publique est bien réel bien qu'il ne soit pas possible d'attester d'une simple homothétie entre ces deux champs d'action. Dès lors, la forme managériale que prend le travail dans l'action publique, le monde de la fonction publique avec lequel toute une population est amenée à interagir, impose de manière massive sa rationalité aux acteurs (qu'ils soient professionnels, partenaires publics ou privés ou usagers) et exerce des effets éducatifs constitutifs de la forme éducative de la société.

Nous l'avons vu, plus récemment, c'est une autre logique entrepreneuriale et d'autres effets éducatifs qui sont promus dans l'action publique et qui relèvent non du fonctionnement dans l'entreprise mais de sa création. C'est toute l'originalité présente dans l'idée de la *Start-up Nation*. Configurant leur rapport pratique et quotidien au monde et à eux-mêmes, la forme de travail qui y est associé induit chez les professionnels l'instauration de certains comportements et identités mieux adaptés à un modèle entrepreneurial de l'activité. Celui-ci

> va de pair avec une société du risque, flexible, qui exige des individus qu'ils soient adaptables, autonomes, mobiles, acceptent les risques, l'échec et soient indéfiniment capables de « rebondir » par de nouvelles initiatives. Il signale le passage du modèle fordiste du salariat vers le statut de travailleur indépendant et poursuit le mouvement de remise en cause des régulations collectives du marché du travail. L'activité se déploie alors au fil des initiatives, des échecs et des *success stories*… […] Préconisé, prôné, soutenu, le mode entrepreneurial de l'activité prend forme et s'actualise dans les initiatives effectives des individus appelés à créer leur activité et responsables de leur destin professionnel et personnel (Champy-Remoussenard, 2015, pp. 23-24).

Dans ce bain culturel soutenant l'action publique, la figure de l'entrepreneur est socialement et politiquement valorisée en tant que créateur de richesse et d'activité, comme individu volontaire, prêt à prendre des risques, ancré dans un environnement qu'il est en mesure de transformer parfois radicalement en suivant ses désirs et ses idées. Cette figure constitue aujourd'hui un nouveau repère pour tout professionnel à partir duquel il est implicitement amené à porter un regard sur sa propre activité et son propre engagement, d'autant plus que ces représentations de l'agir s'adressent directement aux individus, à leurs talents, à leurs désirs et à leur capacité à devenir eux-aussi des *self-made man*. Elle donne l'impression d'un individu capable d'enjamber toute médiation par les corps ou collectifs professionnels. Le modèle entrepreneurial de l'activité démocratise un certain *ethos* de l'entrepreneur instituant pour certains l'entreprise de soi comme figure désirable du sujet pour lui-même (Dardot & Laval, 2009). Ce processus de subjectivation privilégie l'expression d'un individu « entrepreneur de sa carrière » ayant intériorisé les valeurs emblématiques de l'entrepreneur : « l'énergie, l'initiative, l'ambition, le calcul et la responsabilité personnelle » (Aubrey, 2000, cité par Dardot & Laval, 2009, p. 414).

Une montée en puissance des politiques éducatives et de formation en faveur de l'EEE et d'un individu entrepreneur de sa carrière

L'institutionnalisation de ces conceptions plus entrepreneuriales du monde, via le champ de l'action publique et à l'instar de ce qui s'instaure dans un grand nombre de champs professionnels[4], a selon nous pesé avec un certain succès sur des changements portant sur le système éducatif formel.

La forme éducative ainsi reconfigurée, à partir des effets éducatifs liés à l'action normative de l'État et au déploiement d'un mode entrepreneurial des activités professionnelles, garantit de fait une forte légitimité à des politiques éducatives promouvant l'EEE. La forme éducative se trouve dès lors en mesure d'inclure aujourd'hui de manière plus large l'action portée par le système éducatif formel. C'est dès lors tout un travail de conceptualisation des politiques éducatives et de leur opérationnalisation qui se déploie vers la fin des années 2000 visant à étendre de façon plus systématique l'éducation à l'esprit d'entreprendre sur le territoire national.

Précisons l'ampleur actuelles des modifications directement liées aux éducations et formations à l'entrepreneuriat. Si celles-ci se sont déployées en France, à l'instar des autres pays européens, identifiant l'esprit d'entreprendre, d'initiative et l'autonomie comme une compétence clé[5], elles restent toutefois limitées dans leur développement. En effet, elles ne concernent pas de manière systématique une même génération ou un ensemble large

---

[4]   Nous renvoyons à ce propos au chapitre 3 de S. Starck dans ce même ouvrage.
[5]   Elle figure comme la 7ᵉ compétence clé pour l'éducation et la formation tout au long de la vie du cadre de référence européen de 2006.

de cursus de formation et elles n'intègrent pas de manière systématique les curricula de formation, les programmes d'enseignement et les certifications. Il n'est ainsi pas possible de parler de généralisation ou de massification de ces éducations et formations, même si les actions dites de sensibilisation sont en mesure de toucher, principalement dans l'enseignement supérieur, un vaste public avec des effets qui restent encore à interroger.

De ce point de vue, l'institutionnalisation et le développement de pratiques visant à développer l'esprit d'entreprendre et l'entrepreneuriat, s'ils sont toutefois bien réels, restent cependant pour l'heure encore relativement limités. Ces visées en éducation et formation figurent la plupart du temps comme une option mobilisable par une grande diversité d'acteurs dans le but de renforcer leurs parcours (enseignants, enseignants chercheurs, élèves, professionnels en reconversion ou souhaitant étendre l'empan de ses activités, personnes privées d'emploi, etc.). Par exemple, l'éducation à l'esprit d'entreprendre est développée dans le primaire dans certaines pratiques qui n'en portent pas nécessairement le nom et qui s'inscrivent dans une recherche d'initiative, d'autonomie et de créativité des enfants et dans le secondaire dans multiples dispositifs aux formats variés (de Miribel & Sido, 2022). Dans l'enseignement supérieur, elle se traduit par l'accessibilité au plan PEPITE et au statut d'étudiant entrepreneur pour tout étudiant qui le souhaite. Dans le vaste champ de la formation des adultes, de nombreux dispositifs sont proposés par diverses institutions (organismes consulaires comme les CCI –Chambres de commerces et d'industrie –, des associations comme les BGE – Boutiques de Gestion –, des cabinets privés) en vue de l'accompagnement des personnes privées d'emploi vers la création d'activité ou d'entreprise. Dans l'enseignement secondaire et supérieur, ces mêmes acteurs œuvrent aux côtés d'association comme EPA (Entreprendre pour apprendre) ou Enactus par exemple.

Dispersées, disparates et nécessairement inégalitaires, ces initiatives irriguent toutefois tout le système éducatif et de formation, tendant, sans y aboutir, à construire une éducation à l'esprit d'entreprendre tout au long de la vie (c'est-à-dire pensée dans une continuité éducative) telle que l'appelle de ses vœux la politique européenne (Commission européenne, 2016). Ces actions et dispositifs constituent un nouveau champ d'activités éducatives et un marché de prestations éducatives (Tanguy, 2016) impliquant l'intervention d'une grande diversité d'acteurs (enseignants, enseignants chercheurs, associations, services dédiés au sein des organisations publiques, etc.) associés et collaborant au travail éducatif de manière souvent inédite (Champy-Remoussenard, 2015, 2021).

Le caractère le plus souvent optionnel associé à des éducations et formations à l'esprit d'entreprendre est en partie contradictoire avec le caractère systématique du discours des politiques publiques en la matière, promues tant à l'international qu'au niveau local (régional, établissements d'enseignements supérieurs, etc.). En cela, il convient bien de parler de la généralisation d'une intention politique qui s'emploie à cultiver une société « plus entrepreneuriale » et se répercute sur le paysage éducatif.

En synthèse, cette volonté/intention de généralisation se décline ainsi par :

- le développement systématique de structures et de nouveaux acteurs dédiés dans les institutions éducatives ;
- l'accès à ces éducations et formations favorisé pour toute une population. Cependant, cette intention politique ne s'en donne pas nécessairement les moyens. Le système éducatif ne voit pas de bouleversement global de son fonctionnement en vue de développer la 7ᵉ compétence du socle commun européen qui n'est guère connu que dans certaines sphères et par certains acteurs du milieu éducatif. Le nombre d'étudiants entrepreneurs reste modeste relativement à la population concernée. Le reste de la population n'a qu'une faible connaissance de cette tendance. En témoignent les entretiens menés auprès d'entrepreneurs qui eux-mêmes ne savent pas la plupart du temps que l'EEE se déploie dans le système éducatif (Champy-Remoussenard & de Miribel, 2023) ;
- une diversification et un essaimage des modalités d'action (formation sur les contenus, actions de sensibilisation, pré-accompagnement ou accompagnement du projet entrepreneurial, mises en situation entrepreneuriale sous des formes plus ou moins ludiques, organisation de concours ou challenge, etc.) ;
- le développement systématisé de ressources (référentiels, pédagogies et ingénieries dédiées, professionnalisation des acteurs, aménagement de curriculum, enquêtes, etc.) pour soutenir ces éducations et formations. Il prend notamment appui sur les champs de la recherche (sciences de gestion, SEF, sociologie notamment) ou ceux de l'ingénierie pédagogique ou de formation ;
- des actions de communication visant à soutenir l'image de l'entrepreneuriat dans l'espace public, dont les *story-tellings* autour de la figure de l'entrepreneur (Galluzzo, 2023) ou des influenceurs comme leur déclinaison contemporaine (Lukasik, 2021) font partie.

Toutefois, on peut se demander si les effets les plus notables ne sont pas à rechercher du côté de l'organisation même du système de formation. De ce point de vue, les travaux de Maillard (2017) sont particulièrement éclairants. Selon elle, la politique certificative mise en place depuis les années 80

> propose une nouvelle figure du travailleur comme petite forteresse mobile, armée de certifications professionnelles et de droits individuels. [...] Plus que l'adéquation entre certification et emploi, c'est la promotion d'un nouveau modèle salarial qu'elle vise, centré sur l'individualisation de la relation salariale. La généralisation de la détention d'une certification professionnelle et l'enchantement de l'individu comme acteur de sa carrière (Mauger, 2001), accompagnent le développement du mode de gestion des ressources humaines théorisé par le Medef lors des « Entretiens de Deauville », et appelé « modèle compétences » (Reynaud, 2001) (Maillard, 2017, p. 46).

Une telle subjectivation des individus devenus pleinement responsables de leur employabilité en fonction des réalités d'un marché du travail auquel ils doivent s'adapter, voire anticiper ou provoquer, se retrouve de même dans la réforme de la formation professionnelle de 2018 dite « liberté de choisir son avenir professionnel ». Batal (2019) analyse ainsi de quelle manière cette réforme redistribue les responsabilités entre individus, entreprise et État, en écho à la théorie du capital humain (Becker, 1964). Ces réformes contemporaines dans le système éducatif ou dans la formation tout au long de la vie semble traduire « une culture sociale émergente, qui se caractériserait par une pression à la transformation du sujet lui-même par lui-même » (Barbier, 2019, p. 33). Pour ce faire, l'autonomie, l'initiative et la créativité constitueraient des ressources clés, en formation et au travail, pour un individu pleinement adapté à ce nouveau monde plus entrepreneurial. De ce point de vue, les changements répondant d'une promotion d'une culture et d'un état d'esprit entrepreneuriaux apparaissent comme bien plus considérables que ce qu'indiquerait la seule analyse des curricula formels.

Être attentif au caractère ouvert des transformations en cours

Les développements actuels tant dans le monde du travail que dans les espaces d'éducation et de formation, bien qu'issus d'une certaine orientation et volonté politique le plus souvent rattachées à l'idéologie néolibérale, doivent toutefois être considérés dans leur dynamique propre. Nous voudrions insister ici sur le caractère à la fois relativement opaque et ouvert de ce qui se développe en matière d'esprit d'entreprendre et d'entrepreneuriat et des question nouvelles qui se posent. Notre hypothèse est que, dans cette société en profondes transformations, ces activités entrepreneuriales sont elles-mêmes en train de se transformer et que la réalité des compétences et pratiques engagées, initiées par ces orientations politiques et réorganisations du travail, nous échappe peut-être. Le passage du registre des discours et intentions aux organisations réelles et aux pratiques sociales ne peut être compris comme un processus de mise en application[6] mais plutôt comme une traduction dans un autre milieu et aboutissant à une réalité hétérogène relativement à ces discours et intentions. Initiées dans une perspective d'analyse des relations entre formation et emploi, les recherches sur la mise en œuvre de l'éducation à l'esprit d'entreprendre dans et par le système éducatif formel nous incitent depuis le départ à comprendre dans quel rapport aux transformations du travail se développent ces pratiques éducatives.

D'une certaine manière, les évolutions récentes du travail et du rapport au travail que nous avons mises en évidence ci-dessus constituent le signe d'une évolution de la forme éducative de la société suivant une certaine vision entrepreneuriale du monde et d'un nouvel état d'esprit nécessaire pour y œuvrer. Toutefois, ce serait une erreur que d'imaginer que ce mouvement arrive ici à un terme. Le monde du travail, pris dans cette nouvelle configuration, est traversé par de multiples tensions. Globalement, sous certains aspects, la promotion d'un mode entrepreneurial des activités brouille non seulement les frontières entre activités salariées et activités indépendantes mais fait aussi émerger des rapports au travail, à la formation qui n'étaient sans doute pas attendus par le politique. Pour soutenir cette hypothèse, nous proposons de préciser quatre points qui soulignent selon nous le caractère ouvert des changements en cours situant le « moment entrepreneurial » dans une histoire.

Subjectivité et compétences plus entrepreneuriales et/ou plus critique ?

Le caractère ouvert de ce qui est initié par les politiques publiques en matière d'EEE réside notamment dans le caractère ambivalent des

---

[6] Les travaux en analyse de l'activité ont largement mis en évidence cet écart indépassable entre travail prescrit et travail réel.

objectifs politiques. On peut en effet les voir comme s'inscrivant dans un projet d' « éducation au libéralisme » (Chambard, 2020) ou dans un projet d'éducation à la créativité, à l'esprit entreprenant et à l'initiative, proche des idéaux de l'éducation nouvelle, ferment potentiel d'une émancipation des femmes et des hommes. En fait, l'entrepreneuriat constitue, sous cet angle, un mot d'ordre diffus suffisamment plastique pour servir de vecteur à des visions plurielles du monde et de la formation (Chambard, 2014). Associé à ce mot d'ordre diffus, on trouve, dans le déploiement des pratiques d'EEE, une tension permanente, lisible politiquement et dans les pratiques et dispositifs, entre esprit d'entreprendre et esprit d'entreprise (Pepin & Champy-Remoussenard, 2017 ; Verzat & Toutain, 2015). De la même manière l'EEE est développée dans une tension entre la visée d'une compétence transversale ou compétence-clef des socles communs, et celle des compétences qui seraient spécifiques à l'activité de l'entrepreneur.

Préjuger du fait que l'émergence de ces nouveaux entrepreneurs ne ferait que répondre aux impératifs du monde économique serait sans aucun doute hâtif. En ouvrant les perspectives entrepreneuriales auprès de nouveaux publics, les politiques en faveur de l'EEE facilitent aussi la transformation du monde entrepreneurial lui-même. Renforcer la capacité des acteurs à entreprendre ne permet-il pas à ces derniers de porter plus efficacement une action critique, voire émancipatrice, vis-à-vis d'un monde économique jugé problématique, peut-être même dévastateur ? Ainsi, les critiques émises par des étudiants de grandes écoles dénonçant des modes de production inadaptés aux réalités écologiques et sociales actuelles témoignent d'une volonté d'entreprendre autrement et de porter un nouveau projet de société. Les premiers résultats d'une enquête portant sur l'activité des micro-entrepreneurs vont dans le même sens (Champy-Remoussenard, 2023).

D'une promotion de l'agir entrepreneurial aux réalités professionnelles qui s'instituent

À l'occasion des mouvements sociaux et politiques associés en France à la réforme des retraites, un débat complexe a émergé en 2023 à propos du rapport au travail dans la société française. Ce débat s'ancre dans des évolutions plus ou moins perceptibles et discutées dans les années qui ont précédé cette agitation sociale. L'évolution du salariat tout d'abord devrait donner à penser au système éducatif. En effet, globalement la transformation des formes d'emploi induit un brouillage entre le salariat et le travail indépendant. Ces deux catégories sont moins distinctes qu'auparavant. Le terme « intrapreneuriat » a été créé pour associer l'état d'esprit entreprenant à un travail sous statut salarié, interrogeant et promouvant la place de l'esprit d'initiative, de l'autonomie, de la créativité dans ce même travail salarié. Mais au-delà des mots, quelles sont les tendances effectives du rapport au travail salarié ? Re-taylorisation et alourdissement des procédures administratives de contrôle sont en effet remarqués partout, bien loin de l'autonomie prônée et érigée en idéal du développement de soi et de l'expression d'initiatives dans l'activité. Un appel est en effet fait depuis des décennies à un individu autonome, qui prenne en charge son parcours, son destin. Le recul de l'État-providence et des solidarités collectives (Méda, 2021) dessine le contexte de cet appel à l'autonomie.

D'une représentation de l'agir entrepreneurial à sa connaissance

La relative méconnaissance des entrepreneurs et de leurs activités nous semble au cœur des questions qu'ouvre cette volonté de généraliser l'EEE. Quelle compréhension existe de l'agir entrepreneurial qui soit référé au travail réel (Champy-Remoussenard, 2023) ? Savons-nous comment les entrepreneurs construisent leurs compétences ? Savons-nous comment assurer le développement de ces compétences ? Connaissons-nous tous les effets d'un développement de l'esprit d'entreprendre ? Toutes ces questions méritent des investigations à partir des SEF et des expertises en matière d'analyse du travail et de l'activité en direction des entrepreneurs et de leurs activités et s'inscrivent dans un milieu en forte transformation[7]. Si la littérature scientifique comporte un nombre important de travaux sur les compétences entrepreneuriales, elle s'est finalement fort peu penchée sur l'activité réelle des entrepreneurs et la manière dont cette activité manifeste les compétences, les attitudes, la culture qui est effectivement engagée dans l'activité entrepreneuriale.

Si l'idéal de la *Startup nation* va de pair avec une vision libérale de la société, d'autres formes d'entreprises ont été rendues possibles par le politique. Ainsi, les structures de petite taille sont depuis longtemps nombreuses si on considère le nombre de PME et de TPE dans le pays. La création du statut de micro-entrepreneur (Chauvin, Grossetti & Zalio, 2014)

---

[7]   Voir dans ce même ouvrage le chapitre 3 rédigé par S. Starck.

bien loin du modèle de la startup n'a fait que renforcer cette émergence de structures de petite taille faisant travailler le seul « chef d'entreprise » ou un nombre très limité de salariés. Quelles cultures, quelles pratiques, quel rapport au travail et quelles professionnalités se développent dans ces entreprises ? Ne doit-on pas mieux discriminer l'agir entrepreneurial selon les entreprises concernées ? Ce qui reviendrait à considérer l'agir entrepreneurial dans des formes plurielles.

Le développement de l'économie sociale et solidaire (ESS) par exemple plaide selon nous pour une telle proposition. En souhaitant faire de certaines formes d'entreprise un vecteur pour l'instauration d'un monde socialement, économiquement, politiquement et écologiquement plus juste, ces acteurs ne sont-ils finalement pas à la recherche d'un mode entrepreneurial capable de subvertir l'idéologie néolibérale qui lui est généralement associée ?

De ce point de vue, le développement de l'entrepreneuriat prend en effet des formes diverses qui restent peu documentées et parfois en cours de construction.

Des décalages entre l'entreprise et la formation

La relation entre les efforts éducatifs et les besoins de la société – et notamment les besoins du monde du travail – est marquée par un constant phénomène de décalage, décalage souvent temporel. La question des compétences et celle des compétences clés telles que la 7ᵉ compétence n'y échappe pas.

Les recherches qui portent sur les micro-entrepreneurs, les startups, les TPE renforcent également cette idée que tout ne s'apprend pas à l'école ni par les systèmes de formation. Ainsi, les entrepreneurs et notamment les micro-entrepreneurs mettent en place des stratégies spécifiques d'auto-apprentissage et de co-apprentissage qui relèvent de l'autodidaxie et qui prennent une place importante dans la construction de compétences dans la mesure où les activités sont elles aussi inédites (Champy-Remoussenard, 2023).

Les recherches conduites en analyse de l'activité des entrepreneurs sont en quelque sorte un baromètre de la manière dont on peut situer l'EEE dans la forme éducative actuelle de la société. D'une part, elles nous indiquent la part ou du moins l'utilité toute relative de la formation et de l'accompagnement proposés aux entrepreneurs (Flécher, 2023 ;

Macler, 2021 ; Mégret, 2021) et, d'autre part, le recours des entrepreneurs à des formes d'apprentissage et de développement des compétences qui se démarquent des stratégies proposées par le système éducatif et de formation. Le caractère présenté comme incontournable du rôle de l'école, de la formation et des structures d'accompagnement se trouve donc largement interrogé par la réalité du vécu des activités des entrepreneurs eux-mêmes (Champy-Remoussenard & de Miribel, 2023).

Le mode entrepreneurial de l'activité, tel qu'il se décline aujourd'hui, entre donc en contradiction avec le modèle traditionnel de la transmission du travail et du métier et induit un bouleversement du rapport aux compétences. En effet, chaque entrepreneur crée une configuration d'activité inédite ou partiellement inédite en mobilisant des savoirs et des compétences eux aussi chaque fois différents et combinés de manière singulière. Cela est particulièrement visible dans le cas des micro-entreprises, des start-ups et des TPE. Ce qui conduit à ne plus pouvoir parler d'adéquation entre l'activité et un diplôme ou envisager un référentiel de compétences commun puisque l'activité est alors par essence singulière et doit même l'être pour être légitime et viable. C'est bien pour cela que le régime entrepreneurial de l'activité est parfaitement à l'image de la société singulariste (Martuccelli, 2010) et de la société du risque qui est la nôtre. Une telle situation vient directement interpeller une organisation de la formation plus compatible avec une forme éducative relevant d'une logique salariale.

Conclusion

Si les valeurs entrepreneuriales constituent un modèle sous-jacent de l'organisation de notre vie sociale depuis un certain temps, notamment dans les espaces professionnels, elles sont érigées en priorité en matière de visées éducatives depuis peu. L'émergence de politiques qui paraissent assez consensuelles et visent à développer les valeurs de l'entreprise et l'esprit d'entreprendre est suivie d'effets variés et inégaux dans les pratiques et pour la population. On l'a vu, les évolutions récentes du travail et du monde de l'éducation et de la formation, tout en donnant corps à un projet politique issu d'une perspective néolibérale, viennent complexifier cette situation. Émerge aujourd'hui une situation complexe où des tendances non convergentes commencent à se dessiner bien qu'issues d'une forme éducative commune.

Si les évolutions s'inscrivent bien dans la société du risque, de l'entreprise de soi, les déclinaisons entrepreneuriales ou la réalisation des subjectivités considérées dans leur diversité ne préfigurent pas une même société. On pourrait dire que bien des scénarios sont possibles à ce stade. Ce qui rend fort complexe l'analyse de la visée éducative du projet politique associée à l'esprit d'entreprendre, incluant la déclinaison des intentions et discours dans les mises en œuvre effectives. Ainsi, mobiliser le champ éducatif et de formation pour renforcer l'autonomie et la créativité des individus et des collectifs peut aussi bien renforcer un ordre néolibéral que soutenir la mise en acte des aspirations critiques de ce dernier marquant l'ouverture vers d'autres alternatives. Il convient donc d'être particulièrement attentif aux développements futurs pour éclairer les processus en jeu et rendre visibles les savoirs, compétences et capacités émergeant de l'essaimage de l'agir entrepreneurial d'acteurs aux prises avec leur environnement et les problématiques qui y sont liées. Selon nous, nous situant dans une certaine conception de la recherche et de la place de la communauté scientifique dans la société, l'ambition serait non seulement de produire des connaissances sur ces processus et expérimentations à l'œuvre, mais également, dans une perspective éthique, à partir de ces connaissances, de participer à un développement souhaitable des individus, des collectifs, des territoires et plus largement des sociétés. Ces constats et perspectives montrent s'il le faut l'intérêt d'étudier à partir des SEF, en association avec d'autres disciplines – ce qu'exige la prise en compte de réalités complexes –, les enjeux et impacts éducatifs des tendances à développer une société entrepreneuriale, selon des réalités toutefois diverses.

Références bibliographiques

Barbier, J. (2019). Pour une archéologie des cultures de conception de la formation. *Éducation Permanente, 220-221*, 25-38.

Barrère, A. (2013). *Sociologie des chefs d'établissement : Les managers de la République*. Presses universitaires de France.

Batal, C. (2019). Une libéralisation de la formation qui redistribue les responsabilités et soulève de multiples questions. *Savoirs, 50*, 9-19.

Battilana, J. & Lee, M. (2014). Advancing Research on Hybrid Organizing – Insights from the Study of Social Enterprises. *The Academy of Management Annals, 8*(1), 397-441.

Becker, G. S. (1964). *Human Capital: A Theoretical and Empirical Analysis, with Special Reference to Education*. National bureau of economic research publications, General series.

Bezès, P. (2009). *Réinventer l'État : Les réformes de l'administration française (1962-2008)*. Presses universitaires de France.

Bezès, P. (2020). Le nouveau phénomène bureaucratique : Le gouvernement par la performance entre bureaucratisation, marché et politique. *Revue française de science politique, 70*, 21-47.

Bezès, P. & Le Lidec, P. (2010). L'hybridation du modèle territorial français : RGPP et réorganisations de l'Etat territorial. *Revue française d'administration publique, 136*, 919-942.

Billiet, J.-C. (2018). Postface. In P. Champy-Remoussenard & S. Starck (Eds.), *Apprendre à entreprendre : Politiques et pratiques éducatives* (pp. 161-162). De Boeck Supérieur.

Bourdieu, P. (2012). *Sur l'Etat : cours au Collège de France (1989-1992)*. Seuil.

Bourdieu, P. (2013). *Manet. Une révolution symbolique*. Seuil.

Célérier, L. & Arfaoui, M. (2021). La start-up comme nouvel esprit de l'action publique : Enquête sur la startupisation de l'action publique et ses contraintes. *Gouvernement et action publique, 3*(10), 43-69.

Chambard, O. (2014). L'éducation des étudiants à l'*esprit d'entreprendre* : entre promotion d'une idéologie de l'entreprise et ouverture de perspectives émancipatrices. *Formation emploi, 127*, 7-26.

Chambard, O. (2020). Tous « startupeurs » : Les enjeux de la diffusion de la rhétorique entrepreneuriale dans l'enseignement supérieur. *Savoir/Agir, 51*, 41-49.

Champy-Remoussenard, P. (2015). Les transformations des relations entre travail, éducation et formation dans l'organisation sociale contemporaine : questions posées par trois dispositifs analyseurs. *Revue française de pédagogie, 190*, 15-28.

Champy-Remoussenard, P. (2018). Chapitre 1. Le développement de l'éducation à l'esprit d'entreprendre du point de vue des sciences de l'éducation (entre politiques, acteurs et activités). In P. Champy-Remoussenard & S. Starck (Eds.), *Apprendre à entreprendre : Politiques et pratiques éducatives* (pp. 21-44). De Boeck Supérieur.

Champy-Remoussenard, P. (2021). Éducation et formation à l'esprit d'entreprendre, pour quelles perspectives ? *Savoirs, 57*, 19-60.

Champy-Remoussenard, P. (2023). *Formes entrepreneuriales de l'activité, Évolution du travail Et des concepts de l'analyse de l'activité*. Communication présentée au symposium du Colloque du RUMEF « Analyse de l'activité entrepreneuriale et entrepreneuriat éducatif », Tours, France.

Champy-Remoussenard, P. & de Miribel, J. (2023). *Analyse de l'activité entrepreneuriale et entrepreneuriat éducatif* [symposium]. Colloque du RUMEF : Les métiers de la formation à l'épreuve du travail. Perspectives internationales et interdisciplinaires, Tours, France.

Charlot, B. (1987). *L'école en mutation*. Payot.

Chauvin, P., Grossetti, M. & Zalio, P. (2014). *Dictionnaire sociologique de l'entrepreneuriat*. Presses de Sciences Po.

Chevènement, J.-P. (1985). *Apprendre pour entreprendre*. Le Livre de Poche.

Commission européenne (2016). *Entrepreneurship education at school in Europe*. Eurydice Report. Education and training. Commission européenne.

Dardot, P. & Laval, C. (2009). *La nouvelle raison du monde. Essai sur la société néolibérale*. La Découverte.

de Miribel, J. & Sido, X. (2022). *Agir comme un professionnel de l'enseignement ou de l'entreprise ? Les enseignants aux prises avec les dispositifs d'éducation à l'esprit d'entreprendre*. Communication présentée au 9e Colloque international en éducation, Centre de recherche interuniversitaire sur la formation et la profession enseignante (CRIFPE), Montréal, Canada.

Flécher, M. (2023). Des cadres en quête de prestige. L'engagement entrepreneurial des créateurs et créatrices de start-up. *Formation emploi, 161*, 83-102.

Foucault, M. (1975). *Surveiller et punir. Naissance de la prison*. Gallimard.

Galluzzo, A. (2023). *Le mythe de l'entrepreneur. Défaire l'imaginaire de la Silicon Valley*. Zones.

Hirlet, P. & Pierre, T. (2017). Ce que la désinstitutionnalisation de l'intervention sociale fait au travail (du) social !. *Sciences & Actions Sociales, 7*, 105-115.

de Kervasdoué, J. (2021). *L'hôpital*. Presses universitaires de France.

Koubi, G. (1995). Le for intérieur du fonctionnaire. In *Le for intérieur* (pp. 235-248). Presses universitaires de France.

Laval, C. (2014). Chapitre 10. L'entreprise comme nouvelle forme de gouvernement. Usages et mésusages de Michel Foucault. In H. Oulc'Hen (Ed.), *Usages de Foucault* (pp. 143-158). Presses Universitaires de France.

Lukasik, S. (2021). *L'influence des leaders d'opinion. Un modèle pour l'étude des usages et de la réception des réseaux socionumériques*. L'Harmattan.

Macler, S. (2021). *Parcours, travail et compétences des chefs de très petite entreprise : une analyse didactique professionnelle* (Thèse de doctorat). Université de Bourgogne-Franche-Comté.

Maillard, F. (2017). La politique de certification tout au long de la vie : vers la labellisation des actifs ? *Sociologies pratiques, 35 (2), 37-47*.

Marpeau, J. (2018). *Le processus éducatif : La construction de la personne comme sujet responsables de ses actes*. Érès.

Martuccelli, D. (2010). *La société singulariste*. Armand Colin.

Méda, D. (2021). *Le travail : Une valeur en voie de disparition ?*. Flammarion.

Mégret, J.-M. (2021). *D'une formation à l'entrepreneuriat aux prémices d'une andragogie entrepreneuriale. Le cas des très petites entreprises bretonnes* (Thèse de doctorat). Université Rennes 2.

Morel, S. & Maire, S. (2017). L'entreprenance à l'école primaire en France : reconfiguration des politiques éducatives et de leur évaluation. *Formation emploi, 140*(4), 27-46.

Pepin, M. & Champy-Remoussenard, P. (2017). Introduction : Quelques repères pour comprendre et interroger le développement de l'éducation à l'esprit d'entreprendre. *Formation emploi, 140,* 7-25.

Pezziardi, P. & Verdier, H. (2017). *Des start-ups d'État à l'État plate-forme.* Fondapol-Fondation pour l'Innovation Politique.

Quijoux, M. & Saint-Martin, A. (2020). *Start-up* : avènement d'un mot d'ordre. *Savoir/Agir, 51,* 15-22.

Starck, S. (2017). Formation à l'entrepreneuriat dans le secondaire français : quelles réalités politiques, du supranational au local ? *Formation emploi, 140,* 127-145.

Starck, S. (2018). Chapitre 3. L'éducation à l'esprit d'entreprendre : agir, apprendre, se développer à distance de la forme scolaire. In P. Champy-Remoussenard & S. Starck (Eds.), *Apprendre à entreprendre : Politiques et pratiques éducatives* (pp. 59-78). De Boeck Supérieur.

Supiot, A. (2015). *La gouvernance par les nombres. Cours au Collège de France (2012-2014).* Fayard. Tanguy, L. (2016). *Enseigner l'esprit d'entreprise à l'école.* L'Harmattan.

Van Haeperen, B. (2012). Que sont les principes du New Public Management devenus : Le cas de l'administration régionale wallonne. *Reflets et perspectives de la vie économique, LI*(2), 83-99.

Verzat, C. & Toutain, O. (2015). Former et accompagner des entrepreneurs potentiels, diktat ou défi ? *Savoirs, 39,* 11-63.

CHAPITRE 6 :

Perspectives de didactique curriculaire de l'éducation à l'esprit d'entreprendre

Xavier Sido, Maître de conférences HDR
Abdlekarim Zaid, Professeur des universités

Université de Lille, CIREL ULR 4354

Ces dix dernières années, l'éducation à l'esprit d'entreprendre (EEE) s'est fortement développée répondant ainsi à des enjeux politiques, sociaux et économiques. Plusieurs revues de littérature françaises (Champy-Remoussenard, 2021 ; Toutain & Verzat, 2015) et internationales (Loi, Castriotta & Di Guardo, 2016 ; Pittaway & Cope, 2007 ; Wang & Chugh, 2014) permettent de cartographier les recherches existantes, d'en souligner les problématiques et les disciplines scientifiques qui les portent, mais aussi de mettre au jour les points aveugles. Ainsi, deux grands axes d'investigation peuvent être distingués. Le premier concerne le champ de l'*entrepreneurial learning*, qui est centré sur l'analyse des apprentissages issus de l'expérience entrepreneuriale. Le deuxième axe concerne l'institution scolaire, entendue ici au sens général et porte essentiellement sur la description des dispositifs existants et des pratiques pédagogiques de l'EEE. La question des transformations auxquelles pourrait contribuer l'EEE dans le système éducatif tend à émerger dans des recherches récentes. Les problèmes portent ainsi sur le caractère plus ou moins conciliable de ces nouveaux dispositifs avec la forme scolaire (Audigier, 2018 ; Starck, 2018 ; Zaid, 2018). De façon connexe, la question de l'interpellation des disciplines scolaires par cette « éducation à » (Audigier, 2018) se pose.

Mais comme le souligne Zaid (2018), n'étant pas intégrée dans les curricula et les programmes, l'EEE ne fait l'objet que de peu de travaux des didacticiens. Pourtant de nombreux auteurs, (Fayolle, Verzat & Wapshott, 2016 ; Nabi, Linan, Fayolle, Krueger & Walmsey,

2017 ; Pittaway & Cope, 2007) soulignent l'intérêt de questionner l'élaboration des dispositifs d'EEE et les situations scolaires afférentes dans leur fonctionnement. C'est ce que propose de faire ce chapitre en articulant deux niveaux d'analyse qui s'inscrivent en didactique du curriculum. Le curriculum est ici mobilisé selon deux points de vue. D'une part, le curriculum d'EEE est entendu comme l'ensemble des principes, actions et moyens organisés (souvent dans le cadre de dispositifs dédiés) pour réaliser spécifiquement les finalités d'une éducation à l'esprit d'entreprendre. D'autre part, le curriculum global est entendu dans le sens plus général comme principes, actions et moyens pour réaliser les finalités éducatives de l'école (recouvrant différents disciplines et dispositifs). Le premier niveau d'analyse, centré sur le système didactique et la dynamique didactique impliquée, vise à mieux cerner les actions d'EEE et en caractériser les tensions. Le second niveau a pour objectif de rendre compte de ce que produisent ces dynamiques en termes d'interactions entre les actions d'EEE et curriculum. La notion de curriculum est mobilisée selon deux sens : curriculum d'EEE et curriculum global.

Le curriculum d'EEE : des tensions à l'œuvre

Définie au niveau européen, l'EEE « concerne le développement des compétences des apprenants et de leur capacité à transformer des idées créatives en acte entrepreneurial » (Commission européenne, 2016, p. 19). Il s'agit de viser le développement de cette compétence clé pour tous les apprenants, qui contribue au « développement personnel, à la citoyenneté active, à l'inclusion sociale et à l'employabilité » (Commission européenne, 2016, p. 19). En France, les finalités éducatives de l'EEE s'inscrivent dans les missions, d'ordre politique, sociale et économique, liées au développement du pays : mettre les élèves en contact avec le monde économique et professionnel, développer l'esprit d'entreprendre par des réalisations concrètes, permettre l'orientation vers des secteurs et des formations porteuses d'avenir. À la suite des assises de l'entrepreneuriat de 2013, un ensemble de mesures en faveur de l'EEE est mis en place à l'école, par exemple l'allocation d'une somme de 20M d'euros par la caisse des dépôts et consignations pour les initiatives visant l'EEE entre 2014 et 2019 (Commission européenne, 2016, p. 44), ou la mise en place du projet régional dans les Hauts-de-France : une

Mini-Entreprise[1] par lycée en 2015. En concordance avec l'instauration du socle commun de connaissances, de compétences et de culture, le choix politique (Starck, 2017) est fait de mettre en place un chemin de formation, un curriculum d'EEE, que devra suivre l'élève durant toute sa scolarité afin de développer des compétences entrepreneuriales. La particularité en est sa forme hybride qui diffère selon les filières et les segments scolaires et qui répond à diverses logiques éducatives (objectifs transdisciplinaires en primaire et collège, cours dédiés à l'économie ou la gestion au lycée, stage obligatoire en troisième, etc.), qui orientent différemment le curriculum de l'EEE.

Penser les tensions au sein des dispositifs d'EEE

Les travaux de Ross (2000) en sociologie du curriculum sont susceptibles d'éclairer ces logiques d'orientation tant dans le cas du curriculum d'EEE que pour le curriculum global. En effet, en travaillant à partir des évolutions du curriculum anglais, Ross fait des distinctions entre les pilotages par les contenus, les processus, et les objectifs. Trois axes, formant un trièdre, sont à distinguer.

- Le premier (*content-driven*) caractérise une orientation du curriculum par les contenus. Dans le cadre de l'EEE, cet axe renvoie aux disciplines évoquant le monde économique. Il s'agit de privilégier les connaissances sur l'entreprise, l'apprentissage d'un lexique de mots, la connaissance d'un business plan. Ce registre est principalement porté par les enseignants d'économie ou de spécialité (mercatique, etc.) dans des filières technologiques dédiées en BTS ou bac professionnel.

---

[1] Ce dispositif est porté par l'association Entreprendre Pour Apprendre (EPA) du Nord Pas-de-Calais et soutenu par l'académie de Lille. EPA définit la Mini-entreprise comme un programme de création d'entreprise qui s'adresse aux élèves inscrits au collège, au lycée, en structure d'insertion et en centre de formation. L'action se déroule sur une année scolaire ou un semestre. Elle fonctionne comme une société anonyme ou une société coopérative, sous le couvert de l'association Entreprendre Pour Apprendre. Les mini-entrepreneurs ont chacun un rôle et des responsabilités dans leur entreprise. Ils conçoivent, produisent et commercialisent un produit ou un service. Ils assument aussi la gestion administrative et financière (Source : <https ://comider.org/La-Mini-Entreprise-EPA-Entreprendre-Pour-Apprendre.html>, consulté le 25.03.2024).

- Le second axe (*objectives-driven*) favorise une centration autour des objectifs à atteindre, des problèmes à résoudre et des compétences. L'enjeu est ici de privilégier l'apprentissage fonctionnel et la résolution de problèmes significatifs pour les élèves. Il s'agit de former un sujet « capable » en développant chez lui, notamment des compétences transversales désignées comme devant faire partie du bagage de l'entrepreneur[2], comme l'autonomie. Du fait de leur caractère transversal, il appartient à tous les enseignants de participer à leur développement.

- Le troisième (*process-driven*) vise enfin la valorisation des activités expérientielles. L'enjeu est d'immerger les élèves dans des situations que l'on peut qualifier de réelles. Cet axe est principalement investi par les acteurs de l'entreprise, les tuteurs de stage en charge d'organiser un suivi, de présenter l'entreprise, notamment dans son fonctionnement, et de favoriser l'immersion du stagiaire.

Si ces différents registres de formation renvoient à certaines disciplines spécifiques ou des moments particuliers comme les stages, en France, la formation à l'esprit d'entreprendre est faiblement institutionnalisée au sein de l'école. Principalement externalisée, elle repose essentiellement sur des dispositifs, délégués généralement à des intervenants extérieurs (Chambard, 2017 ; Tanguy, 2016) pour mettre les élèves en contact avec le monde de l'entreprise et pour développer des compétences entrepreneuriales. Ces dispositifs s'inscrivent dans les finalités du curriculum global (Zaid, 2018) et prennent des formes très différentes : Mini-entreprises (ME), travail en une journée sur un problème concret formulé par un entrepreneur, etc. Ils ont la particularité de regrouper à part variable des enseignants de disciplines générales, professionnelles ou technologiques et des prestataires extérieurs.

La question de l'insertion de ces dispositifs à la croisée des logiques de formation pose la question des références des activités éducatives menées en leur sein. Quels sont les ingrédients du pilotage des dispositifs : des contributions disciplinaires, des actions a-disciplinaire d'entrepreneuriat ou d'investigations expérientielles d'enjeu de l'entrepreneuriat ? Un des intérêts du schéma de Ross est qu'il peut permettre d'éclairer et d'interpréter les logiques des activités éducatives (Lange, 2014 ; Martinand, 2012). Ce schéma tripolaire met en avant l'idée que le passage de l'un des modes à l'autre ne se fait pas de façon harmonieuse mais induit des contradictions

---

[2]   BO n°17 du 23 avril, 2015.

ou des tensions entre les axes et les plans, l'un s'opposant à la composition des deux autres.

Dispositifs d'EEE : contenus et interactions avec le curriculum

La perspective développée dans ce chapitre prend appui sur deux recherches menées sur des actions d'EEE dans la région des Hauts-de-France. La première (de Miribel & Sido, 2019) vise à questionner des dispositifs du point de vue des contenus impliqués et des expériences vécues par les participants : quels contenus, au sens large (savoir, savoir-faire, compétence, ...) sont mobilisés dans ces dispositifs et quels en sont les références ? La seconde porte spécifiquement sur le dispositif de ME (Zaid, 2018) et vise à en comprendre le fonctionnement et les effets sur les pratiques des acteurs impliqués, notamment celles des enseignants : qu'est-ce que les enseignants perçoivent comme missions pour les ME ? Quels enjeux éducatifs fondamentaux associent-ils au dispositif de ME ? Ces deux recherches sont menées selon la même perspective structurée par des questions d'élaboration de contenus à l'échelle d'un curriculum selon trois « registres de problématisation » (Martinand, 2012) : le registre de définition d'un contenu, le registre de sélection de ses références et le registre de son élaboration didactique.

Au-delà de caractériser le fonctionnement de dispositifs particuliers d'éducation à l'entrepreneuriat, notamment en ce qui concerne les contenus impliqués, et ce que l'enseignant en déclare mettre en œuvre dans ses conditions de travail et avec ses élèves et partenaires, ces questions ouvrent sur une problématique générale, qui concerne l'interaction entre dispositifs (ici de l'EEE) et curriculum global. En effet, dans un contexte de transformations sociales et des pratiques d'éducation et de formation, la montée en puissance des dispositifs, comme ceux dévolus à l'EEE, est concomitante de l'atténuation d'un modèle curriculaire orienté par des contenus homogènes et uniformes (Barrère, 2013) vers un curriculum organisé en domaines de formation qui requièrent la contribution conjointe de toutes les disciplines et démarches éducatives à la formation de compétences dites transversales.

À ce titre, les dispositifs d'EEE participent de ce mouvement externalisant les contenus hors des disciplines (Cauterman & Daunay 2010), privilégiant une visée de médiation entre l'élève et la société élargissant l'activité enseignante, au-delà de la transmission des savoirs, à une mission de formation politique et sociale (Malet, 2010) voire étendant[3] la fonction du curriculum pour couvrir l'école et l'extérieur de l'école. Complémentairement, en tant que forme de flexibilité au sein du curriculum, les dispositifs couvrent opportunément des empans d'intervention éducative incertains, instables ou couteux en termes de mobilisation des acteurs ou de consensus. L'interaction entre dispositifs et curriculum sera analysée ici en privilégiant les points de vue de l'organisation (épistémique, temporel, spatial et matériel) et des pratiques déclarées des enseignants et des productions des élèves.

Enquête sur différents dispositifs d'Éducation à l'Esprit d'Entreprendre

L'analyse repose sur l'étude de dispositifs à l'EEE menés dans les Hauts-de-France. Dans le cadre de la première recherche, le corpus repose sur des données recueillies lors du déroulé d'actions renvoyant à trois types de dispositifs. Le dispositif 1, organisé par un service de l'université, réuni sur une journée des élèves du secondaire, des étudiants et des représentants d'entreprise afin de travailler en équipe sur un problème tiré d'un cas réel rencontré par cette entreprise. Le dispositif 2, conduit par une association spécialisée dans l'accompagnement et la formation en matière de développement d'esprit d'entreprendre (BGE), amène des élèves du secondaire à concevoir et défendre en équipe un projet « innovant » apportant des éléments de réponse à une problématique technico-sociale contemporaine. Comme le précédent, sa durée est également d'une journée. Enfin, le dernier type, d'une durée de six séances de deux heures, vise à enseigner des techniques de création d'entreprise à partir d'un modèle procédural bien connu pour simuler la déclinaison des étapes de création d'une entreprise sur la base d'un projet fictif conçu en équipe. Il est pris en charge par un intervenant extérieur membre d'une association spécialisée dans l'accompagnement à la création d'entreprise et se déroule à l'école. Le corpus est constitué d'observations directes (6) des différents types de dispositifs, d'entretien d'enseignants (6[4]), de prestataires (4) et de questionnaires (59

---

[3]   Ils cadrent et produisent ainsi des activités dites extracurriculaires qui contribuent à l'élaboration et la transmission de la culture scolaire, la diversification des styles d'enseignement et d'apprentissage et la concrétisation de finalités curriculaires telles que le climat scolaire éducatif et l'égalité des chances de tous les élèves.

[4]   4 Collèges et 3 Lycées (disciplines générales et professionnelles).

élèves[5] et 31 enseignants[6]), ceci afin d'apprécier chez l'ensemble de ces acteurs certaines logiques d'implication et d'appropriation des dispositifs. Pour la seconde recherche, centrée sur les ME, le corpus comporte des données recueillies par questionnaire (68 enseignants[7]) et par entretiens (13 enseignants). Des dossiers de ME produits par les élèves (50 au collège et 33 au lycée, pendant l'année scolaire 2013-2014) sont également recueillis et analysés selon une grille visant à identifier le genre des participants, le rôle dans l'organisation de la ME, le produit réalisé, le marché visé et la valeur créée (du point de vue des élèves). Le traitement des données qualitatives croise une analyse thématique de contenu des entretiens menés avec les enseignants et des dossiers produits par les élèves, d'une part, et une analyse lexicale (Reinert, 1993)[8] des entretiens réalisés avec les enseignants d'autre part. L'analyse lexicale met ainsi en évidence trois classes de discours[9].

Mise en évidence des tensions au sein des dispositifs d'EEE

L'analyse des données récoltées par les deux recherches met en avant un ensemble de tensions que nous nous proposons d'expliciter. Ainsi, les actions d'EEE sont l'occasion pour les enseignants de mettre en avant des connaissances disciplinaires principalement de deux façons : comme

---

[5]   7 BTS Management Commercial, Opérationnel, 21 BTS technico-commercial spécialisation agro-alimentaire.

[6]   8 sont en filière professionnelle (Bac pro), 5 en filière technique (BTS) et 18 en filière générale dont 12 enseignent au collège.

[7]   68 enseignants ont répondu parmi les enseignants impliqués dans 122 ME.

[8]   L'analyse, faite en utilisant Iramuteq, un logiciel d'analyse lexicale, vise à esquisser un aperçu global sur ce que déclarent les enseignants participant aux dispositifs ME. Elle procède en une classification hiérarchique descendante (CHD) puis une analyse factorielle de correspondance (AFC). La CHD permet de représenter, par un dendrogramme, les classifications successives des unités de contexte élémentaires (UCE), ou segments, du corpus d'entretiens réalisés avec les enseignants. Cette méthode cherche moins à compter la fréquence des mots qu'à « mettre en évidence la régularité de l'usage de certains mots et la conjonction de leurs apparitions » (Bart, 2011).

[9]   La classe C1 représente 345 sur 1 876 UCE identifiées, soit 45,04% des UCE du corpus analysé, la classe C2 en représente 29,48% et la classe C3 en représente 25,48%. La classification obtenue consiste, d'une part, en une classe C3, la première à apparaître de manière stable, et d'autre part, en deux classes emboîtées, C1 et C2, dont les profils présentent alors une proximité lexicale. La classification obtenue permet d'inférer deux espaces lexicaux : d'une part, celui représenté par la classe C3 et d'autre part, celui représenté par les classes C1 et C2.

exercice de réinvestissement de connaissances, ou comme un exemple concret qui vient appuyer le cours, l'exemplifier. Sur ce dernier point, les prestataires rejoignent les enseignants dans la mise en valeur de contenus disciplinaires, notamment la Technologie pour la partie technique du projet, les Arts plastiques pour la partie création ou l'importance des connaissances en grammaire, conjugaison, orthographe pour la rédaction d'un rapport. Ainsi, durant les dispositifs, principalement ceux se déroulant dans les établissements scolaires, les enseignants interviennent pour faire une sorte de point cours. C'est, par exemple, le cas de cette professeure de 1re BTS action commerciale (DISP 3) qui interrompt l'intervenante extérieure lors d'une séquence portant sur l'élaboration d'un business plan pour rappeler à ses élèves que les notions de « partenaire », « relation client » seront étudiées dans la suite du cours ou encore d'une enseignante de collège (ME) qui exploite les cours sur l'argumentation pour travailler la publicité d'un produit ou d'un service. Les exemples mettent en avant la complémentarité recherchée, mais aussi la tension entre les types de contenus : l'enseignante déploie de nombreux efforts pour associer des contenus abordés en cours aux apports de l'intervenante, comme si ces derniers ne pouvaient être avancés pour eux-mêmes. De même, nous pouvons constater un effort pour « faire exister » les contenus scolaires en dépit de la dimension appliquée et opérationnelle des apports de l'intervenante. Nous constatons une tension formée par l'opposition entre l'axe des contenus et le plan formé par le développement de compétences et l'axe expérientiel. Cette tension est locale, circonscrite dans le temps mais c'est une tension forte puisqu'elle conduit à l'interruption momentanée du dispositif.

Une autre tension porte sur les objectifs en termes de développements de compétences portés par les dispositifs. Pour les prescripteurs, les dispositifs permettent le développement de compétences perçues comme entrepreneuriales : créativité, *leadership*, gestion, travail en projet. Ces compétences sont peu citées par les enseignants interrogés qui assignent alors d'autres objectifs aux actions d'EEE. Par exemple, dans le cadre d'une participation d'une classe de bac pro commerce à un dispositif, les professeurs de spécialité commerce et de Maths-Sciences (DISP 2) indiquent n'attendre pas grand-chose de la participation de leur classe au dispositif en ce qui concerne le développement de l'esprit d'entreprise. Par contre, ils en attendent le développement de compétences transversales mobilisables pour la gestion de classe et pour avoir une meilleure connaissance des élèves et de leurs potentialités. Des tensions apparaissent alors entre les directives données par les enseignants qui valorisent l'expérience et la bonne attitude des élèves : rigueur, volonté, persévérance, attentionnés, aidants et les injonctions du dispositif qui valorisent la réussite du projet sur le plan des objectifs et des contenus.

Enfin, les intervenants valorisent ce que ces dispositifs permettent et provoquent comme découverte chez les élèves :

–   Découverte du monde professionnel, afin notamment « de les préparer à l'avenir » (DISP 1),

–   Découverte du monde de l'entreprise via la présence d'intervenants non scolaires, l'utilisation d'outils professionnels comme des « *buisness models* », et des délocalisations, dans certains cas.

–   Découverte ou redécouverte de l'utilité des apprentissages scolaires en suscitant l'intérêt des élèves afin de les raccrocher à l'école.

Ces tensions entre les logiques éducatives de l'EEE sont potentialisées par les enjeux différenciés portés par ces dispositifs. Par exemple, les ME sont mobilisées d'un côté par les enseignants, comme une possibilité d'enseigner sa discipline, comme stratégie de détour pour enseigner autrement, comme occasion pour faire vivre aux élèves la création d'une entreprise et pour former aux dispositions de l'entrepreneuriat. De l'autre, elles sont vécues comme un espace d'épanouissement professionnel, de reconnaissance disciplinaire ou mobilisées, du point de vue de l'association Entreprendre Pour Apprendre (EPA[10]), actrice du dispositif ME, comme un passage obligé pour préparer le concours de fin d'année.

Ces observations et les enquêtes menées ainsi que les analyses subséquentes montrent l'existence de tensions localisées et circonscrites à certains moments du déroulement des dispositifs comme si chaque acteur aux prises avec les actions faisait valoir à un moment donné une logique par rapport aux autres. Le passage, au sein d'un même dispositif, d'un ensemble d'activités orientées par des objectifs ou des compétences entrepreneuriales et par l'enjeu d'expériences se référant aux métiers de l'entreprises à des moments plus « scolaires », visant l'appropriation d'un ensemble de connaissances académiques, marque des ruptures importantes. Ces observations indiquent qu'il n'y a pas d'inscription fixe de l'EEE dans l'un des registres. Autrement dit, il semble que l'éducation à l'esprit d'entreprendre, selon les acteurs, les

---

[10]   <https://www.entreprendre-pour-apprendre.fr/>.

espaces et les moments, mobilise tour à tour prioritairement l'apprentissage de connaissances disciplinaires, l'activité expérientielle des élèves et le développement de compétences.

Ces tensions internes aux dispositifs et constitutives de l'EEE sont enchâssées dans d'autres tensions relatives aux relations entre dispositif et curriculum. Cette formation à l'entrepreneuriat qui vise à mettre en relation les acquis des différentes disciplines et les mobiliser dans des situations variées s'inscrit dans les transformations curriculaires à l'échelle globale de l'éducation en France, mais indique sa spécificité dans le second cycle du secondaire dans un curriculum marqué par une organisation des contenus selon des disciplines relativement étanches (Bernstein, 1971).

Caractérisation des interactions entre dispositifs et curriculum global

Le dispositif ME et son organisation impliquée face au curriculum global

La relation dispositifs-curriculum est censée être fonctionnelle et régie par une sorte de division du travail. Si le curriculum définit le modèle organisateur et les conditions d'enseignement, les dispositifs concrétisent des activités, à titre expérimental ou de manière durable, selon diverses visées éducatives, telles que la formation des dispositions à l'entrepreneuriat et l'orientation scolaire et professionnelle. Par ailleurs, les enseignants sont unanimes quant à la nature de leurs rapports avec l'organisme concepteur du dispositif ME. Les représentants d'EPA sont considérés, de leur point de vue, comme des prescripteurs qui fixent les modalités, les contenus du dispositif ME et les échéances de sa mise en œuvre, la mise à disposition des enseignants impliqués de ressources facilitant l'action (notions, outils de travail, organigramme « qui fait quoi dans la ME », plan, etc.) et l'organisation de rencontres avec des parrains. EPA fixe le cadre, guide et dirige l'action au sein de la ME, elle rassure et offre conseils et ressources pédagogiques ainsi que les savoirs techniques nécessaires, tels que les statuts des entreprises.

Or, l'analyse des questionnaires et des entretiens avec les enseignants montre que le dispositif se met en place dans et selon une diversité de conditions et recouvre en fait des réalités et des contenus très divers, voire en tension avec les visées du curriculum.

Ainsi, les genèses des dispositifs ME dans les établissements scolaires sont diverses : recherche sur internet d'un dispositif afin de nourrir ses séances d'ouverture sur le monde professionnel (Fabien, 3DP), participation, en accord avec le chef d'établissement, à une formation organisée par EPA, demande officielle (direction) pour mettre en place le dispositif ME. Deux remarques sont à souligner ici : d'une part, dans tous les cas, le rôle du chef de l'établissement est fondamental (information, convention avec EPA, mobilisation des enseignants, suivi) D'autre part, également dans tous les cas analysés, le dispositif ME est introduit dans l'établissement « à frais constants ». C'est-à-dire que le dispositif est pris en charge sur des heures d'enseignement ou bénéficie d'une prise en charge spécifique en heures supplémentaires, local dédié, etc.

Les discours des enseignants dénotent en outre un dispositif qui recouvre des organisations diverses, qui prend autant de formes que de contextes d'implantation et de profils des enseignants impliqués :

- Diversité de lieu : collège (essentiellement la DP3[11]), lycée général et technologique et lycée professionnel, (principalement en 2de), des établissements de l'enseignement spécialisé (IEM[12]).

- Diversité de profil enseignant : certifiés de différentes disciplines[13] (principalement de Technologie) et assurant différentes fonctions à l'école (enseignement, suivi de stage, intervention en DP3[14] ou en 3 PP[15], etc.). Ils n'ont par ailleurs pas le même rapport à l'entreprise, certains n'en ont aucune connaissance antérieure, tandis que d'autres ont eu de longues expériences (de 12 à 33 ans).

- Diversité des intervenants : les enseignants mentionnent également leurs rapports avec les parrains[16] de la ME. Ils les considèrent comme des garants du sens des activités menées au sein des ME.

L'analyse des discours des enseignants montre aussi un fort espace sémantique portant sur les conditions d'organisation :

- temporelle (le temps comme ressource allouée aux ME), « Il nous fallait pouvoir proposer 3 heures par semaines, parce qu'il y a des visites » (Paul, Enseignant de Français, collège).

---

[11] C'est prévu dans la prescription EPA.
[12] Institut d'Éducation Motrice.
[13] Art (2), Hygiène alimentaire et santé (2), Maths (3), Physique Chimie (3), Sciences de l'ingénieur (3), Technologie (14), Sport (1), Habitat (1), Documentation (1), Sciences de la vie et de la terre (1) et Éducation spécialisée (2).
[14] Découverte professionnelle de 3 heures.
[15] Classe de troisième préparatoire aux formations professionnelles.
[16] Des chefs d'entreprises partenaires de EPA.

–   sociale (rôle des acteurs) « il [l'intervenant] a recadré tout de suite, il savait bien qu'il y avait une tension [à propos du choix du statut de l'entreprise, et les élèves l'ont écouté » (Julien, Français, collège).

–   didactique (contenu : engendré par le dispositif ME vs impliqué par la discipline d'accueil) « voilà, un projet qui engloberait la partie gestion, la partie création par des propositions faites aux clients, la partie réalisation, la partie facturation et gestion, peut-être, d'un chiffre d'affaires. Donc voilà, pour nous, comme c'est des notions qu'on aborde dans ce cursus, pour nous c'était comme un projet qui globalisait un peu tout, un projet concret » (Amélie, Arts appliqués, LP).

Le dispositif ME vient donc bousculer l'organisation curriculaire en ce sens que les enseignants sont sollicités pour intervenir en dehors de leurs disciplines et de tiers espaces et temps sont aménagés pour les élèves en dehors des heures et espaces prescrits. Devant cette diversité, la finalité d'éducation à l'entrepreneuriat est interrogée en termes de possibilité de mise en œuvre.

Le dispositif ME et l'adaptation des pratiques des enseignants

Si le curriculum formate le faire de l'enseignant (Reuter, 2005), les dispositifs redéfinissent ce faire dans des temps, espaces et contenus différents. Les enseignants rendent compte des actions, visant à former des dispositions à l'entrepreneuriat, actualisées dans les circonstances temporelles, sociales et didactiques. Leurs discours mettent ainsi en évidence des tensions entre la logique curriculaire (notamment l'organisation des enseignements en disciplines scolaires), celle du dispositif ME (notamment la démarche ME telle qu'elle est conçue par EPA) et celles de ses différents acteurs, y compris les enseignants, qui impliquent diverses adaptations de leurs pratiques.

Les discours des enseignants mettent en évidence que la relation fonctionnelle du dispositif au curriculum est reconstruite en ce sens qu'un même dispositif peut avoir une fonction dominante différente selon l'interprétation que l'enseignant se fait de son organisation, des activités, des contenus, des relations aux acteurs et aux supports qui les concrétisent. Plus particulièrement, la lecture croisée des trois classes sémantiques des discours des enseignants[17] suggère qu'ils sont structurés selon deux dimensions :

---

[17]   Ces classes ont été mises en évidence par une analyse lexicale, voir les notes de bas de page 8 et 9.

d'une part, la dimension organisation qui est polarisée par le temps alloué et les aspects didactique et social (rôles des participants) ; d'autre part, la dimension des conditions de mise en œuvre des ME qui implique que la pratique scolaire des ME se fait sous le signe de l'*adaptation* en tant qu'actions en tension entre visées perçues des ME et circonstances singulières de leurs actualisations. Les enseignants constatent ainsi tous la transformation de leur rôle en classe avec les élèves se rapprochant plus d'un rôle d'accompagnement (Fabien, Leila), d'expertise (Lisa, Guy, Marc) ou de conseil en entreprise et impliquant une meilleure connaissance de l'entreprise, ses acteurs et son environnement. L'adaptation des pratiques des enseignants s'est opérée sous deux tensions en particulier : d'une part, une tension entre la transmission des contenus engendrés par le dispositif de ME et l'enseignement du contenu de la discipline d'accueil ; d'autre part, une tension entre temporalité de l'enseignement scolaire visant à développer des dispositions à l'entrepreneuriat chez les élèves (ou faire cours) et temporalité de la ME polarisée par la préparation et la participation au concours régional des ME. L'adaptation qui n'est pas très présente en tant que forme (ou terme) dans les discours des enseignants en constitue un construit structurant.

Si bien que ce dispositif pose la question des décalages que produisent ses diverses adaptations, au regard des pratiques attendues par le curriculum, selon des intérêts (d'acteurs) également très divers. Le cas des enseignants de Technologie au collège ou de Sciences de l'ingénieur au lycée est significatif quant à l'adaptation de la professionnalité. Majoritairement présents dans le dispositif ME, ils sont sollicités pour conduire des activités qui nécessitent des savoirs et des savoir-faire techniques (machines à commande numérique, usinage, etc.). Leur savoir-faire et expérience trouvent dans les ME un nouvel espace d'expression, après la migration de la mission d'orientation qu'assurait la discipline Technologie au collège avant la réforme de 2008 vers la DP3 et après la réduction des activités de production dans la voie technologique.

Le dispositif ME remet également en question le formatage du faire des enseignants par le curriculum en ce qu'il brouille les frontières entre disciplines et fait émerger une pluralité de contenus et de démarches (enquête, résolution de problème, projet ou encore recherche documentaire). Le statut du contenu, pouvant être majeur ou mineur dans le système disciplinaire, est reconstruit dans l'activité et devient instable, mouvant et dépend de la manière dont les acteurs se saisissent du dispositif. La hiérarchie des contenus est redéfinie localement. Les activités impliquées « abolissent en partie la clôture, la frontière qui caractérise l'école vouée à l'apprentissage de savoirs discursifs « textualisés », et de valeurs « culturelles », à l'abri des regards et interventions extérieurs » (Martinand, 2012).

Des conditions de possibilité d'un curriculum d'éducation à l'esprit d'entreprendre

L'éclairage du modèle de Ross (2000) sur les différentes actions d'EEE prescrites avec les espaces temporels et topographiques dans lesquels elles prennent place met en avant le caractère divers, éclaté, et dynamique de l'EEE à la fois dans les dispositifs, mais finalement à l'échelle curriculaire. Dès lors, la question du principe de cohérence et plus largement du principe d'intelligibilité de cette « éducation à » se pose. Quelle est la structure de l'EEE dans ce contexte mouvant à la fois au niveau des actions éducatives, mais plus largement au niveau du curriculum global ? Quels éléments assurent la solidarité entre les différentes logiques de formations ? A quoi cherche-t-on à éduquer : à l'entreprise, à l'esprit d'entreprendre à des compétences plus transversales, référées à la citoyenneté ou la construction de soi ? Ces questions s'insèrent dans la problématique plus large des relations entre éducation-formation et travail, entre le curriculum de l'EEE et les pratiques sociales de l'entrepreneuriat. L'EEE se situe en effet dans une mouvance qui vise à rapprocher les mondes de l'éducation et de la formation de celui des emplois et du travail. Comme le note Wittorski, (2008), ce mouvement de professionnalisation est marqué par la « nécessité de finaliser davantage les apprentissages par rapport aux situations de travail, d'articuler plus étroitement travail et formation [...] dans des contextes d'activité qui changent de façon, quasi-permanente » (p. 11). De telles orientations, nous avons pu le montrer, visent à faire vivre des expériences entrepreneuriales réelles[18] aux élèves. Le questionnement didactique qui se pose est alors celui des contenus mobilisés, de la problématisation, de la transformation, de la reconstruction de telles situations en vue d'apprentissages spécifiques.

Par ailleurs, plusieurs recherches mettent en évidence que l'omniprésence des dispositifs à l'école vient interroger le curriculum global quant à ce qui lui est spécifique, en tant que passeur des politiques éducatives vers la classe (Depover & Jonnaert, 2014) : les finalités et l'organisation

---

[18] Ou du moins qui simule une activité entrepreneuriale se rapprochant le plus possible d'une activité réelle, dans un cadre pédagogique maitrisé.

de l'enseignement, les pratiques des enseignants et les contenus/activités d'enseignement. L'étude du dispositif ME vient confirmer ce constat et le prolonger par quelques questions notamment en ce qui concerne la possibilité qu'un dispositif puisse constituer une entrée pour construire un curriculum alternatif. L'étude du dispositif ME met en évidence les limites du curriculum orienté processus où l'apprentissage est centré sur l'expérience de l'élève. En effet, l'expérience des élèves est plutôt polarisée par prouver que la ME fonctionne comme une vraie entreprise et par l'objectif de concrétiser leurs projets et la participation au concours régional des ME (Zaid, 2017). Elle consiste en des activités multiréférentielles (qui vont de la publicité d'une pratique ludo-sportive, le Parcours ou Yamakasi, à l'habillement en passant par la téléphonie) qui posent la question de l'équilibre à penser entre d'une part des choix très locaux des élèves (marqués par les besoins de leur « génération » et de leur environnement immédiat, ce qui explique leur engagement) et d'autre part des visées à former chez eux des dispositions à l'entrepreneuriat. Elle pose également la question de la relation entre les activités de ME et leurs visées de connaissance, sans quoi des enjeux fondamentaux de l'éducation à l'EEE, tels que la concurrence, la mondialisation, le risque, la déréglementation, les normes, etc. qui caractérisent le monde de l'entreprendre d'aujourd'hui, resteront inaccessibles aux élèves.

À la fois, la perspective de recherche adoptée ainsi que les deux niveaux d'analyse mobilisés, l'un centré sur le système didactique et l'autre sur le curriculum, conduisent à formuler deux constats concernant les apports et les questions que posent la didactique curriculaire, et plus globalement les Sciences de l'éducation et de la formation à l'EEE.

Premièrement, en se posant des questions relatives à la nature de cette « éducation à » particulière, ses finalités, ses contenus, ses références entre éducation à l'entreprise ou à l'entrepreneuriat (entendu au sens large, c'est-à-dire non exclusivement économique), le didacticien bouscule les investigations usuelles qui visent à questionner la pertinence de l' « éduction à » proposée ou des compétences développées au regard de l'image prototypique de l'entrepreunariat. Il ne s'agit pas en effet d'exercer une vigilance sur l'écart entre les pratiques sociales valorisées et les dispositifs mis en place, comme le proposent les recherches inscrites dans le champ de *l'entrepreneurial learning*, mais de questionner ce que produit cette « éducation à » notamment en termes de contenus ou d'effets. Cette démarche pose à nouveaux frais la question de ce qu'est l'entrepreneuriat tel qu'il est construit par l'école et les dispositifs mise en place.

Secondairement, l'EEE est un objet hybride, faiblement institution-nalisé, privilégiant les actions a-disciplinaire et expérientielles référencées sur une vision prototypique de l'entrepreneur. Il rentre dès lors en tension avec le curriculum classique français, à la fois dans sa structuration et sa cohérence, mais aussi comme possibilité de le transformer ou tout du moins en présentant par certains aspects une alternative. Centrées sur l'étude des processus d'enseignement-apprentissage de savoirs structurés en disciplines ou matières scolaires, les didactiques se retrouvent ainsi bousculées par l'éducation à l'esprit d'entreprendre. Le didacticien est alors amené dans une démarche heuristique à sortir de ses approches habituelles afin de questionner notamment l'identité relationnelle de l'EEE par rapport aux autres enseignements et « éducation à » ainsi que ses types curriculaires et les tensions que provoque son insertion dans le curriculum classique. De tels questionnements participent alors à structurer une didactique curriculaire des « éducation à » (Lange, 2014 ; Martinand, 2012).

Références bibliographiques

Audigier, F. (2018). Education à l'entrepreneuriat et disciplines du monde social. Histoire, géographie, citoyenneté. In P. Champy-Remoussenard & S. Starck (Eds.), *Apprendre à entreprendre* (pp. 45-58). De Boeck supérieur.

Barrère, A. (2013). La montée des dispositifs : un nouvel âge de l'organisation scolaire. *Carrefours de l'éducation, 36*, 95-116.

Bart, D. (2011). L'analyse de données textuelles avec le logiciel Alceste. *Recherches en didactiques, 2*, 173-184.

Bernstein, B. (1971). On the Classification and Framing of Educational Knowledge. In M. Young (Ed.), *Knowledge and Control, New Directions for the Sociology of Education* (pp. 47-69). Collier-MacMillan.

Cauterman, M.-M. & Daunay, B. (2010). La jungle des dispositifs. *Recherches, 52*, 9-23.

Champy-Remoussenard, P. (2021). L'éducation à l'esprit d'entreprendre, une question sociale et politique vive saisie par la recherche en éducation et en formation : comment et pourquoi ?. *Savoirs, 57*, 19-60.

Chambard, O. (2017). *La fabrique de l'homo entreprenans ; Sociologie d'une politique éducative aux frontières du monde académique et du monde économique* (Thèse de doctorat). École des Hautes Études en Sciences Sociales, France.

Commission européenne (2016). *Rapport Eurydice. Formation à l'entrepreneuriat à l'école en Europe*. Commission européenne.

de Miribel, J. & Sido, X. (2019). *Définir et reconnaître les compétences entrepreneu-riales ?* (Rapport de recherche). Rectorat de l'Académie de Lille, IDEE.

Depover, C. & Jonnaert, P. (2014). *Quelle cohérence pour l'éducation en Afrique : des politiques au curriculum.* De Boeck.

Fayolle, A., Verzat, C. & Wapshott, R. (2016). In Quest legitimacy: The theoreti-cal and methodological foundations of entrepreneurship education. *International small Business journal: researching entrepreneurship, 34*, 895-904.

Lange, J.-M. (2014). Curriculum possible de l'Éducation au Développement Durable : entre actions de participation et investigations multiréférentielles d'en-jeux ». *Éducation relative à l'environnement, 11*. Repéré à http://journals.openedi-tion.org/ere/691

Loi, M., Castriotta, M., & Di Guardo, M. C. (2016). The theoretical foundations of entrepreneurship education: how co-citations are shaping the field. *International Small Business Journal, 34(7)*, 948-973.

Malet, R. (2010). *École, médiations et réformes curriculaires : Perspectives internatio-nales.* De Boeck Supérieur.

Martinand, J.-L. (2012). *Éducation au développement durable et didactique du curri-culum.* Conférence présentée au XIXᵉ Colloque AFIRSE, Lisbonne.

Nabi, G., Linan, F., Fayolle, A., Krueger, N., & Walmsey, A. (2017). The impact of entrepreneurship Education in Higher Education: a systematic review and research Agenda. *Academy of management learning & education, 16*(2), 277-299.

Pittaway, L., & Cope, J. (2007). Entrepreneurship education: a systematic review of the evidence. *International Small Business Journal, 25*(5), 479-510.

Reinert, M. (1993). Les « mondes lexicaux » et leur « logique » à travers l'analyse statistique d'un corpus de récits de cauchemars. *Langage et société, 66*, 15-39.

Reuter, Y. (2005). Analyser le faire des élèves dans une perspective didactique. *Les cahiers THÉODILE, 6*, 33-40.

Ross, A. (2000). *Curriculum, construction and critique.* Routledge.

Starck, S. (2017). Formation à l'entrepreneuriat dans le secondaire français : quelles réalités politiques, du supranational au local ?. *Formation Emploi. Revue française de sciences sociales, 140*, 127-145.

Starck, S. (2018). L'éducation à l'esprit d'entreprendre : Agir, apprendre, se déve-lopper à distance de la forme scolaire. In P. Champy-Remoussenard & S. Starck (Eds.), *Apprendre à entreprendre* (pp. 59-78). De Boeck supérieur.

Tanguy, L. (2016). *Enseigner l'esprit d'entreprise à l'école : le tournant politique des années 1980-2000.* La Dispute.

Toutain O., & Verzat, C. (2015). Former et accompagner des entrepreneurs poten-tiels, diktat ou défi ?, *Savoirs, 2015/3, 39*, 11-63.

Wang, C. L. & Chugh, H. (2014). Entrepreneurial learning: past research and future challenges. *The International Journal of Management Reviews, 16(1)*, 24-61.

Wittorski, R. (2008). Note de synthèse - La professionnalisation. *Savoirs, 17*(2), 9-36.

Zaid, A. (2017). Dispositif et curriculum. Une problématique de didactique curriculaire. In A. Barthes, J.-M. Lange & N. Tutiaux-Guillon (Eds.), *Dictionnaire critique des enjeux et concepts des « éducations à »* (pp. 351-359). L'Harmattan.

Zaid, A. (2018). Approche curriculaire d'un dispositif de Mini-entreprise au collège et au lycée. Proposition pour une éducation à l'entrepreneuriat. In P. Champy-Remoussenard & S. Starck (Eds.), *Apprendre à entreprendre* (pp. 95-115). De Boeck.

CHAPITRE 7 :

Les enseignants, des sujets entreprenants ? Regards critiques sur une question ambivalente

Catherine Souplet, Maîtresse de conférences, Université de Lille, CIREL ULR 4354
Elisabeth Menouar-Verfaillie, Docteure en Sciences de l'éducation
Dalila Moussi, Maîtresse de conférences, Université Côte d'Azur, LINE UPR CA02

Introduction

Des dispositifs d'éducation à l'esprit d'entreprendre tendent à se déployer aujourd'hui au sein de l'institution scolaire (Ait M'Bark, 2019 ; de Miribel & Sido, 2019 ; Pepin, 2017 ; Starck, 2017) en articulation avec des demandes sociales, politiques, économiques, et notamment pour répondre à de nouvelles incitations émanant du ministère de l'Éducation nationale. Au-delà de l'objectif qui viserait à ce que des élèves envisagent la possibilité d'activités entrepreneuriales, voire de création d'entreprise, ces pratiques et dispositifs éducatifs visent également à développer esprit d'initiative, créativité, autonomie[1], afin de pouvoir se penser comme sujet entreprenant[2]. Mais qu'en est-il des enseignants dont l'institution attend qu'ils mettent en place ces pratiques ? Il semble qu'ils ne sont guère pensés eux-mêmes, au sein de l'Éducation nationale, comme des entrepreneurs, ou comme des sujets entreprenants. En effet, si l'on consulte le référentiel des compétences professionnelles des métiers du professorat et de l'éducation (MEN, 2013), aucune mention n'est faite au champ de

---

[1] Voir notamment l'appel à communication du colloque *Éduquer à l'esprit d'entreprendre, former à l'entrepreneuriat ? Enjeux, questions, transformations*, Lille, 2020.

[2] Nous empruntons le terme de « sujet » aux travaux de Reuter, Cohen-Azria, Daunay, Delcambre & Lahanier-Reuter (2013) autour du sujet didactique, à savoir un acteur social en tant qu'il est constitué « par des relations d'enseignement ou d'apprentissage, institutionnalisées, à des objets de savoir, référés à des disciplines » (p. 87).

l'entrepreneuriat ou à un quelconque esprit d'entreprendre. Cela revient alors à considérer les enseignants comme appartenant à un monde professionnel à la marge de ces réflexions, un peu comme s'ils ne pouvaient être concernés par ces questions dans l'exercice de leur profession, en dehors des enseignements qu'il leur est demandé d'apporter aux élèves.

L'enjeu de ce chapitre consiste à se saisir de ce constat pour le questionner ; « l'état d'esprit et les compétences susceptibles de rendre possible l'initiative entrepreneuriale »[3], supposés être développés par des pratiques éducatives scolaires, peuvent-ils être pensés comme des composantes de l'activité professionnelle des enseignants ? Autrement dit, les enseignants peuvent-ils être considérés comme des sujets entreprenants ? En cela, nous tentons en quelque sorte d'entrouvrir une piste sans prétendre à une quelconque exhaustivité. Notre réflexion est circonscrite à un cas singulier et nous nous appuyons sur une recherche (Souplet, 2023) qui étudie les façons dont un groupe de professeurs des écoles[4] s'est engagé dans un processus de formation de manière autonome, c'est-à-dire en dehors de toute prescription institutionnelle, et collaborative (la dimension collective étant privilégiée). En corrélation avec ce processus de formation, ces enseignants ont travaillé en envisageant la possibilité de constituer ensemble l'équipe pédagogique d'un établissement scolaire, en l'occurrence une nouvelle école publique qui était en cours de construction. Ils ont développé des stratégies pour servir leur projet, et il se trouve que ce projet s'est réalisé : ils forment maintenant l'équipe pédagogique d'une école qui a ouvert ses portes à la rentrée de septembre 2022, avec l'accord de leur institution, l'Éducation nationale.

Ces enseignants ne sont pas des entrepreneurs, au sens classique du terme, mais d'une certaine manière ils ont entrepris dans le cadre de leur projet, et nous pouvons dire aujourd'hui qu'ils ont réussi. Dès lors, y a-t-il pertinence, intérêt, à emprunter les concepts que mobilisent les recherches sur l'éducation à l'esprit d'entreprendre pour comprendre ce qui s'est joué, et ce qui se joue, dans le projet de ces enseignants ? Cela permet-il de mettre en lumière des aspects jusqu'alors non identifiés ?

L'analyse présentée dans ce chapitre s'appuie sur une relecture des travaux que nous avons conduits au sein de cette recherche ; relecture parce

---

[3]   Extrait de l'appel à communication du colloque *Éduquer à l'esprit d'entreprendre, former à l'entrepreneuriat ? Enjeux, questions, transformations*, Lille, 2020.

[4]   Ils sont sept, et n'exercent pas tous dans la même école, ni dans le même niveau de classe.

que la dimension entrepreneuriale ne faisait aucunement partie du point de vue initialement adopté. Pour autant, nous voyons un intérêt à mettre en discussion les activités de ces enseignants, au sein de ce projet, au regard de ce que pourraient être des formes d'entreprendre, notamment pour identifier plus finement des aspects de leur activité que nous avions peu mis en exergue jusqu'alors. Pour ce faire, nous proposons, en guise de clin d'œil, de considérer que ces enseignants ont géré leur *petite entreprise*[5]. Nous commençons par décrire cette petite entreprise en nous intéressant à des caractéristiques perceptibles qui nous semblent révéler un esprit d'entreprendre chez ces enseignants. Puis, nous nous arrêtons plus particulièrement sur la notion de risque, inhérente à l'esprit d'entreprendre en ce qu'il est « marqueur de l'activité et des représentations de l'entrepreneur. […] entreprendre c'est effectivement s'exposer à l'incertitude de la situation » (Champy-Remoussenard & de Miribel, 2021, p. 97). À la lumière de nos analyses, nous concluons en revenant sur la façon particulière dont nous nous sommes saisies du terme « entreprendre », et en mettant au jour les tensions que cette réflexion sur l'entrepreneuriat a générées pour nous, en tant que chercheuses.

Des enseignants qui gèrent leur *petite entreprise* ?

Qu'est-ce qui a guidé ces enseignants vers une telle *entreprise*[6] ? Peut-on déceler chez eux un esprit d'entreprendre ?

Dans cette partie, nous avons souhaité questionner l'esprit d'entreprendre de ce groupe en retenant une acception assez large du terme *entreprendre*, envisagé sous l'angle de « comportements empreints de l'esprit d'entreprendre, de capacité d'initiative, d'autonomie voire de créativité » (Champy-Remoussenard, 2021, p. 22). Si l'on se réfère à la définition de l'esprit d'entreprendre proposée par la plupart des textes institutionnels et de recherche, à savoir l'aptitude d'un individu à passer des idées aux actes (Commission européenne, 2016), alors il nous semble que ces enseignants disposent effectivement d'un esprit d'entreprendre puisqu'ils ont mené à bien un projet en faisant preuve d'une certaine

---

[5]   *Ma petite entreprise* est une chanson d'Alain Bashung sortie en 1994 sur l'album Chatterton. À noter que Bashung composa la musique du film de Pierre Jolivet intitulé lui aussi *Ma petite entreprise*, sorti en 1999.

[6]   La mise en italique (tout au long du texte) renvoie à l'utilisation d'un lexique de l'entrepreneuriat dans son sens commun.

créativité liée à un désir d'innovation, et en prenant des risques. Ces professeurs d'école ont eu « la volonté d'agir pour créer du changement, de la nouveauté » et se sont largement donné les moyens de le faire (Verzat, 2015, p. 82). Nous avons tenté d'identifier chez eux des manières d'agir ou des attitudes particulières susceptibles d'éclairer des comportements entreprenants, en nous appuyant sur certains travaux qui ont mis en évidence des attitudes favorables à l'entrepreneuriat : la recherche d'opportunités économiques, le goût pour les défis, l'autonomie, le goût pour la responsabilité ou encore le besoin d'accomplissement en sont des exemples (Verzat, 2015). Au sein du projet de ce collectif d'enseignants (avec des choix, des façons de faire qui leur sont propres), nous étudions plus particulièrement trois aspects qui nous paraissent corrélés aux réflexions sur les formes d'entreprendre dans le champ de l'éducation et la formation des enseignants : la prise d'initiative, l'engagement personnel et collectif, et le besoin d'innovation.

La prise d'initiative

« Ma petite entreprise…embauche…débauche…se dévoile »[7].

Quatre particularités nous semblent révélatrices des prises d'initiatives de ces enseignants. Nous les déclinons ci-dessous.

Recruter. L'aventure a démarré avec un groupe de trois enseignants, travaillant ensemble dans la même école maternelle depuis quelques années, et désireux de développer un projet pédagogique intergénérationnel. Le groupe a contacté la mairie de Lille pour s'informer des possibilités et a eu vent d'un projet de construction et d'ouverture d'école dans leur commune[8]. Dès lors, les enseignants se sont pris à rêver…Ils ont entrepris de constituer une équipe de professeurs motivés à travailler ensemble dans la perspective d'intégrer cette école. Le *recrutement* s'est fait par cooptation. Ils ont cherché parmi leurs connaissances en étant attentifs à s'entourer

---

[7]   Extraits de la chanson d'Alain Bashung, *Ma petite entreprise* (1994).
[8]   Construction du groupe scolaire dont le chantier a démarré en 2017. Ce groupe scolaire a ouvert en 2022, avec huit classes (alors qu'il peut en accueillir seize), il dispose également d'une salle de restauration scolaire, d'une salle polyvalente et d'une surface d'évolution sportive.

d'enseignants qui partagent la même image de l'école et qui souhaitent mettre en œuvre des pédagogies différentes (Reuter, 2021), proches de leurs convictions et valeurs. Parmi les préoccupations de ce collectif, il y avait aussi le choix de solliciter des personnes qui ont une expérience avérée dans les autres niveaux d'enseignement de l'école primaire. L'équipe formée par cooptations successives comprend au total sept enseignants de maternelle et d'élémentaire, réunis autour d'une même aspiration : faire partie de la nouvelle école lors de son ouverture.

Saisir des opportunités. Ce groupe d'enseignants a su *investir* l'opportunité dont ils ont eu vent : le projet de construction d'une nouvelle école. Partant de là, et durant quatre années, ils ont suivi la construction, échangé avec la municipalité, collaboré avec les architectes, et œuvré pour intégrer cette école. Leur opiniâtreté leur a valu d'être considérés comme des interlocuteurs privilégiés et de participer à tous les temps forts. Les réflexions engagées avec ces enseignants ont conduit par exemple à la création de classes modulables et d'espaces pour les parents d'élèves alors même que rien ne prédisait la réussite de leur *entreprise*.

S'auto-organiser pour réussir. Ce collectif a pris l'initiative de se réunir régulièrement le soir après la classe pour échanger, partager, se former mais aussi réfléchir au projet pédagogique de l'école. Ces réunions, prises sur leur temps personnel, témoignent d'une volonté forte de faire aboutir un projet qui leur tient à cœur, et ce, sans aucune garantie. Pour autant, l'entrepreneur n'est-il pas celui qui envisage d'agir en fonction de situations incertaines ? Ce collectif se trouve en effet dans une situation particulière au regard de ce qui se fait habituellement. En France, le recrutement des enseignants est très encadré, ceux-ci participent à un mouvement de demande de mutation qui leur permet de formuler des vœux pour des postes affectés à des écoles. Ils peuvent ainsi choisir leur établissement mais pas les membres qui le composent. Le projet d'intégrer cette école repose donc essentiellement sur de l'espoir…

Mobiliser un réseau de partenaires. Enfin, ce collectif a pris l'initiative de contacter divers partenaires pour exister et optimiser ses chances d'intégrer l'école. Les enseignants ont ainsi sollicité le Conseiller Académique Recherche Développement Innovation Expérimentation (CARDIE) de Lille pour présenter leur projet pédagogique qui a reçu un accueil très favorable. Ils nous ont sollicités (chercheurs) pour les accompagner dans cette *entreprise*. Ils ont progressivement et stratégiquement informé leurs inspecteurs de circonscription, le Directeur Académique des Services de l'Éducation nationale du Nord (DASEN), puis les syndicats.

L'engagement personnel et collectif

Le groupe rassemble des enseignants que l'on pourrait qualifier d'engagés, des enseignants qui croient fortement dans les buts et les valeurs de l'école avec « la volonté d'exercer des efforts significatifs au profit de celle-ci et un fort désir d'en rester membre » (Bentein, 2006, p. 184). Leur engagement est à la fois personnel et social ; personnel puisqu'ils se sont engagés individuellement et volontairement en dehors de toute injonction institutionnelle, pour travailler « avec des personnes qui vont dans le même sens » selon un enseignant. Ils ne comptent pas leur temps et n'hésitent pas à empiéter sur leur vie privée. Leur engagement revêt aussi un caractère social, en ce qu'il est corrélé à une vision d'une société souhaitée, tous rêvent d'une école différente pour leurs élèves. Ce collectif partage des valeurs et des idéaux : « on se sent tous plus ou moins investi d'une mission et l'école c'est pas juste un job alimentaire quoi c'est un engagement », précise l'un d'entre eux.

L'engagement est un concept multidimensionnel tant du point de vue de sa forme que de sa cible, mais il nous semble intéressant de le penser comme un élément susceptible de déterminer des attitudes ou des comportements entreprenants d'enseignants. Ainsi, les travaux de Meyer et Allen (1991) identifient trois formes d'engagement chez les enseignants : l'engagement affectif envers l'institution ou l'école (le désir de rester), la loyauté envers l'institution ou l'école dérivée d'un sentiment d'obligation morale à son égard et l'engagement « raisonné », à savoir le fait de rester dans une école par crainte de perdre les avantages acquis (perte de la sécurité d'emploi, perte de salaire ou d'avantages matériels…). Pour les enseignants de ce groupe, l'engagement affectif semble omniprésent, ils s'engagent d'abord par conviction, parce qu'ils prennent très au sérieux leur mission d'enseignant. Même si chaque individu est mû par chacune de ces formes d'engagement, à des degrés divers, ces enseignants se disent avant tout guidés par un désir fort de s'*investir* auprès des élèves et de leur famille pour favoriser la réussite de tous. Nous pouvons alors penser que plus les enseignants estiment que leurs contributions sont importantes pour l'école, plus ils auront envie d'y rester, de s'impliquer, de collaborer avec les pairs[9]. Autrement dit, si ces enseignants se sont engagés dans une telle *entreprise*, c'est peut-être parce qu'ils perçoivent que celle-ci va pouvoir satisfaire leurs besoins, rencontrer leurs attentes et leur permettre d'atteindre leurs objectifs ; c'est aussi parce qu'ils s'estiment capables de pouvoir changer les choses…

Le besoin d'innovation

Un autre déterminant de ce collectif réside, selon nous, dans sa volonté de transformer l'école, d'innover. En effet, nous sommes en présence d'enseignants aguerris, qui exercent depuis plusieurs années et qui ont une bonne connaissance de l'éducation prioritaire[10]. Ils sont titulaires de leur poste depuis un moment et regrettent, pour certains, d'évoluer au sein d'équipes enseignantes peu enthousiastes ou, pour le moins, plus réfractaires au changement. Ensemble, dans ce collectif, ils expriment le besoin de transformer l'école. Ils rêvent d'une école bienveillante, qui permettrait aux élèves de se préparer à la « vraie société », une école ouverte aux familles où l'on s'entraide entre collègues ; la relation humaine est essentielle pour eux.

Ce besoin de transformer l'école est important au point de motiver les nombreuses heures consacrées à la rédaction du projet pédagogique de la nouvelle école. Les réunions, toujours structurées par un ordre du jour, ont permis d'en poser les jalons, de projeter les envies des uns et des autres, de réfléchir aux dispositifs et outils communs. Ces enseignants se sentent suffisamment à l'aise dans leurs pratiques pour expérimenter de nouvelles pédagogies. Ils portent un intérêt particulier pour les pédagogies différentes ou alternatives (Freinet, Montessori…) et n'hésitent pas à importer dans leurs pratiques de nouveaux outils ou dispositifs (plan de travail, texte libre, ceinture de réussite). Ils ont ainsi élaboré un projet qui

---

[9]   La littérature souligne l'importance de ce type d'engagement corrélé au sentiment d'efficacité personnelle des enseignants. Nous renvoyons le lecteur intéressé par ces questions à l'ouvrage de Bandura (1997/2003) et au numéro Hors-série (5) de la revue *Savoirs* (2004) : *Le sentiment d'auto-efficacité. Autour de l'œuvre d'Albert Bandura.* <https://www.cairn.info/revue-savoirs-2004-5.htm>.

[10] L'éducation prioritaire renvoie à un réseau d'écoles situées dans des secteurs qui connaissent les plus grandes concentrations de difficultés sociales ayant des incidences fortes sur la réussite scolaire. Les enseignants de ce groupe travaillent depuis quelques années dans ces écoles.

repose sur la personnalisation des parcours scolaires, la coopération de tous les acteurs et l'ouverture aux autres et à la culture.

En œuvrant ensemble à la création de *leur entreprise*, ces enseignants ont appris à se (re)connaitre et ont tissé des liens qu'ils espèrent durables pour la suite de leur aventure.

Il apparait donc que ces enseignants ont impulsé, par eux-mêmes, une dynamique pour concrétiser leur projet. Ils ont pris des initiatives de façon autonome pour former une équipe, pour se positionner (et être perçus) comme des interlocuteurs fiables. Pour cela, ils ont volontairement *investi* du temps personnel et mobilisé des *ressources* pour développer leur projet tout en adoptant une *stratégie* progressive de mise en visibilité de leur projet, notamment aux yeux de l'institution. Et il semble bien que le ciment de ce projet et de ce collectif réside dans des valeurs partagées et dans le désir de changer, de transformer l'existant.

Prendre des risques, de quoi parlons-nous ?

« Ma petite entreprise…ma locomotive…avance au mépris des sémaphores… »[11].

Nous souhaitons dans cette seconde partie interroger plus particulièrement la question de la prise de risque. En effet, la prise de risque semble être un des « éléments distinctifs de l'esprit d'entreprendre » (Tanguy, 2017, p. 161) avec la motivation, le dynamisme, le pari de l'innovation. Prendre des risques induit l'idée de se projeter dans un futur en partie incertain, indéterminé, et pouvant causer des dommages. Desclaux (2014) propose une façon de penser le risque chez l'entrepreneur : « D'un côté c'est un visionnaire, imaginant ce qui n'existe pas, un créateur, un rêveur. C'est quelqu'un qui va prendre le risque. Et de l'autre c'est un organisateur, prévoyant, méthodique, qui évalue les risques, un calculateur » (p. 26).

Alors, qu'en est-il chez ces enseignants ?

On peut considérer qu'en imaginant une école idéale à leurs yeux, en mettant tout en œuvre pour qu'elle devienne réalité, ils ont pris le risque de se projeter vers un avenir incertain, qui consiste à tenter de faire autrement, à se lancer dans l'innovation avec des pratiques professionnelles différentes. Mais ils ont aussi *évalué les risques*, ils pouvaient se permettre de

---

[11]   Extraits de la chanson d'Alain Bashung, *Ma petite entreprise* (1994).

prendre ces risques car, d'une certaine manière, les risques étaient limités. C'est ce que nous tentons de mettre en évidence, notamment au regard de la particularité de leur statut professionnel, de leurs connaissances des institutions (Éducation nationale, mairie) avec leurs fonctionnements, avant de préciser la nature des risques qu'ils ont pris.

Un statut professionnel qui permet le risque

Les enseignants du groupe sont tous titulaires et donc fonctionnaires de l'État. Ils sont dans une dynamique d'innovation pédagogique et leur statut leur permet de prendre des initiatives avec des risques plutôt limités. S'ils prennent le risque de s'engager dans des formes de pédagogie qu'ils ne maitrisent pas ou pour lesquelles ils ne sont pas spécialistes, ils n'engagent pas pour autant leur emploi.

À titre individuel, l'enseignant dans sa classe peut se permettre d'aller de l'avant, d'aller chercher du côté de l'innovation pour faire école autrement en s'essayant à des pratiques différentes. Les enseignants du groupe observé tentent parfois de mettre en place ce que l'un d'entre eux a partagé au sein du groupe ou ce qu'ils découvrent en stage ou en visitant des écoles différentes. Sur le plan de leur projet collectif, quoiqu'il arrive sur la manière dont fonctionne leur groupe, ils peuvent entreprendre ce qu'ils souhaitent. Le *risque professionnel* est plutôt limité, car soit leur projet est porteur aux yeux de l'institution et tout se passe au mieux, soit ils ne parviennent pas à leurs fins, ce qui conduirait au pire à freiner des projets professionnels personnels.

C'est à notre sens différent de l'engagement d'un travailleur du privé, pour qui l'innovation présente peut-être davantage de risques pour son avenir professionnel, un risque d'être déclassé, de perdre son emploi.

Une connaissance du métier favorisant la prise de risque

Ces enseignants, d'ancienneté notable, ont une connaissance du métier, c'est-à-dire qu'ils maitrisent leurs pratiques, ils ont développé un ensemble de connaissances et de compétences, un réseau de collègues pour échanger et c'est un atout pour innover dans leur classe. Ils n'hésitent pas à bricoler, c'est-à-dire qu'ils « s'arrange[nt] avec les moyens du bord » (Lévi-Strauss, 1962, p. 27) pour construire « des activités, des situations d'apprentissage, des jeux, des problèmes, des projets » (Perrenoud, 1994, p. 36). Ils osent penser et mettre en œuvre des dispositifs différents ou des pratiques inhabituelles pour eux. Sur le plan pédagogique, ils sont capables d'estimer de leur point de vue *ce qui marche/a marché* ou *ce qui ne marche pas ou n'a pas marché*, avec et pour leurs élèves. Ils connaissent les programmes et les attentes de l'institution scolaire pour en jouer et maintenir des pratiques acceptables telles qu'elles sont attendues par leur hiérarchie, même si elles peuvent différer des pratiques plus ordinaires dans les classes. De plus, comme ils échangent beaucoup entre eux, ils s'engagent en étant rassurés par les expériences des uns et des autres.

Une connaissance maitrisée des institutions

C'est parce qu'ils connaissent le fonctionnement des institutions (d'une part l'Éducation nationale et d'autre part, *a minima*, la municipalité) que ces enseignants parviennent à mettre en place une démarche collective innovante en toute autonomie.

Le groupe maitrise les attentes de leur hiérarchie, ce qui leur a permis de s'engager dans la construction d'un projet d'école cohérent même si, au moment où ils le rédigent, il est virtuel, puisqu'ils le pensent alors que cette école est en cours de construction et que leur équipe n'est pas encore (re)connue institutionnellement comme constituant l'équipe de cette école. Ils concrétisent donc un projet d'école, en s'imaginant être équipe d'école, l'espérant sans aucune certitude de l'être un jour. À les regarder à l'œuvre, ils fonctionnent comme une véritable équipe d'école : un groupe de sept enseignants au sein duquel des enseignants de chaque cycle[12] de l'école primaire sont représentés, avec un collègue prêt à assurer la fonction de directeur (en étant reconnu par les autres dans cette fonction). Lorsqu'on écoute leurs débats dans l'ébauche du projet et que l'on observe leurs modalités de travail, nous pouvons repérer d'une part des pratiques de travail plutôt courantes dans le fonctionnement d'une équipe d'enseignants, puisque ce sont celles qu'ils maitrisent, et d'autre part des modalités différentes, puisque le cadre dans lequel ils travaillent pour leur projet est hors institution.

Par ailleurs, au sein de leur groupe, l'un d'eux, actuellement directeur d'école et désigné plus ou moins implicitement comme celui de la future

---

[12]   Pour information, la scolarité de l'école maternelle à la fin du primaire est organisée en trois cycles pédagogiques de 3 ans.

école, maitrise, de fait, la place de la municipalité dans les rouages du fonctionnement de l'école. Il est l'interlocuteur privilégié de la mairie qui, elle, est maitre d'œuvre du chantier en construction : murs, structure architecturale (New, 2013). Par son intermédiaire, le groupe progresse en découvrant et en s'appropriant les coulisses de la construction de l'école. Le lien s'établit avec les services municipaux qui sollicitent les enseignant·es pour étudier les plans, participer à des rencontres avec les architectes et même à des rendez-vous de chantier. En retour, ils apportent leur expérience, pour ne pas dire leur expertise d'usagers de l'école sur les besoins matériels et architecturaux. Ils peuvent *tirer profit* de cette connaissance du fonctionnement de la mairie et de cette relation partenariale privilégiée en suggérant l'aménagement d'espaces particuliers et la dotation en matériel spécifique. Néanmoins, ils ne prennent ni *risque financier*, qui revient à la commune, ni risque technique qui revient au cabinet d'architecture et au constructeur.

Des stratégies anti-risques

C'est encore parce que les enseignants connaissent bien le fonctionnement de l'institution, qu'ils jouent avec cette expérience du système pour mobiliser des partenaires. En multipliant les contacts, c'est tout un réseau qu'ils construisent autour d'eux, et autour de leur projet, comme un tissage de toile, voire un filet. C'est en quelque sorte un maillage de sécurité qui leur permet d'avancer en limitant les risques d'échouer.

Dès le début du projet, le groupe a sollicité des chercheurs qu'ils ont identifiés comme spécialistes de l'école différente. Au début de la recherche, leur demande spécifique était de ne pas les laisser « aller dans le mur »[13]. L'équipe de recherche étant identifiée comme un « garde-fou », c'est un peu comme si la recherche était garante d'un savoir théorique leur permettant d'oser prendre des risques dans les pratiques nouvelles qu'ils souhaitaient mettre en place, ensemble. Il semble aussi qu'ils voyaient les chercheurs comme ceux qui ont la « bonne » connaissance, pouvant leur apporter des éléments de formation. Les chercheurs représentent comme une *caution*, ce qui renforce la confiance qu'ils peuvent avoir en eux-mêmes.

Forts de leur expérience et parce qu'ils connaissent le fonctionnement institutionnel (en particulier les règles de nomination sur les postes), les

---

[13]   Expression empruntée à l'un des membres du groupe.

enseignants n'ont pas négligé d'une part de garder le projet secret autant que faire se peut, puis de distiller quelques avancées auprès des équipes de circonscription, avant de le mettre au jour pour les institutionnels décideurs tels que le DASEN. Ils ont *sécurisé* leur projet pour éviter au maximum toute opposition malencontreuse et ont obtenu le soutien du CARDIE qui a *valorisé* leur projet. Une amorce auprès des syndicats s'est faite au fil du temps, par différentes entrées, en avançant par connaissances interposées, jusqu'à la présentation de leur projet dans une commission officielle qui n'a pas fait l'objet de controverses et a validé le fait de les nommer dans cette école, alors qu'ils défiaient les processus institutionnels d'attribution des postes.

Des risques quand même

Pour ces enseignants, le risque s'articule à l'innovation. En effet, ils ont élaboré un projet pédagogique déclinant des pratiques d'enseignement que l'on peut qualifier de différentes, en mettant l'accent sur tous les dispositifs favorisant la coopération et permettant la personnalisation des apprentissages, avec l'ambition de favoriser la co-éducation. Ils visent ainsi « la réussite de tous et celle de chacun »[14]. Pour autant, réussiront-ils ce pari ? Pourront-ils identifier des *résultats* mettant en évidence cette réussite de tous leurs élèves ?

Certes, c'est là que nous pouvons penser que la prise de risque est limitée car, comme cela a été mentionné plus haut, leur statut professionnel, leur emploi ne sont nullement remis en cause. Pour autant, le risque professionnel symbolique est réel : ils ont engagé leurs convictions ; ils ont mobilisé du temps, beaucoup de temps, pris sur leurs vies personnelles ; ils ont tissé des relations humaines empreintes de valeurs ; ils ont *investi* l'idée de faire réussir les élèves avec une pédagogie différente ; ils vont quitter leur poste respectif dans des établissements qu'ils connaissent bien. Que leur pari de l'innovation pédagogique *se solde par un échec* serait comme une défaite *couteuse*, voire déstabilisante.

De plus, ils se sont rendus plus visibles dans leur espace professionnel, aux yeux de l'institution mais aussi de leurs collègues. Le risque serait alors de *perdre la face* si leur pari d'un fonctionnement pédagogique différent tournait court.

---

[14]	Extrait du projet rédigé par les enseignants.

Un autre risque se loge également dans la façon dont cette petite équipe parviendra à maintenir un travail collectif. Car à l'heure actuelle, ce travail collectif est limité aux interactions entre eux, dans des moments et des espaces choisis. Lorsqu'il s'agira réellement de travailler ensemble, au quotidien, dans le même établissement, qu'en sera-t-il ? Et qu'en sera-t-il également lorsque ce groupe s'élargira avec l'arrivée d'autres enseignants dans l'établissement ?

Alors ces enseignants prennent-ils des risques pour mener à bien leur projet (ou leur *petite entreprise*) ? De fait, ils s'exposent à l'incertitude (Champy-Remoussenard & de Miribel 2021, p. 97) en s'engageant, individuellement et collectivement, dans ce projet. Mais si, indéniablement, ils sont en capacité de prendre des risques, plusieurs facteurs liés à leur environnement de travail jouent pour limiter cette prise de risques : leur statut d'enseignants titulaires, un degré de maîtrise de leurs compétences professionnelles, une fréquentation des rouages institutionnels, l'échafaudage d'un réseau multi-partenarial. C'est probablement cette combinaison entre zones de risques et zones de sécurité qui favorise leur engagement et leur esprit d'entreprendre.

Remarques conclusives

La petite entreprise de ces enseignants *ne connait pas la crise* (pour le moment), parce qu'ils ont osé vers l'avenir, en construisant un soubassement solide (sans ménager leur *temps de travail*) de manière que leur institution leur accorde *crédit*, et en tissant des *stratégies* anti-risques. Ils ont mobilisé de nombreuses *ressources* (personnelles et professionnelles) et le réseau de partenaires qu'ils ont entraîné progressivement dans leur projet leur a permis de réduire le degré d'incertitude inhérent à cette *entreprise*.

L'analogie que nous avons proposée entre le projet de ces enseignants et l'idée d'une petite entreprise met en évidence des formes d'entreprendre dans le fonctionnement de ces enseignants, dans ce qu'ils initient, ce qu'ils font fonctionner. Cela révèle aussi chez eux un désir de changer, de faire une école conforme à leurs valeurs. Certes, ils ne créent pas leur entreprise, mais ces enseignants apparaissent comme des sujets entreprenants. De fait, le vocabulaire de l'entrepreneuriat, habituellement utilisé pour d'autres catégories professionnelles que celle des enseignants, peut être opportunément mobilisé (voir les termes en italique dans les lignes qui précèdent).

L'analyse de ce qu'ils déploient pour mener à bien leur projet nous amène à proposer une façon particulière de circonscrire le terme entreprendre.

Entreprendre est alors référé d'une part à des manières d'agir spécifiques, telles que prendre des initiatives, s'engager et engager un projet, vouloir faire autrement, innover, et d'autre part au fait de prendre des risques sans trop risquer, sans omettre la place importante du collectif qui engage et soutient ce qu'ils entreprennent. Et dans cette dynamique, le résultat visé est un enjeu indéniable, même s'il ne revêt aucun caractère financier.

Dans le cadre de la réflexion initiée pour l'écriture de ce chapitre, nous arrivons au moment où nous touchons une des difficultés de notre position de chercheuses. Par l'analyse que nous développons dans ce chapitre, nous avons d'abord voulu faire un pas de côté, lire de façon différente des constats d'une recherche en éducation qui était étrangère à cette perspective de l'esprit d'entreprendre, et apporter éventuellement un éclairage spécifique dans la réflexion plus large à propos de l'insertion de l'éducation à l'esprit d'entreprendre au sein des recherches en Sciences de l'éducation et de la formation. Mais est apparue une tension que nous souhaitons évoquer et mettre en évidence. Il s'avère qu'en mobilisant cet objet qu'est l'esprit d'entreprendre, nous avions implicitement une forme de réserve, de frilosité, que nous n'avons peut-être pas complètement su tenir à distance, mais que nous avons identifiée : en tant que chercheuses en Sciences de l'éducation et de la formation, mais aussi en tant qu'anciennes enseignantes, nous ne pouvons occulter le fait que l'École publique est une institution à laquelle nous tenons. Nous ne voudrions pas, par l'écriture de cette contribution, induire que le travail de l'enseignant peut devenir une forme d'entrepreneuriat (avec les injonctions afférentes). Car « l'école n'est pas une entreprise » (Laval, 2003), au sens commun où l'idée d'une entreprise renvoie à une entité commerciale, industrielle, artisanale… L'École est une institution importante, avec des enjeux sociaux et sociétaux à l'échelle nationale, et cela a de l'importance pour nous.

Il y a là comme une confrontation, un télescopage, entre valeurs du chercheur et mobilisation d'une proposition théorique. Cela révèle probablement certaines ambiguïtés inhérentes aux questionnements sur l'esprit d'entreprendre[15], notamment parce que ce qui réfère à l'entrepreneuriat, à l'entreprise est l'apanage de certaines catégories professionnelles. Les activités professionnelles au sein de professions relevant de la fonction publique, avec les valeurs afférentes, semble *a priori* peu compatibles avec cette perspective.

---

[15] Nous renvoyons à la lecture du chapitre 1 écrit par Patricia Champy-Remoussenard et Julien de Miribel dans cet ouvrage.

Et si nous retournions la situation ? Nous avons lu le travail de ces enseignants en mobilisant des caractéristiques et le lexique de l'esprit d'entreprendre tel qu'il est communément entendu, mais nous pouvons éclairer cet esprit d'entreprendre-là à l'aune de ce que révèle le projet de ces enseignants. Alors, est-ce que cela ne révèlerait pas des façons particulières d'entreprendre, voire d'envisager le fonctionnement d'une entreprise, en insistant sur la place des valeurs, des idéaux, du collectif et d'une mise en sécurité limitant les risques... ?

Références bibliographiques

Ait M'Bark, M. (2019). Acquisition des compétences, construction identitaire et valorisation de soi. Une étude de dispositifs de mini-entreprises dans l'enseignement secondaire français. *Spirale, 64*, 141-156.

Bandura, A. (1997/2003). *Auto-efficacité. Le sentiment d'efficacité personnelle.* De Boeck.

Bentein, K. (2006). Chapitre 16. L'engagement des enseignants : tendances et défis. In B. Galand (Ed.), *(Se) motiver à apprendre* (pp. 183-194). Presses universitaires de France.

Champy-Remoussenard, P. (2021). Éducation et formation à l'esprit d'entreprendre, pour quelles perspectives ?. *Savoirs, 57,* 19-60.

Champy-Remoussenard, P. & de Miribel, J. (2021). Autour des mots de la formation. Éduquer à « l'esprit d'entreprendre », *Recherche et formation, 97.*

Commission européenne (2016). *Rapport Eurydice. Formation à l'entrepreneuriat à l'école en Europe.* Commission européenne.

De Miribel, J. & Sido, X. (2019). *Définir et reconnaître les compétences entrepreneuriales ?* (Rapport de recherche). Rectorat de l'académie de Lille, IDEE.

Desclaux, B. (2014). Esprit d'entreprise et défiance éducative. *Administration & Éducation, 141,* 23-29.

Laval, C. (2003). *L'école n'est pas une entreprise.* La Découverte.

Lévi-Strauss, C. (1962). *La pensée sauvage.* Plon.

Meyer, J.-P. & Allen, N. J. (1991). A three-component conceptualization of organizational commitment. *Human Resource Management Review, 1,* 61-89.

Ministère de l'Éducation nationale. (2013). *Référentiel des compétences professionnelles des métiers du professorat et de l'éducation.* Arrêté du 1-7-2013 - J.O. du 18-7-2013. <https://www.education.gouv.fr/bo/13/Hebdo30/MENE1315928A.htm>

New, R. S. (2013). Les écoles, espaces intentionnels pour l'enfance, le cas de Reggio Emilia en Italie. *Revue internationale d'éducation de Sèvres, 64,* 41-52.

Pepin, M. (2017). Le projet entrepreneurial à l'école primaire : tensions inhérentes à son intégration à la forme scolaire. *Agora débats/jeunesses*, *75*(1), 73-88.

Perrenoud, P. (1994). *La formation des enseignants entre théorie et pratique.* L'Harmattan.

Reuter, Y., Cohen-Azria, C., Daunay, B., Delcambre, I. & Lahanier-Reuter, D. (2013). Élève — apprenant — sujet didactique. In Y. Reuter (Ed.), *Dictionnaire des concepts fondamentaux des didactiques* (pp. 87-90). De Boeck Supérieur.

Reuter, Y. (2021). *Comprendre les pratiques et pédagogies différentes.* Berger-Levrault.

Le sentiment d'auto-efficacité Autour de l'œuvre d'Albert Bandura. (2004). *Savoirs*, (5). <https://shs.cairn.info/revue-savoirs-2004-5?lang=fr>.

Starck, S. (2017). Formation à l'entrepreneuriat dans le secondaire français : quelles réalités politiques, du supranational au local ?. *Formation emploi*, *140*, 127-145.

Souplet, C. (2023). *La coformation des enseignants. Une expérience originale d'un groupe de professeurs des écoles.* L'Harmattan.

Tanguy, L. (2017). Une socialisation à l'esprit d'entreprise dans l'école en France. *Formation emploi, 140*, 147-164.

Verzat, C. (2015). « Esprit d'entreprendre, es-tu là ? » Mais de quoi parle-t-on ?. *Entreprendre & Innover*, *27*, 81-92.

Conclusion

Patricia Champy-Remoussenard, Professeure des universités
Julien de Miribel, Maître de conférences
Xavier Sido, Maître de conférences HDR
Université de Lille, CIREL ULR 4354

Ce livre s'inscrit dans le prolongement de réflexions sur la nature et le rôle des sciences de l'éducation et de la formation (SEF) dans le paysage scientifique (Ardoino, 1980 ; Avanzini, 2008 ; Bedin, Franc & Guy, 2019 ; Champy-Remoussenard, 2008 ; Charlot, 2008 ; Fontaine, 2010 ; Fumat & Monjo, 2009 ; Hofstetter & Schneuwly, 2001 ; Marcel, 2010 ; Marmoz, 2010 ; Mialaret, 2006). Il entend continuer à saisir le point de vue scientifique proposé par ce champ de recherche sur les questions d'éducation et de formation en portant un regard en surplomb sur les travaux menés de ce point de vue sur l'éducation à l'esprit d'entreprendre.

En 2018, un précédent ouvrage qui portait sur les développements en cours de l'EEE faisait état dans son introduction que les auteurs s'étaient engagés sur un « terrain quasi vierge en matière d'investigation et de réflexions conduites du point de vue des sciences de l'éducation » (Champy Remoussenard & Starck, 2018, p. 11). Ce n'est désormais plus le cas. En témoigne l'ensemble des travaux menés depuis lors dans le champ des sciences de l'éducation et de la formation, notamment les thèses soutenues, les différentes communications et publications, dont une note de synthèse, et les références mobilisées dans les chapitres du présent ouvrage.

Pour autant, si le terrain ne peut plus être qualifié de vierge, il reste encore beaucoup à défricher et explorer, mais aussi à convaincre de l'intérêt d'un tel travail scientifique. Sur ce point, nous pouvons rappeler le constat effectué en 2018 dans le même ouvrage :

> La réticence ou l'ignorance que notre communauté a manifestées à l'égard de l'éducation à l'esprit d'entreprendre, alors qu'elle relève du socle commun des compétences en France tient sans doute partie à des positionnements peu favorables à l'égard de certaines politiques éducatives suspectées de relayer des politiques ultralibérales réduisant l'action éducative à un aspect purement

utilitariste (Imbert & Durant, 2014) et répondant exclusivement aux besoins des entreprises, voire aux volontés patronales (Champy-Remoussenard & Starck, 2018, pp. 11-12).

Champy-Remoussenard et de Miribel remarquent ainsi que « certains chercheurs hésitent, voire évitent de s'emparer de cet objet, considérant au fond qu'étudier l'EEE constituerait déjà en soi une forme d'adhésion à, voire de promotion de certaines de ses finalités » (2021, p. 67). Gageons que la multiplication des travaux et les perspectives dessinées dans ce livre puissent participer à lever cette réticence sans pour autant céder sur le plan de l'exigence scientifique aux dynamiques d'influence et enjeux idéologiques animant le champ d'étude.

D'un « pari risqué » (Giret, 2018, p. 7), l'écriture d'un ouvrage scientifique sur l'éducation à l'esprit d'entreprendre devient donc, après l'intense activité scientifique d'édition, de communication et d'évènements scientifiques de ces dernières années, une nécessité afin de témoigner et de jalonner la maturation des travaux en SEF sur l'EEE et d'en dessiner des perspectives.

De fait, les recherches autour de l'éducation à l'esprit d'entreprendre en sciences de l'éducation et de la formation se trouvent à un moment charnière. Le travail d'archéologie évoqué en introduction témoigne d'une première phase de naissance et de développement des travaux autour de deux dialectiques entre expertise de terrain et structuration scientifique de l'objet, des approches et des résultats, entre regard premier en SEF sur l'activité entrepreneuriale et ouverture vers d'autres dimensions, d'autres approches analytiques, d'autres champs de recherche dans un souci à la fois dialogique, mais aussi de confrontation heuristique.

La dynamique dont témoigne le présent ouvrage vise à la fois une connaissance plus profonde, mais aussi plus étendue sur l'objet, et dessine de nouvelles perspectives de recherche, mais aussi et surtout le passage d'un objet à étudier, à un objet à portée heuristique pour les sciences de l'éducation et de la formation.

Un premier élément de maturité est l'identification et la confrontation au problème soulevé plus haut de la réticence des sciences de l'éducation et de la formation à se saisir de l'objet éducation à l'esprit d'entreprendre. Le chapitre de Patricia Champy-Remoussenard et Julien de Miribel, ainsi que celui de Christophe Niewiadomski, étudient respectivement les ambivalences et les réserves liées à l'EEE et les raisons qui poussent des chercheurs en sciences de l'éducation et de la formation à s'y intéresser.

Loin de s'en tenir à un constat, Patricia Champy-Remoussenard et Julien de Miribel repèrent différents points qui, dans la structuration des SEF, peuvent conduire les démarches de recherche à se heurter à la pensée idéologique. Christophe Niewiadomski identifie pour sa part les effets contextuels dans des parcours de chercheurs les amenant à investir certaines questions que pose l'EEE. Les milieux, scientifiques, socio-professionnels, associatifs, amicaux, etc. que fréquentent les chercheurs ne sont pas étrangers à l'intérêt qu'il y a de produire de la connaissance en SEF autour de ces questions. Les recherches à venir dépendront aussi de la nature des partenariats, des commandes, des sollicitations et des liens entre les recherches doctorales et post-doctorales avec les institutions concernées par l'EEE et l'entrepreneuriat.

La réflexion dépasse ainsi le seul cadre de l'EEE pour questionner les sciences de l'éducation et de la formation et la façon dont elles se saisissent de questions vives. D'objet d'étude, l'EEE, devient alors un outil pour questionner ce champ de recherche, et la façon dont les chercheurs questionnent, se saisissent, dépassent leurs représentations, leurs *a priori*.

Jusqu'à présent, en ce qui concerne l'éducation à l'esprit d'entreprendre, les recherches favorisaient une approche centrée sur les deux derniers éléments du syntagme. Les travaux investiguaient les compétences, les rapports aux pratiques ou encore les moyens de le développer, avec parfois des glissements vers l'esprit d'entreprise, sans aborder de façon centrale la question de l'éducation. De nombreuses perspectives restent pourtant à développer comme, par exemple, interroger ce que signifie entreprendre dans les disciplines, ou encore entreprendre dans le milieu de l'éducation, comme le font dans cet ouvrage Catherine Souplet, Elisabeth Menouar-Verfaillie, et Dalila Moussi ou encore Sylvain Starck. Plus spécifiquement, dans le champ de la didactique il peut s'agir d'investir les questions des principes pédagogiques et de leur opérationnalisation, des contenus et de leurs références, de la circulation des contenus au sein des dispositifs, l'étude de systèmes didactiques particuliers comme dans les formations tertiaires en LP, et aussi de façon plus globale, comme le soulignent Xavier Sido et Abdelkarim Zaid dans cet ouvrage, la question de la structure de l'EEE dans le système éducatif et son impact sur le curriculum. Dans la dynamique évoquée précédemment, l'éducation à l'EEE devient ainsi un objet dont les didactiques (Audigier, 2018) doivent se saisir pour en étudier le fonctionnement au regard des contenus transmis, mais aussi un outil d'analyse du curriculum et de ses transformations ou de l'agir enseignant. Souplet, Menouar-Verfaillie et Moussi soulignent bien à cet égard tout au début de leur chapitre : «L'analyse présentée dans ce chapitre s'appuie sur une relecture des travaux que nous avons conduits au sein de cette recherche ; relecture parce que la dimension entrepreneuriale ne faisait aucunement partie du point de vue initialement adopté» (*Supra*, p. 99).

Ensuite, si dans un premier mouvement, les sciences de l'éducation et de la formation se sont tournées vers d'autres disciplines de recherche, principalement les sciences de gestion du fait de l'antériorité des travaux, afin de dialoguer et confronter ses approches, un mouvement inverse, c'est-à-dire des autres disciplines vers les SEF, tend à s'amorcer. C'est ainsi l'occasion pour ces chercheurs de venir éclairer des points aveugles de leurs travaux[1]. Nous en soulignerons ici deux, préfigurés par les perspectives ouvertes par les chapitres de cet ouvrage, mais aussi par l'actualité de la recherche que dessinent notamment les dernières thèses soutenues et les recherches en cours.

D'abord, *l'analyse de l'expérience entrepreneuriale et la connaissance des parcours d'entrepreneurs*. Souvent véhiculées par les représentations dominantes sous un angle idéalisé, ces dimensions sont également peu connues. Leur étude présente pourtant un enjeu substantiel du point de vue des besoins en accompagnement et formation, mais aussi pour mieux cerner les tensions entre travail, formation et emploi. Un des enjeux est aussi par-là de recontextualiser les démarches d'analyse du travail dans un monde où rapport au travail et formes d'activité évoluent en permanence. Cet axe de travail fait actuellement l'objet d'une étude à la faveur d'une recherche en cours consacrée à l'activité et aux compétences de micro-entrepreneurs. De premiers résultats de cette recherche ont récemment pu être présentés à l'occasion du colloque du Rumef à Tours (Champy-Remoussenard & de Miribel, 2023 ; Vanderstichel, 2023). Ensuite, *les formes pédagogiques privilégiées dans l'opérationnalisation de l'EEE*. Cette entrée concerne les méthodes d'organisation et d'animation de situations éducatives aménagées en vue de développer l'esprit d'entreprendre ou tout au moins sensibiliser à l'entrepreneuriat. Le plus souvent, elles reposent sur la référence à l'activité et/ou au projet, désignations supposées garantir la qualité du travail éducatif dans une intention d'articuler pratiques éducatives et besoins liés à la sphère du travail (de Miribel & Sido, 2021). De telles désignations s'inscrivent surtout dans une rhétorique promotionnelle en

---

[1]   La journée d'étude organisée à Lille par le CIREL à l'automne 2022 a ainsi permis de confronter les regards des SEF et de sciences de gestion sur ces points aveugles.

faveur du déploiement des pratiques d'EEE. Si, dans une perspective de recherche, cette dimension rhétorique représente un sérieux biais qu'il est essentiel d'identifier et d'analyser, il n'en reste pas moins que les formes pédagogiques déployées présentent un intérêt analytique considérable, car elles participent du travail réel de certains enseignants et prennent place, de manière plus ou moins signifiante, dans le cheminement éducatif de nombres d'élèves et étudiants.

Enfin, outre les différentes entrées identifiées sans prétention d'exhaustivité, on distingue également un intérêt à repérer ce qui pousse des chercheurs en sciences de l'éducation et de la formation à s'intéresser aux relations entre éduquer, former et entreprendre, ceci pour au moins deux raisons.

D'abord, si l'entrepreneuriat, dans la sphère du travail, désigne un domaine de pratiques délimitable, l'idée d'entreprendre est beaucoup plus large, car elle est avant toute chose une manière de qualifier l'activité humaine. À cet égard, elle est convocable par toute approche s'employant à étudier cette activité. Ensuite, les rapports entre science et pensée idéologique signalés précédemment impliquent une résistance et une réticence à s'emparer de la question entrepreneuriale pour penser l'éducation.

Il est certain que nous identifions de telles entrées à partir des spécialisations et sensibilités analytiques qui sont les nôtres. Il reste que le champ d'étude de l'éducation à l'esprit d'entreprendre favorise la construction d'un point de vue élargi, à l'image de ce que sont les sciences de l'éducation et de la formation. Gageons encore une fois que ce livre témoigne d'un moment charnière dans les recherches sur l'EEE, et suscite à la fois une envie pour les collègues de SEF, mais aussi d'autres champs de recherche de s'intéresser à cet objet particulier, à la fois pour l'étudier, mais aussi comme un outil pour questionner leurs propres travaux en portant un regard sur une dimension entrepreneuriale, peut-être oubliée ou négligée, voire occultée, mais sans aucun doute heuristique.

Références bibliographiques

Ardoino, J. (1980). *Éducation et relations*. Inter éditions.

Audigier, F. (2008). Education à l'entrepreneuriat et disciplines de monde social. Histoire, géographie, citoyenneté. In P. Champy-Remoussenard & S. Starck (Eds.), *Apprendre à entreprendre. Politiques et pratiques éducatives* (pp. 45-58). De Boeck Supérieur.

Avanzini, G. (2008). De l'avenir des sciences de l'éducation. *Recherches & Éducations*, *1*, 145-153.

Bedin, V., Franc., S., & Guy, D. (2019). *Les sciences de l'éducation pour quoi faire. Entre action et connaissance*. L'Harmattan.

Champy-Remoussenard, P. (Ed.) (2008). Les sciences de l'éducation. Histoire, débats, perspectives. *Recherche & Educations*.

Champy-Remoussenard, P. & de Miribel, J. (2021). Autour des mots. Entrepreneuriat et esprit d'entreprendre. *Recherche & formation*, *97*, 63-74.

Champy-Remoussenard, P. & de Miribel, J. (2023). *Analyse de l'activité entrepreneuriale et entrepreneuriat éducatif*. Symposium au Colloque du RUMEF : Les métiers de la formation à l'épreuve du travail. Perspectives internationales et interdisciplinaires, Tours, France.

Champy-Remoussenard, P. & Starck, S. (Eds.) (2018). *Apprendre à entreprendre. Politiques et pratiques éducatives*. De Boeck Supérieur.

Charlot, B. (2008). La recherche en éducation entre savoirs, politiques et pratiques. Spécificité d'un champ de recherche. *Recherches & Educations, 1*, 155-174.

de Miribel, J. & Sido, X. (2021). Consensus et allants de soi dans les formes d'opérationnalisation de l'éducation à l'esprit d'entreprendre. *Recherche & formation*, *97*, 17-30.

Fontaine, J. (2010). Présentation. *Éducation et socialisation*, *27-28*, 15-17.

Fumat, Y. & Monjo, R. (Eds.) (2009). Sciences de l'éducation, pédagogie, formation : enjeux épistémologiques. *Les cahiers du Cerfee, 26*.

Giret, J.-F. (2018). Préface. In P. Champy-Remoussenard & S. Starck (Eds.), *Apprendre à entreprendre. Politiques et pratiques éducatives* (pp. 7-10). De Boeck Supérieur.

Hofstetter, R. & Schneuwly, B. (2001). *Le pari des sciences de l'éducation*. De Boeck Supérieur.

Marcel, J.-F. (2010). Des tensions entre le « sur » et le « pour » dans la recherche en éducation : question(s) de posture(s). *Éducation et socialisation - Les cahiers du CERFEE*, 41-64.

Marmoz, L. (2010). Les sciences de l'éducation en France, où en est l'avenir ?, *Éducation et socialisation*, *27-28*, 241-267.

Mialaret, G. (2006). *Sciences de l'éducation*. Presses universitaires de France.

Vanderstichel, H. (2023). L'activité créatrice et micro-entrepreneuriale face aux défis du XXIᵉ siècle. Communication présentée au Colloque du RUMEF : Les métiers de la formation à l'épreuve du travail. Perspectives internationales et interdisciplinaires, Tours, France.

Exploration

Ouvrages parus

Education: histoire et pensée

- Cristian Bota: *Pensée verbale et raisonnement. Les fondements langagiers des configurations épistémiques*. 260 p., 2018.

- Catherine Bouve: *L'utopie des crèches françaises au XIXe siècle. Un pari sur l'enfant pauvre. Essai socio-historique*. 308 p., 2010.

- Pierre Caspard : *La famille, l'école, l'État. Un modèle helvétique, XVIIe-XIXe siècles*. 236 p., 2021.

- Loïc Chalmel: *La petite école dans l'école – Origine piétiste-morave de l'école maternelle française*. Préface de J. Houssaye. 375 p., 1996, 2000, 2005.

- Loïc Chalmel: *Jean Georges Stuber (1722–1797) – Pédagogie pastorale*. Préface de D. Hameline, XXII, 187 p., 2001.

- Loïc Chalmel: *Réseaux philanthropinistes et pédagogie au 18e siècle*. XXVI, 270 p., 2004.

- Nanine Charbonnel: *Pour une critique de la raison éducative*. 189 p., 1988.

- Marie-Madeleine Compère: *L'histoire de l'éducation en Europe. Essai comparatif sur la façon dont elle s'écrit*. (En coédition avec INRP, Paris). 302 p., 1995.

- Jean-François Condette, *Jules Payot (1859–1940). Education de la volonté, morale laïque et soli- darité. Itinéraire intellectuel et combats pédagogiques au coeur de la IIIe République*. 316 p., 2012.

- Lucien Criblez, Rita Hofstetter (Ed./Hg.), Danièle Périsset Bagnoud (avec la collaboration de/unter Mitarbeit von): *La formation des enseignant(e)s primaires. Histoire et réformes actuelles / Die Ausbildung von PrimarlehrerInnen. Geschichte und aktuelle Reformen.* VIII, 595 p., 2000.

- Daniel Denis, Pierre Kahn (Ed.): *L'Ecole de la Troisième République en questions. Débats et controverses dans le* Dictionnaire de pédagogie *de Ferdinand Buisson.* VII, 283 p., 2006.

- Marcelle Denis: *Comenius. Une pédagogie à l'échelle de l'Europe.* 288 p., 1992.

- Joëlle Droux & Rita Hofstetter (Éd.): *Internationalismes éducatifs entre débats et combats (fin du 19e – premier 20e siècle).* 304 p., 2020.

- Patrick Dubois: *Le Dictionnaire de Ferdinand Buisson. Aux fondations de l'école républicaine (1878–1911).* VIII, 243 p., 2002.

- Marguerite Figeac-Monthus: *Les enfants de l'Émile? L'effervescence éducative de la France au tournant des XVIIIe et XIXe siècles.* XVII, 326 p., 2015.

- Nadine Fink: *Paroles de témoins, paroles d'élèves. La mémoire et l'histoire de la Seconde Guerre mondiale de l'espace public au monde scolaire.* XI, 266 p., 2014.

- Philippe Foray: *La laïcité scolaire. Autonomie individuelle et apprentissage du monde commun.* X, 229 p., 2008.

- Jacqueline Gautherin: *Une discipline pour la République. La science de l'éducation en France (1882–1914).* Préface de Viviane Isambert-Jamati. XX, 357 p., 2003.

- Daniel Hameline, Jürgen Helmchen, Jürgen Oelkers (Ed.): *L'éducation nouvelle et les enjeux de son histoire.* Actes du colloque international des archives Institut Jean-Jacques Rousseau. VI, 250 p., 1995.

- Béatrice Haenggeli-Jenni: *L'Éducation nouvelle : entre science et militance. Débats et combats au prisme de la revue* Pour l'Ère Nouvelle *(1920–1940).* VIII, 361 p., 2017.

- Rita Hofstetter: *Les lumières de la démocratie. Histoire de l'école primaire publique à Genève au XIXe siècle.* VII, 378 p., 1998.

- Rita Hofstetter, Charles Magnin, Lucien Criblez, Carlo Jenzer (†) (Ed.): *Une école pour la démocratie. Naissance et développement de l'école primaire publique en Suisse au 19e siècle.* XIV, 376 p., 1999.

- Rita Hofstetter, Bernard Schneuwly (Ed./Hg.): *Science(s) de l'éducation (19e-20e siècles) – Erziehungswissenschaft(en) (19.–20. Jahrhundert). Entre champs professionnels et champs disciplinaires Zwischen Profession und Disziplin.* 512 p., 2002.

- Rita Hofstetter, Bernard Schneuwly (Ed.): *Passion, Fusion, Tension. New Education and Educational Sciences – Education nouvelle et Sciences de l'éducation. End 19th – middle 20th century Fin du 19e – milieu du 20e siècle.* VII, 397 p., 2006.

- Rita Hofstetter, Bernard Schneuwly (Ed.), avec la collaboration de Valérie Lussi, Marco Cicchini, Lucien Criblez et Martina Späni: *Emergence des sciences de l'éducation en Suisse à la croisée de traditions académiques contrastées. Fin du 19e – première moitié du 20e siècle.* XIX, 539 p., 2007.

- Rita Hofstetter & Érhise (Éd.) : *Le Bureau international d'éducation, matrice de l'internationalisme éducatif. (premier 20e siècle) Pour une charte des aspirations mondiales en matière éducative.* 650 p., 2022.

– Jean Houssaye: *Théorie et pratiques de l'éducation scolaire* (1): *Le triangle pédagogique*. Préface de D. Hameline. 267 p., 1988, 1992, 2000.

– Jean Houssaye: *Théorie et pratiques de l'éducation scolaire* (2): *Pratique pédagogique*. 295 p., 1988.

– Alain Kerlan: *La science n'éduquera pas. Comte, Durkheim, le modèle introuvable*. Préface de N. Charbonnel. 326 p., 1998.

– Francesca Matasci: *L'inimitable et l'exemplaire: Maria Boschetti Alberti. Histoire et figures de l'Ecole sereine*. Préface de Daniel Hameline. 232 p., 1987.

– Pierre Ognier: *L'Ecole républicaine française et ses miroirs*. Préface de D. Hameline. 297 p., 1988.

– Annick Ohayon, Dominique Ottavi & Antoine Savoye (Ed.): *L'Education nouvelle, histoire, présence et devenir*. VI, 336 p., 2004, 2007.

– Johann Heinrich Pestalozzi: *Ecrits sur l'expérience du Neuhof*. Suivi de quatre études de P.- Ph. Bugnard, D. Tröhler, M. Soëtard et L. Chalmel. Traduit de l'allemand par P.-G. Martin. X, 160 p., 2001.

– Johann Heinrich Pestalozzi: *Sur la législation et l'infanticide. Vérités, recherches et visions*. Suivi de quatre études de M. Porret, M.-F. Vouilloz Burnier, C. A. Muller et M. Soëtard. Traduit de l'allemand par P.-G. Matin. VI, 264 p., 2003.

– Viviane Rouiller: *«Apprendre la langue de la majorité des Confédérés». La discipline scolaire de l'allemand, entre enjeux pédagogiques, politiques, pratiques et culturels (1830– 1990)*. XII, 390 p., 2020.

– Martine Ruchat: *Inventer les arriérés pour créer l'intelligence. L'arriéré scolaire et la classe spé- ciale. Histoire d'un concept et d'une innovation psychopédagogique 1874–1914*. Préface de Daniel Hameline. XX, 239 p., 2003.

– Jean-François Saffange: *Libres regards sur Summerhill. L'oeuvre pédagogique de A.-S. Neill*. Préface de D. Hameline. 216 p., 1985.

– Michel Soëtard, Christian Jamet (Ed.): *Le pédagogue et la modernité. A l'occasion du 250e anniv ersaire de la naissance de Johann Heinrich Pestalozzi (1746–1827)*. Actes du colloque d'Angers (9–11 juillet 1996). IX, 238 p., 1998.

– Alain Vergnioux: *Pédagogie et théorie de la connaissance. Platon contre Piaget?* 198 p., 1991.

– Alain Vergnioux (éd.): *Grandes controverses en éducation*. VI, 290 p., 2012.

– Yves Verneuil: *Une question « chaude ». Histoire de l'éducation sexuelle à l'école (France, XXe– XXIe siècle)*, 536 p., 2023.

– L.S. Vygotskij: *La science du développement de l'enfant. Textes pédologiques 1931–1934 de L.S. Vygotskij. Traduits par Irina Leopoldoff Martin. Édités et introduits par Irina Leopoldoff Martin et Bernard Schneuwly*. 432 p. 2018.

– Marie-Thérèse Weber: *La pédagogie fribourgeoise, du concile de Trente à Vatican II. Continuité ou discontinuité?* Préface de G. Avanzini. 223 p., 1997.

Recherches en sciences de l'éducation

– Sandrine Aeby Daghé: *Candide, La fée carabine et les autres. Vers un modèle didactique de la lecture littéraire*. IX, 303 p., 2014.

- Linda Allal, Jean Cardinet, Phillipe Perrenoud (Ed.): *L'évaluation formative dans un enseignement différencié.* Actes du Colloque à l'Université de Genève, mars 1978. 264 p., 1979, 1981, 1983, 1985, 1989, 1991, 1995.

- Claudine Amstutz, Dorothée Baumgartner, Michel Croisier, Michelle Impériali, Claude Piquilloud: *L'investissement intellectuel des adolescents.* Recherche clinique. XVII, 510 p., 1994.

- Bernard André: *S'investir dans son travail: les enjeux de l'activité enseignante.* XII, 289 p., 2013.

- Guy Avanzini (Ed.): *Sciences de l'éducation: regards multiples.* 212 p., 1994.

- Daniel Bart: *Évaluation et didactique. Un dialogue critique.* 286 p., 2023.

- Daniel Bain: *Orientation scolaire et fonctionnement de l'école.* Préface de J. B. Dupont et F. Gen- dre. VI, 617 p., 1979.

- Jean-Michel Baudouin: *De l'épreuve autobiographique.* Contribution des histoires de vie à la problématique des genres de texte et de l'herméneutique de l'action. XII, 532 p., 2010.

- Alain Baudrit : *L'investigation collaborative : de la pratique d'enquête à la collaboration à distance.* 156 p., 2022.

- Véronique Bedin & Laurent Talbot (éd.): *Les points aveugles dans l'évaluation des dispositifs d'éducation ou de formation.* VIII, 211 p., 2013.

- Ana Benavente, António Firmino da Costa, Fernando Luis Machado, Manuela Castro Neves: *De l'autre côté de l'école.* 165 p., 1993.

- Jean-Louis Berger: *Apprendre : la rencontre entre motivation et métacognition.* Autorégulation dans l'apprentissage des mathématiques en formation professionnelle. XI, 221 p., 2015

- Bertrand Bergier: *Retours gagnants. De la sortie sans diplôme au retour diplômant.* 234 p., 2022.

- Denis Berthiaume & Nicole Rege Colet (Ed.): *La pédagogie de l'enseignement supérieur: repères théoriques et applications pratiques. Tome 1: Enseigner au supérieur.* 345 p., 2013.

- Anne-Claude Berthoud, Bernard Py: *Des linguistes et des enseignants. Maîtrise et acquisition des langues secondes.* 124 p., 1993.

- Anne-Claire Blanc, Vincent Capt (Ed.): *La tête et le texte. Formation initiale des enseignants primaires en didactique de la lecture et de l'écriture.* 242 p., 2020.

- Pier Carlo Bocchi: *Gestes d'enseignement.* L'agir didactique dans les premières pratiques d'écrit . 378 p., 2015.

- Cecilia Brassier-Rodrigues & Pascal Brassier (Ed.): *Internationalisation at Home. A collection of pedagogical approaches to develop students' intercultural competences.* 240 p., 2021

- Dominique Bucheton: *Ecritures-réécritures – Récits d'adolescents.* 320 p., 1995.

- Melanie Buser: *Two-Way Immersion in Biel/Bienne, Switzerland: Multilingual Education in the Public Primary School Filière Bilingue (FiBi). A Longitudinal Study of Oral Proficiency Development of K-4 Learners in Their Languages of Schooling (French and (Swiss) German).* 302 p., 2020.

- Sandra Canelas-Trevisi: *La grammaire enseignée en classe.* Le sens des objets et des manipulations. 261 p., 2009.

- Vincent Capt, Mathieu Depeursinge et Sonya Florey (Dir.): *L'enseignement du français et le défi du numérique.* VI, 134 p., 2020.

- Jean Cardinet, Yvan Tourneur (†): *Assurer la mesure. Guide pour les études de généralisabilité.* 381 p., 1985.

- Felice Carugati, Francesca Emiliani, Augusto Palmonari: *Tenter le possible. Une expérience de socialisation d'adolescents en milieu communautaire.* Traduit de l'italien par Claude Béguin. Préface de R. Zazzo. 216 p., 1981.

- Evelyne Cauzinille-Marmèche, Jacques Mathieu, Annick Weil-Barais: *Les savants en herbe.* Pré face de J.-F. Richard. XVI, 210 p., 1983, 1985.

- Vittoria Cesari Lusso: *Quand le défi est appelé intégration. Parcours de socialisation et de personnalisation de jeunes issus de la migration.* XVIII, 328 p., 2001.

- Patricia Champy-Remoussenard, Julien de Miribel et Xavier Sido (Eds.): *L'éducation à l'esprit d'entreprendre : questions et défis pour les Sciences de l'éducation et de la formation.* 196 p., 2025.

- Nanine Charbonnel (Ed.): *Le Don de la Parole. Mélanges offerts à Daniel Hameline pour son soixante-cinquième anniversaire.* VIII, 161 p., 1997.

- Gisèle Chatelanat, Christiane Moro, Madelon Saada-Robert (Ed.): *Unité et pluralité des sciences de l'éducation. Sondages au coeur de la recherche.* VI, 267 p., 2004.

- Florent Chenu: *L'évaluation des compétences professionnelles. Une mise à l'épreuve expérimentale des notions et présupposés théoriques sous-jacents.* 347 p., 2015.

- Christian Daudel: *Les fondements de la recherche en didactique de la géographie.* 246 p., 1990.

- Bertrand Daunay: *La paraphrase dans l'enseignement du français.* XIV, 262 p., 2002. Jean-Marie De Ketele: *Observer pour éduquer.* (Epuisé)

- Mikaël De Clercq, Nathalie Roland, Florence Dangoisse, Mariane Frenay (dir.) : *La transition vers l'enseignement supérieur. Comprendre pour mieux agir sur l'adaptation des étudiants en première année.* 230 p., 2023.

- Jean-Louis Derouet, Marie-Claude Derouet-Besson (Ed.): *Repenser la justice dans le domaine de l'éducation et de la formation.* VIII, 385 p., 2009.

- Ana Dias-Chiaruttini: *Le débat interprétatif dans l'enseignement du français.* IX, 261 p., 2015.

- Joaquim Dolz, Jean-Claude Meyer (Ed.): *Activités métalangagières et enseigne ment du français. Actes des journées d'étude en didactique du français (Cartigny, 28 février – 1 mars 1997).* XIII, 283 p., 1998.

- Pierre Dominicé: *La formation, enjeu de l'évaluation.* Préface de B. Schwartz. (Epuisé)

- Pierre Dominicé, Michel Rousson: *L'éducation des adultes et ses effets. Problématique et étude de cas.* (Epuisé)

- Pierre-André Doudin, Daniel Martin, Ottavia Albanese (Ed.): *Métacognition et éducation.* XIV, 392 p., 1999, 2001.

- Andrée Dumas Carré, Annick Weil-Barais (Ed.): *Tutelle et médiation dans l'éducation scientifique.* VIII, 360 p., 1998.

- Jean-Blaise Dupont, Claire Jobin, Roland Capel: *Choix professionnels adolescents. Etude longitudinale à la fin de la scolarité secondaire.* 2 vol., 419 p., 1992.

- Vincent Dupriez, Jean-François Orianne, Marie Verhoeven (Ed.): De l'école au marché du travail, l'égalité des chances en question. X, 411 p., 2008.

- Raymond Duval: *Sémiosis et pensée humaine – Registres sémiotiques et apprentissages intellectuels.* 412 p., 1995. Eric Espéret: *Langage et origine sociale des élèves.* (Epuisé)

- Jean-Marc Fabre: *Jugement et certitude. Recherche sur l'évaluation des connaissances.* Préface de G. Noizet. (Epuisé)

- Georges Felouzis et Gaële Goastellec (Éd.): *Les inégalités scolaires en Suisse. École, société et politiques éducatives.* VI, 273 p., 2015.

- Barbara Fouquet-Chauprade & Anne Soussi (Ed.): *Pratiques pédagogiques et éducation prioritaire.* VIII, 218 p., 2018.

- Monique Frumholz: *Ecriture et orthophonie.* 272 p., 1997.

- Pierre Furter: *Les systèmes de formation dans leurs contextes.* (Epuisé)

- Monica Gather Thurler, Isabelle Kolly-Ottiger, Philippe Losego et Olivier Maulini, *Les directeurs au travail. Une enquête au coeur des établissements scolaires et socio-sanitaires.* VI, 318 p., 2017.

- André Gauthier (Ed.): *Explorations en linguistique anglaise. Aperçus didac tiques.* Avec Jean-Claude Souesme, Viviane Arigne, Ruth Huart-Friedlander. 243 p., 1989.

- Marcelo Giglio & Francesco Arcidiacono (Ed.): *Les interactions sociales en classe: réflexions et perspectives.* VI, 250 p., 2017.

- Marcelo Giglio / Francesco Arcidiacono (eds.): *Social Interactions in the Classroom: Thoughts and Perspectives.* 230 p., 2024.

- Patricia Gilliéron Giroud & Ladislas Ntamakiliro (Ed.): *Réformer l'évaluation scolaire: mission impossible.* 264 p. 2010.

- Michel Gilly, Arlette Brucher, Patricia Broadfoot, Marylin Osborn: *Instituteurs anglais insti- tuteurs francais. Pratiques et conceptions du rôle.* XIV, 202 p., 1993.

- André Giordan: *L'élève et/ou les connaissances scientifiques. Approche didactique de la construction des concepts scientifiques par les élèves.* 3e édition, revue et corrigée. 180 p., 1994.

- André Giordan, Yves Girault, Pierre Clément (Ed.): *Conceptions et connaissances.* 319 p., 1994.

- André Giordan (Ed.): *Psychologie génétique et didactique des sciences.* Avec Androula Henriques et Vinh Bang. (Epuisé)

- Corinne Gomila: *Parler des mots, apprendre à lire. La circulation du métalangage dans les activités de lecture.* X, 263 p. 2011.

- Armin Gretler, Ruth Gurny, Anne-Nelly Perret-Clermont, Edo Poglia (Ed.): *Etre migrant. Approches des problèmes socio-culturels et linguistiques des enfants migrants en Suisse.* 383 p., 1981, 1989.

- Francis Grossmann: *Enfances de la lecture. Manières de faire, manières de lire à l'école maternelle.*

- Préface de Michel Dabène. 260 p., 1996, 2000.

- Michael Huberman, Monica Gather Thurler: *De la recherche à la pratique. Eléments de base et mode d'emploi.* 2 vol., 335 p., 1991.

- Jean-Marc Huguenin et Georges Solaux: *Évaluation partenariale des politiques publiques d'éd- ucation. L'expérience d'un dispositif d'évaluation du fonctionnement de l'enseignement primaire.* 139 p., 2017.

- Institut romand de recherches et de documentation pédagogiques (Neuchâtel): Connaissances mathématiques à l'école primaire: J-F Perret: *Présentation et synthèse d'une évaluation romande*; F Jaquet, J Cardinet: *Bilan des acquisitions en fin de première année*; F Jaquet, E George, J-F Perret: *Bilan des acquisitions en fin de deuxième année*; J-F Per- ret: *Bilan des acquisitions en fin de troisième année*; R Hutin, L-O Pochon, J-F Perret: *Bilan des acquisitions en fin de quatrième année*; L-O. Pochon: *Bilan des acquisitions en fin de cinquième et sixième année.* 1988–1991.

- Daniel Jacobi: *Textes et images de la vulgarisation scientifique.* Préface de J. B. Grize. (Epuisé)

- Marianne Jacquin, Germain Simons, Daniel Delbrassine (Ed.): *Les genres textuels en langues étrangères : entre théorie et pratique.* 372 p, 2019

- René Jeanneret (Ed.): *Universités du troisième âge en Suisse.* Préface de P. Vellas. 215 p., 1985.

- Samuel Johsua, Jean-Jacques Dupin: *Représentations et modélisations: le «débat scientifique» dans la classe et l'apprentissage de la physique.* 220 p., 1989.

- Constance Kamii: *Les jeunes enfants réinventent l'arithmétique.* Préface de B. Inhelder. 171 p., 1990, 1994.

- Albina Khasanzyanova & Eric Mutabazi (Eds.) : *School, family and community against early school leaving. International perspectives.* 236 p., 2023.

- Helga Kilcher-Hagedorn, Christine Othenin-Girard, Geneviève de Weck: *Le savoir grammatical des élèves. Recherches et réflexions critiques.* Préface de J.-P. Bronckart. 241 p., 1986.

- Vanessa Lentillon-Kaestner et Valérian Cece (dir.): *Les différences entre élèves en éducation physique : un regard à 360 degrés !* 184 p., 2024.

- Georges Leresche (†): *Calcul des probabilités.* (Epuisé)

- Francia Leutenegger: *Le temps d'instruire. Approche clinique et expérimentale du didactique ordinaire en mathématique.* XVIII, 431 p., 2009.

- Olivia Lewi et Blandine Longhi (dir.) : *Connecter et segmenter à l'écrit. Ponctuation et opérateurs linguistiques : deux défis pour l'enseignement.* 208p., 2022.

- Even Loarer, Daniel Chartier, Michel Huteau, Jacques Lautrey: *Peut-on éduquer l'intel li gence? L'évaluation d'une méthode d'éducation cognitive.* 232 p., 1995.

- Brigitte Louichon, Marie-France Bishop, Christophe Ronveaux (Ed.): *Les fables à l'école. Un genre patrimonial européen ?* VII, 279 p., 2017.

- Georges Lüdi, Bernard Py: *Etre bilingue.* 4e édition. XII, 223 p., 2013.

- Valérie Lussi Borer: *Histoire des formations à l'enseignement en Suisse romande.* X, 238 p., 2017.

- Pierre Marc: *Autour de la notion pédagogique d'attente.* 235 p., 1983, 1991, 1995.

- Jean-Louis Martinand: *Connaître et transformer la matière.* Préface de G. Delacôte. (Epuisé)

- Jonas Masdonati: *La transition entre école et monde du travail. Préparer les jeunes à l'entrée en formation professionnelle.* 300 p., 2007.

- Marinette Matthey: *Apprentissage d'une langue et interaction verbale.* XII, 247 p., 1996, 2003.

- Paul Mengal: *Statistique descriptive appliquée aux sciences humaines.* VII, 107 p., 1979, 1984, 1991, 1994, 1999 (5e + 6e), 2004.

- Isabelle Mili: *L'oeuvre musicale, entre orchestre et écoles.* Une approche didactique de pratiques d'écoute musicale. X, 228 p., 2014.

– Henri Moniot (Ed.): *Enseigner l'histoire. Des manuels à la mémoire.* (Epuisé)

– Cléopâtre Montandon, Philippe Perrenoud: *Entre parents et enseignants: un dialogue impossible?* Nouvelle *édition*, revue et augmentée. 216 p., 1994.

– Christiane Moro, Bernard Schneuwly, Michel Brossard (Ed.): *Outils et signes. Perspectives actuelles de la théorie de Vygotski.* 221 p., 1997.

– Christiane Moro & Cintia Rodríguez: *L'objet et la construction de son usage chez le bébé. Une approche sémiotique du développement préverbal.* X, 446 p., 2005.

– Lucie Mottier Lopez: *Apprentissage situé. La microculture de classe en mathématiques.* XXI, 311 p., 2008.

– Lucie Mottier Lopez & Walther Tessaro (éd.): *Le jugement professionnel, au coeur de l'évaluation et de la régulation des apprentissages.* VII, 357 p., 2016.

– Gabriel Mugny (Ed.): *Psychologie sociale du développement cognitif.* Préface de M. Gilly. (Epuisé)

– Maurice Niwese (Éd.): *L'écriture du primaire au secondaire : du déjà-là aux possibles : Résultats de recherche du projet ECRICOL,* 276 p., 2022.

– Romuald Normand: *Gouverner la réussite scolaire. Une arithmétique politique des inégalités.* XI, 260 p., 2011.

– Sara Pain: *Les difficultés d'apprentissage. Diagnostic et traitement.* 125 p., 1981, 1985, 1992.

– Sara Pain: *La fonction de l'ignorance.* (Epuisé)

– Christiane Perregaux: *Les enfants à deux voix. Des effets du bilinguisme successif sur l'apprentissage de la lecture.* 399 p., 1994.

– Jean-François Perret: *Comprendre l'écriture des nombres.* 293 p., 1985.

– Anne-Nelly Perret-Clermont: *La construction de l'intelligence dans l'interaction sociale.* Edition revue et augmentée avec la collaboration de Michèle Grossen, Michel Nicolet et Maria- Luisa Schubauer-Leoni. 305 p., 1979, 1981, 1986, 1996, 2000.

– Edo Poglia, Anne-Nelly Perret-Clermont, Armin Gretler, Pierre Dasen (Ed.): *Pluralité culturelle et éducation en Suisse. Etre migrant.* 476 p., 1995.

– Jean Portugais: *Didactique des mathématiques et formation des enseignants.* 340 p., 1995.

– Laetitia Progin: *Devenir chef d'établissement. Le désir de leadership à l'épreuve de la réalité.* 210 p., 2017.

– Nicole Rege Colet & Denis Berthiaume (Ed.): *La pédagogie de l'enseignement supérieur: repères théoriques et applications pratiques. Tome 2. Se développer au titre d'enseignant.* VI, 261 p., 2015

– Yves Reuter (Ed.): *Les interactions lecture-écriture.* Actes du colloque organisé par THÉODILE-CREL (Lille III, 1993). XII, 404 p., 1994, 1998.

– Philippe R. Richard: *Raisonnement et stratégies de preuve dans l'enseignement des mathématiques.* XII, 324 p., 2004.

– Marielle Rispail et Christophe Ronveaux (Ed.): *Gros plan sur la classe de français. Motifs et variations.* X, 258 p., 2010.

- Yviane Rouiller et Katia Lehraus (Ed.): *Vers des apprentissages en coopération: rencontres et perspectives.* XII, 237 p., 2008.

- Guy Rumelhard: *La génétique et ses représentations dans l'enseignement.* Préface de A. Jacquard. 169 p., 1986.

- El Hadi Saada: *Les langues et l'école. Bilinguisme inégal dans l'école algérienne.* Préface de J.-P. Bronckart. 257 p., 1983.

- Jean-Pascal Simon, Francis Grossmann (Ed.): *Lecture à l'Université. Langue maternelle, seconde et étrangère.* VII, 289 p., 2004.

- Muriel Surdez: *Diplômes et nation. La constitution d'un espace suisse des professions avocate et artisanales (1880–1930).* X, 308 p., 2005.

- Marc Surian: *Didactique du français et accueil des élèves migrants. Objets d'enseignement, obsta- cles et régulation des apprentissages.* 242 p., 2018.

- Valérie Tartas: *La construction du temps social par l'enfant.* Préfaces de Jérôme Bruner et Michel Brossard XXI, 252 p., 2008.

- Joris Thievenaz, Jean-Marie Barbier et Frédéric Saussez (Dir.): *Comprendre/Transformer.* 292 p., 2020.

- Sabine Vanhulle: *Des savoirs en jeu aux savoirs en «je». Cheminements réflexifs et subjectivation des savoirs chez de jeunes enseignants en formation.* 288 p., 2009.

- Gérard Vergnaud: *L'enfant, la mathématique et la réalité. Problèmes de l'enseignement des mathématiques à l'école élémentaire.* V, 218 p., 1981, 1983, 1985, 1991, 1994.

- Ingrid Verscheure & Isabelle Collet (dir.) : *Genre : didactique(s) et pratiques d'enseignement. Perspectives francophones.* 230 p., 2023.

- Joëlle Vlassis: *Sens et symboles en mathématiques. Etude de l'utilisation du signe «moins» dans les réductions polynomiales et la résolution d'équations du premier degré à inconnue.* XII, 437 p., 2010.

- Sylvain Wagnon: *Le manuel scolaire, objet d'étude et de recherche : enjeux et perspectives.* X, 310 p., 2019.

- Sylvain Wagnon (Éd.): *Normes, disciplines et manuels scolaires.* 232 p., 2022.

- Nathanaël Wallenhorst: *L'école en France et en Allemagne. Regard de lycéens, comparaison d'expériences scolaires.* IX, 211 p., 2013.

- Jacques Weiss (Ed.): *A la recherche d'une pédagogie de la lecture.* (Epuisé)

- Martine Wirthner: *Outils d'enseignement : au-delà de la baguette magique. Outils transformateurs, outils transformés dans des séquences d'enseignement en production écrite.* XI, 259 p., 2017.

- Richard Wittorski, Olivier Maulini & Maryvonne Sorel (Ed.). *Les professionnels et leurs formations. Entre développement des sujets et projets des institutions.* VI, 237 p., 2015.

- Tania Zittoun: *Insertions. A quinze ans, entre échec et apprentissage.* XVI, 192 p., 2006.

- Marianne Zogmal: *«Savoir voir et faire voir». Les processus d'observation et de catégorisation dans l'éducation de l'enfance.* 258 p., 2020.

Vygotskij – oeuvres et études

- David Auclair : *Moralité, autorité, normalité. Critique des courants organicistes du développement de l'enfant.* 283 p., 2022.
- Michel Brossard, Yves Clot et Bernard Schneuwly (Eds.) : *Lucien Sève et Lev Vygotski. Un dialogue à poursuivre.* 2025. (in preparation)
- Soraya De Simone : *Des médiations au cœur de la transmission du métier enseignant.* Préface de Rita Hofstetter et Bernard Schneuwly. 360 p., 2023.
- Yannick Lémonie : *Transformer & Comprendre. Une Introduction à la Théorie Historico-Culturelle de l'Activité* 480 p., 2025.
- Yannick Lémonie : *Transforming & Understanding. An Introduction to Cultural-Historical Activity Theory.* 460 p., 2025.
- Bruno Védrines : *L'expérience de la subjectivité dans l'enseignement littéraire.* 388 p., 2023.
- L. S. Vygotskij : *Imagination. Textes choisis. Avec des commentaires et des essais sur l'imagination dans l'oeuvre de Vygotskij.* Édité par Bernard Schneuwly, Irina Leopoldoff Martin, Daniele Nunes Henrique Silva. 604 p., 2022.